가장 쉬운

유니티 게임 제작 2판

2판 1쇄 인쇄 | 2023년 4월 20일
2판 1쇄 발행 | 2023년 4월 25일

지 은 이 | 김민석
발 행 인 | 이상만
발 행 처 | 정보문화사

책임편집 | 노미라

주   소 | 서울시 종로구 동숭길 113 정보빌딩
전   화 | (02)3673-0037(편집부) / (02)3673-0114(代)
팩   스 | (02)3673-0260
등   록 | 1990년 2월 14일 제1-1013호
홈페이지 | www.infopub.co.kr

I S B N | 978-89-5674-926-6

머리말

1인 게임 개발에 몸을 담고 있던 때, 대학에서 유니티 과목을 이수한 적이 있습니다. 강의는 대부분 이미 준비된 스크립트를 연결해서 유니티로 게임을 제작하는 것이었습니다. 그러나 낮은 수준의 과정에도 불구하고 어려움을 느껴 포기하는 학생이 많았습니다.

이런 상황과는 반대로 유니티는 게임 개발에 어려움을 덜고자 만들어진 엔진입니다. 게임 제작과 게임 제작 교육 일을 병행하면서 많이 고민했습니다. 특히 처음 교육 일을 시작했을 때 느낀 점이 많았습니다.

코딩이 익숙하지 않은 사람들은 조금만 과정이 생략되어도 이해에 어려움이 많다는 점입니다. 논리 구조가 익숙하지 않은 상황에서 갑작스럽게 게임을 만들면 당황하기 마련입니다. 모르는 언어를 마구 쓰다 보니 게임이 완성되기는 하는데 구조를 이해할 수 없는 것입니다.

그 후 수많은 개인 교육과 강의를 거치면서 커리큘럼을 보강해왔습니다. 이 책은 그 커리큘럼을 뭉쳐 놓은 것입니다. 유니티로 만들 수 있는 가장 쉬운 게임 제작 과정을 다루어 1인 게임 개발의 길로 홀로 설 수 있도록 구성하였습니다.

1, 2장은 진행을 위한 사전 준비 과정이며, 3장부터 7장까지는 쉬운 장르부터 차츰 어려운 장르로 진행할 수 있도록 최대한 상세하게 과정을 구성하였습니다. 7장 이후는 출시에 사용할 빌드 과정과 유용한 기능, 최신 버전에 새롭게 추가된 기능을 다루었습니다. 해가 바뀌면 유니티 버전도 새롭게 바뀌곤 합니다. 이 책은 2022 버전을 기준으로 새로이 작성하였습니다. 프로젝트 진행에 사용한 예제는 **blog.naver.com/kimluxx**에서 다운로드 가능합니다.

집필에 도움을 준 개발자 허긋, 같이 참여해주신 개발자 선율 님 감사합니다.

김민석

목차

목차

목차

CHAPTER 6

디펜스 게임 만들기

CHAPTER 7

FPS 게임 만들기 : 3D 다루기

목차

CHAPTER 10

자주 발생하는 오류

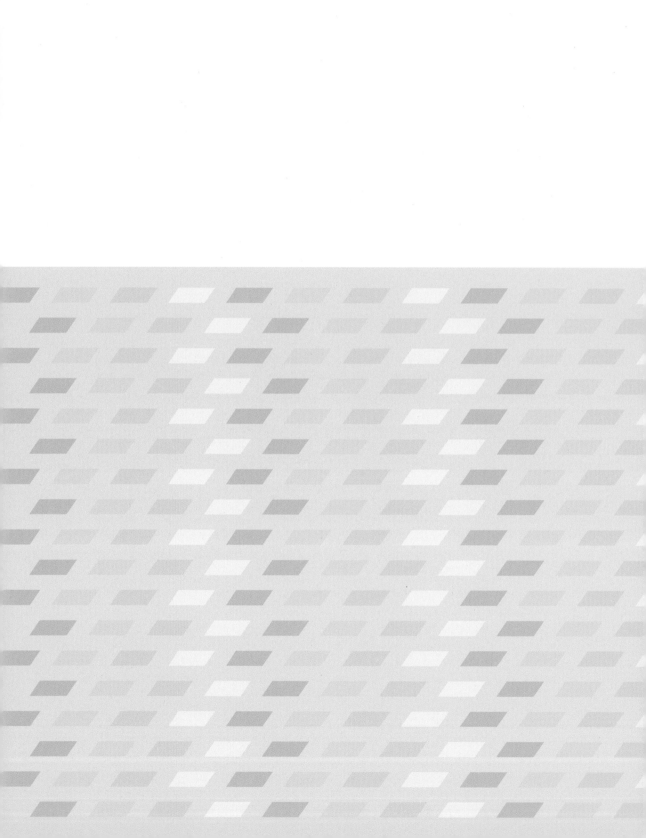

유니티(Unity) 시작하기

1 유니티 엔진의 이해

유니티 엔진은 현재 가장 다양한 플랫폼(Windows, Linux, Mac OS, Android, PS4 등)을 지원하는 콘텐츠 제작 엔진입니다. 모바일 게임의 경우 상당히 많은 게임들이 유니티로 제작되어 배포되고 있습니다. 유니티는 많은 장점을 가지고 있는데 하나씩 소개해 보겠습니다.

● **다양한 플랫폼**

유니티는 크로스 플랫폼(Cross Platform)을 지향하며, 하나의 프로젝트로 다양한 크로스 플랫폼의 제작이 가능합니다. 지원하는 플랫폼의 개수로는 유니티가 가장 많을 것입니다. 프로젝트를 하나 완성했다면, 각 플랫폼별 설정을 통해 해당 플랫폼에 맞게 변환하여 배포할 수 있습니다.

[그림 1-1] 유니티가 지원하는 다양한 플랫폼

● **빠른 개발 속도**

유니티는 다양하고 유용한 에셋과 자체 기능을 통해 개발자가 직접 작업하는 부분을 줄여 빠른 개발이 가능합니다. 프로토타입으로 간단한 프로젝트를 실험해 볼 때도 역시 유용합니다.

• 넓은 학습 커뮤니티

대부분 유명하지 않은 엔진들은 구현하기 어렵거나 모르는 기능이 있으면 그 부분에 대해 학습하기 어렵습니다. 또한 유명한 엔진이라도 유니티 만큼 국내에서 질문과 답변이 활발하지 않기도 합니다. 유니티는 구글이나 유니티 커뮤니티에서 질의응답이 활발하게 이루어지며, 이미 수많은 다른 개발자들이 질문했던 자료가 남아 있기 때문에 검색이 수월합니다.

• 간편한 수익화

유니티는 동영상 광고나 인앱 결제를 자체적으로 지원하기 때문에 쉽게 수익화를 할 수 있다는 장점이 있습니다. 배너형 광고인 애드몹의 경우에도, 다른 개발자들이 만든 플러그인을 통해 손쉽게 사용 가능합니다.

• 에셋 스토어

유니티의 에셋 스토어는 다른 유저가 만든 2D/3D 캐릭터, 배경, 사물 등의 디자인부터 개발을 좀 더 편하게 만들 스크립트까지 다양한 에셋들이 무료 또는 유료로 판매되고 있습니다. 1인 게임 개발을 할 때 디자인에 자신이 없더라도 다양한 에셋을 통해 게임을 구현할 수 있습니다. 또한 구현이 복잡한 기능도 에셋 스토어에서 스크립트를 판매 중이므로 코딩에 자신이 없을 때 이러한 스크립트를 이용하는 것도 좋은 방법입니다.

2 유니티 설치

유니티는 유료인 Plus와 Professional 버전을 제외하더라도 Personal 버전을 통해 무료로 대부분의 기능을 사용할 수 있습니다. 이 기능들만 사용하더라도 게임 제작에 문제가 없습니다. 우선 유니티 코리아 사이트(https://unity.com/kr)에 접속합니다.

[그림 1-2] 유니티 다운로드 진입

페이지의 가장 아래로 내려오면 다운로드에 [Unity 구독하기]라는 항목이 보이는데 클릭하여 해당
페이지로 들어갑니다.

[그림 1-3] 유니티 Hub 다운로드

진입하면 유니티 Hub의 다운로드 페이지로 이동합니다. 유니티는 버전 관리가 필요한 툴입니다. 다른 써드 파티(Third Party) 기능과의 호환이나, 에셋 등과의 호환을 위해 항상 최신 버전을 고집할 수는 없기 때문입니다. 유니티 Hub는 그런 유니티 에디터의 관리를 도와주는 프로그램입니다. 여러 유니티 버전을 설치할 수 있도록 도와주며, 안드로이드, iOS 등의 모듈 설치 관리나 비주얼 스튜디오(Visual Studio) 등의 설치를 도와줍니다. 현재 기준으로는 버전 3은 베타 기능이므로 [Download for Windows]를 클릭합니다. 클릭하면 2 버전의 인스톨러가 브라우저에서 다운로드를 시작합니다. 다운로드가 완료되면 인스톨러를 실행하고, 설치 절차를 진행합니다.

[그림 1-4] 유니티 시작하기

설치가 완료되면 유니티 Hub를 실행하고, 우측 상단 설정 옆에 사람 모양 아이콘을 클릭하고 [Sign in]을 선택합니다.

[그림 1-5] 로그인하기(계정 생성)

다음 단계는 Unity ID 생성입니다. 계정이 없으면 Email 입력 위 파란색 [create one]을 누릅니다. 사용할 이메일과 비밀번호, 유저 이름을 입력한 후, 약관 동의를 체크하고 [Create a Unity ID]를 누르면 계정 생성이 완료됩니다. 계정 생성에 사용한 이메일로 로그인하여 계정 생성을 확정하고, 생성한 계정으로 유니티 허브에 로그인합니다.

[그림 1-6] 유니티 라이선스 활성화

로그인이 완료되면 라이선스를 활성화하여야 합니다. 허브 우측 상단의 설정 아이콘을 클릭하고 환경 설정으로 들어가 [라이선스 관리]-[새 라이선스 활성화] 버튼을 클릭합니다. 클릭하면 라이선스는 [Personal]로 사용할 것인지, [Plus/Pro]를 사용할 것인지 종류를 물어봅니다. 우선 [Unity Personal]을 선택하고 상업적 목적인지 아닌지를 선택한 후 [DONE] 버튼을 클릭합니다. 라이선스를 활성화했다면 다음은 본격적으로 유니티 에디터를 설치할 차례입니다. 좌측 상단의 뒤로 가기 화살표를 클릭하여 되돌아와서 좌측 메뉴의 [설치]를 클릭하고, 우측의 [추가] 버튼을 클릭합니다.

[그림 1-7] 유니티 여러 버전 설치

3 프로젝트 생성

유니티 허브를 실행하고, 상단의 [새
프로젝트] 버튼을 클릭하여 새로운
프로젝트를 생성합니다.

[그림 1-8] 유니티 프로젝트 생성

유니티 프로젝트 생성 화면에서 프로젝트의 이름을 지어주고, 템플릿(Template)를 결정합니다. 템플릿의 경우 2D나 3D를 선택할 수 있습니다. 그 이외에는 Universal Render Pipeline이나 Mobile 2D/3D, AR/VR 등 목적에 최적화된 템플릿이 있습니다. 각 템플릿들은 해당 목적에 맞는 패키지를 설치한 채 시작하게 됩니다. 책에서는 2D 게임은 2D, 3D 게임은 3D로 템플릿을 맞추고 시작합니다.

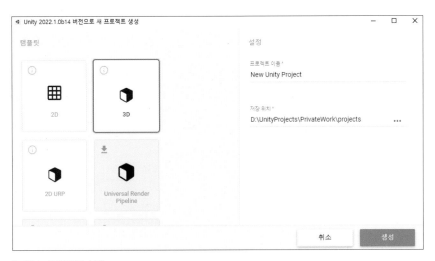

[그림 1-9] 템플릿 선택

CHAPTER

2

유니티의 이해

작업 레이아웃의 설정과 이해

유니티를 시작하려면 유니티 엔진이 가진 기능과 조작법을 기본적으로 알아볼 필요가 있습니다. 게임을 제작할 때 필요한 개념들에 대해 짚고 넘어가 보겠습니다.

 TIP 지금부터 보이는 유니티 에디터의 화면은 가독성, 유니티 이전 버전들과의 호환성을 고려하여 Light 테마(하얀색 색상 테마)로 진행하였습니다. 2018 버전 초반까지는 Light 테마가 Personal 라이센스의 기본 테마였지만, 현재는 Dark 테마가 기본이 되었습니다. 책과 테마를 맞추려면 [Edit]-[Preferences]-[General]에서 Editor Theme를 Dark에서 Light로 변경합니다.

1-1. 레이아웃 변경

[그림 2-1] 기본(Default) 상태의 레이아웃

프로젝트를 새로 생성할 경우, [그림 2-1]과 같은 레이아웃 화면이 나옵니다. 여기서 [Window]-[Layouts]로 이동하면 레이아웃이 5개가 있습니다. 처음 유니티를 시작할 경우 레이아웃이 'Default' 상태로 설정되어 있지만, Default 레이아웃은 Scene 뷰와 Game 뷰를 동시에 볼 수 없다는 단점이 있습니다. 그렇기 때문에 앞으로 진행하게 될 프로젝트에서는 '2 by 3'에서 약간의 변경을 한 레이아웃에서 작업하게 될 것입니다.

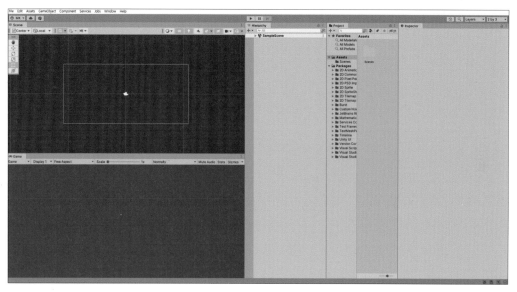

[그림 2–2] 2 by 3 레이아웃으로 변경

레이아웃 '2 by 3'을 선택하면 [그림 2–3]과 같은 레이아웃으로 보입니다.

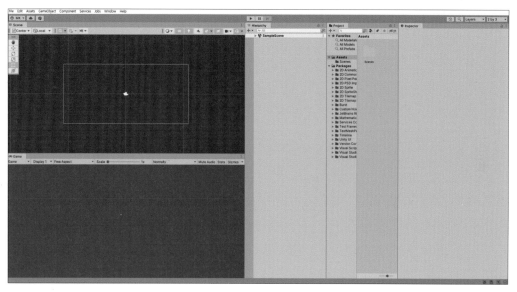

[그림 2–3] 2 by 3 레이아웃

여기서 'Project' 부분을 드래그할 경우 Project 뷰의 위치를 변경하여 레이아웃을 바꿔줄 수 있습니다. Hierarchy 뷰의 아래로 드래그하여 [그림 2–5]와 같이 레이아웃을 변경합니다.

[그림 2–4] 뷰의 레이아웃을 옮기기 위한 드래그 위치

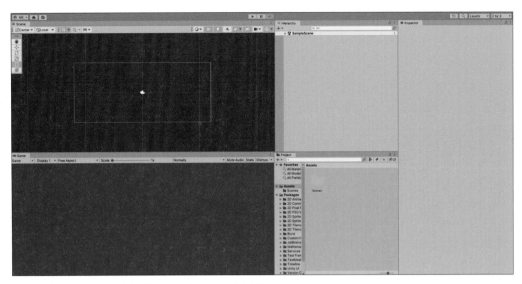

[그림 2-5] 프로젝트 뷰의 위치를 옮긴 커스텀(Custom) 레이아웃

스크립트 작성 시 오류를 확인하기 위해 지금 레이아웃에 없는 콘솔 뷰를 새로 추가해야 합니다. [Window]-[General]-[Console]을 선택하여 뷰를 추가합니다. [Window] 탭에서 가장 아래에 있는 [Console]을 눌러 뷰를 추가합니다.

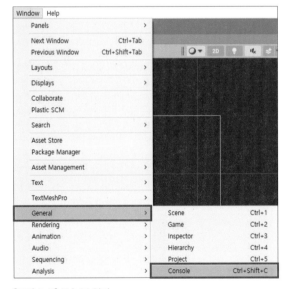

[그림 2-6] 콘솔 뷰 열기

[그림 2-7] 콘솔 뷰

[그림 2-7]과 같은 뷰가 나타나면 표시된 Console 부분을 드래그하여 Project 뷰의 왼쪽 옆으로 붙여 [그림 2-8]과 같은 레이아웃으로 만듭니다.

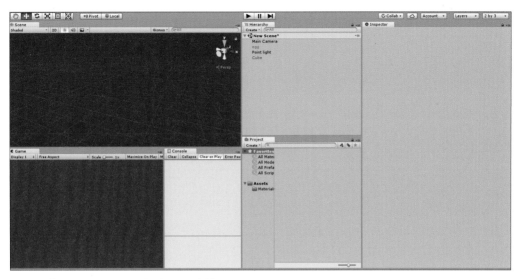

[그림 2-8] 콘솔 뷰의 위치를 조정한 커스텀 레이아웃

마지막으로 Project 뷰에서 Column Layout을 변경할 것입니다. 유니티에서 Default 레이아웃 상태일 때는 Two Column Layout을 사용하고 있는데, 작은 프로젝트일 경우 오히려 불편한 단점이 있습니다.

[그림 2-9]의 Project 뷰의 탭에서 마우스 오른쪽 버튼을 클릭하여 One Column Layout으로 바꿔줍니다.

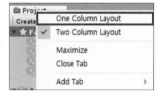

[그림 2-9] One Column Layout

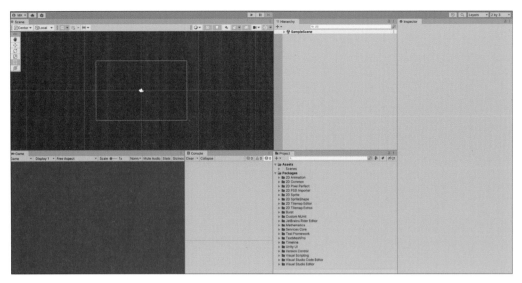

[그림 2-10] 완성된 레이아웃

레이아웃을 모두 수정하면 [그림 2-10]과 같은 화면 구성이 됩니다. 버전에 따라 프로젝트 뷰 안에 2018.1 버전 이후로는 [Scenes] 폴더 내에 'SampleScene'이 내장되어 있으며, 2018.2 버전 이후로는 [Assets] 폴더와 [Packages] 폴더가 분리되어 있습니다. 기존에는 [Assets]만 최상위 폴더로 존재했었는데, [Packages] 폴더가 하나 더 생긴 것입니다.

1-2. 씬 뷰(Scene View)

뷰는 유니티에서 제작하는 과정을 실행하는 곳입니다. 창이기 때문에 다른 말로는 윈도우(Window)라고도 합니다. 설명하지 않은 뷰들은 [메뉴] 탭의 Window를 눌러 추가할 수 있으며, 뒷부분에서 사용할 때마다 설명하겠습니다.

첫 번째로 설명할 씬 뷰는 현재 씬에 배치되어 있는 오브젝트들을 보여주고 위치, 각도, 크기 등을 변경할 수 있는 뷰입니다.

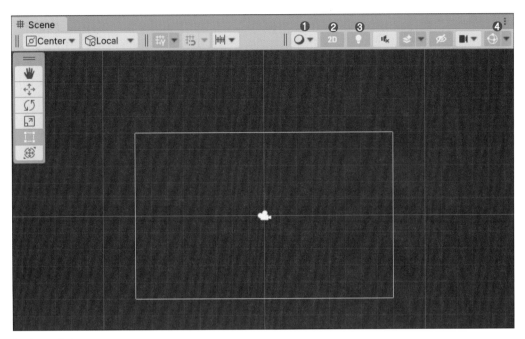

[그림 2-11] 씬 뷰

❶ 씬에서 보는 방법을 설정하는 부분입니다. 와이어프레임(WireFrame) 등으로 바꾸어 버텍스 (Vertex, 꼭짓점)와 엣지(Edge, 가장자리 선)만 보이게 하거나, 알파 채널(Alpha Channel)로 바꾸어 투명도만 흑백으로 표시하는 기능을 갖추고 있습니다.

❷ 2D/3D로 보는 방법을 변경하는 부분입니다. 2D에서는 쓸 일이 없지만, 3D의 경우 UI를 다룰 캔버스 영역이 2D이기 때문에 전환해야 할 필요성이 있습니다.

❸ 조명을 켜거나 끕니다.

❹ 기즈모(Gizmo, 게임 제작 시 X, Y, Z축으로 향하는 화살표나, 파란색 꼭짓점처럼 제작의 가이드 라인 역할을 하는 아이콘)를 필터링하여 특정 종류의 기즈모만 보이게 합니다.

씬 뷰에서의 편집을 하는 툴입니다. 오브젝트의 위치, 각도, 크기를 수정합니다.

[그림 2-12] 도구 툴

❶ Hand Tool : 단축키는 Q 이며, 씬 뷰에서 화면을 드래그하여 움직일 때 사용합니다.

❷ Move Tool : 단축키는 W 이며, 선택한 오브젝트의 X, Y축(3D의 경우 Z축까지)으로 오브젝트의 위치를 바꾸는 기능을 합니다. 화살표의 촉 부분을 클릭하여 드래그하면 움직일 수 있습니다.

❸ Rotate Tool : 단축키는 E 이며, 선택한 오브젝트의 각도를 각 축으로 회전시키는 기능을 합니다. 빨간색 선이 X축, 초록색 선이 Y축, 파란색 선이 Z축입니다(RGB 순으로 XYZ 대응). 2D의 경우 깊이를 다루지 않아 주로 Z축으로 회전을 사용합니다.

❹ Scale Tool : 단축키는 R 이며, 선택한 오브젝트의 크기를 조절하는 기능을 합니다. 선 끝의 정육면체를 드래그하여 각 축의 크기를 조절할 수 있으며, 가운데 회색 면을 드래그할 경우 모든 축을 동시에 같은 크기로 조절할 수 있습니다.

❺ Rect Tool : 단축키는 T 이며, 선택한 오브젝트의 크기와 위치를 동시에 조절할 수 있습니다. 2D 게임에 매우 유용하고, Canvas 내 UI 편집에 특화되어 있습니다.

❻ 종합 : 단축키는 Y 이며, 위에 있는 모든 기능을 동시에 편집할 수 있습니다. Unity 2017.x 버전 이후 새로 생긴 기능입니다.

1-3. 게임 뷰(Game View)

게임 뷰는 씬 뷰 등에서 편집하고, 최종적으로 게임을 완성했을 때 구동되는 게임과 같은 화면입니다. 실제 게임에서 어떻게 보이는지를 알 수 있습니다.

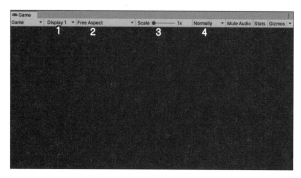

[그림 2-13] 게임 뷰

❶ Display : 현재 몇 번째 디스플레이인지 나타내는 것입니다. 보통 하나만 사용하기 때문에 바꿀 일은 없습니다.

❷ 게임 해상도 : 현재 게임의 카메라 해상도입니다. 구동되는 기기의 차이나 PC의 경우 유저가 해상도를 변경하는 경우도 있기 때문에, 여러 해상도와 비율로 제작 도중 바꿔가며 테스트해 보는 것이 좋습니다. 여러 기기에서 16:9 비율을 기본으로 하기 때문에 1920×1080 또는 2560×1440을 놓고 하는 것이 좋습니다. 세로의 경우 가로 세로를 반대로 합니다.

❸ Scale : 화면의 배율입니다. 1x가 기본이며, 배율을 조절하여 확대해서 관찰할 수 있습니다. 배율을 수정한다고 실제 게임에 반영되는 것은 아니며, 테스트 중 작아서 잘 보이지 않는 오브젝트를 관찰할 때 쓰입니다.

❹ Enter Play Mode : 테스트 플레이 시 게임 화면을 어떻게 할지 정합니다. Normally의 경우 현재 주어진 창에서 그대로 플레이하지만, Maximized의 경우 창을 화면 최대로 키워주며, Fullscreen의 경우 선택된 모니터의 전체 화면으로 플레이하게 됩니다.

1-4. 콘솔 뷰(Console View)

스크립트의 오류, 경고 등을 보여주는 창입니다. 스크립트에서 명령어 Debug.Log( ) 사용 시 괄호 안의 메시지를 콘솔 뷰에 출력할 수도 있습니다.

[그림 2-14] 콘솔 뷰

❶ Clear : 콘솔 뷰에 표시된 오류, 경고, 로그의 모든 메시지를 지웁니다.

❷ Collapse : 같은 메시지일 경우 합치고, 우측에 겹친 개수를 표시합니다.

1-5. 하이어라키 뷰(Hierarchy View)

하이어라키(Hierarchy)는 직역하면 '계급'이라는 뜻인데, 유니티 내에서는 오브젝트 간 상하(부모(Parent)·자식(Child)) 관계를 표시합니다. 현재 씬 내에 있는 오브젝트의 목록을 보거나 상하 관계를 설정할 수 있습니다.

씬이 복잡하지 않은 경우 찾기 어렵지 않지만, 씬이 복잡한 경우 상단의 검색 기능을 통해 이름으로 검색할 수 있습니다.

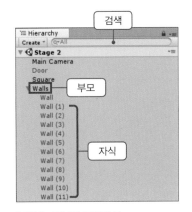

[그림 2-15] 하이어라키 뷰

오브젝트가 복잡하게 펼쳐진 경우 같은 종류의 오브젝트를 빈 오브젝트(Walls)로 만들어, 하위 오브젝트로 정리하면 편합니다.

1-6. 프로젝트 뷰(Project View)

게임 내에 존재하는 것이 아닌 프로젝트 안에 포함된 파일(이미지, 사운드, 스크립트 등)을 보여주는 뷰입니다. 프로젝트 뷰에 존재하는 파일들은 현재 프로젝트에 존재하는 파일일 뿐, 씬이나 하이어라키에 배치하지 않는 한 게임 내에 들어간 것은 아닙니다. 게임을 빌드(최종 결과물 완성)할 경우에도 사용하지 않은 파일은 완성본에 들어가지 않습니다.

프로젝트 뷰 또한 검색이 가능합니다. 프로젝트 내 리소스가 많은 경우 검색으로 찾을 수 있습니다. 또는 취향에 따라 'One Column Layout'을 'Two Column Layout'으로 바꿔줄 수도 있습니다.

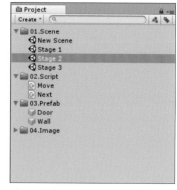

[그림 2-16] 프로젝트 뷰

1-7. 인스펙터 뷰(Inspector View)

인스펙터 뷰는 선택한 오브젝트 또는 리소스의 정보를 보여주고 값을 수정하는 창입니다. 유니티로 프로젝트 진행 시 제일 많이 보아야 할 창이며, 선택한 것에 따라 내용이 달라집니다.

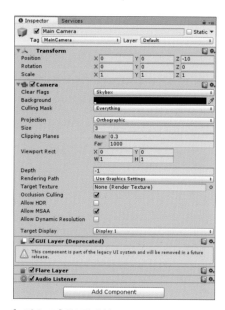

[그림 2-17] 인스펙터 뷰

1-8. 메뉴 탭

메뉴 탭은 뷰는 아니지만, 각각의 메뉴를 간단하게 짚고 넘어가겠습니다.

[그림 2-18] 메뉴 탭

❶ **File** : 씬을 열거나 저장합니다. 프로젝트1을 열거나 저장하고, 빌드에 관한 설정을 하거나 빌드합니다.

❷ **Edit** : 여러 가지 편집 항목이 들어 있습니다. Project Settings가 항목에 포함되어 있는데, 프로젝트에 관하여 이 프로젝트 내 시간, 물리법칙 등의 설정이 가능합니다. 윈도우의 경우 'Preferences' 항목이 이 탭에 들어 있기 때문에 스크립트 에디터(비주얼스튜디오, 모노디벨롭 등)의 설정을 이곳에서 바꿀 수 있습니다.

❸ **Assets** : 에셋 패키지를 새로 만들거나 불러올 수 있습니다.

❹ **GameObject** : 하이어라키 뷰에서 선택된 곳을 기준으로 새로운 게임 오브젝트를 선택한 형식으로 새로 만듭니다.

❺ **Component** : 하이어라키 뷰에서 선택된 것을 기준으로 새로운 컴포넌트를 해당 오브젝트에 새로 추가합니다.

❻ **Window** : 레이아웃에 선택한 항목의 뷰를 추가하거나 뺄 수 있습니다.

2 리소스의 이해

리소스는 '자원'이라는 뜻을 가지고 있는데, 게임에서는 보통 이미지나 사운드 등 게임에 필요한 파일을 뜻합니다.

2-1. 리소스(에셋) 불러오기

리소스를 유니티에서는 '에셋(Asset)'이라고도 부릅니다. 프로젝트 뷰(Project View)에서 리소스를 관리할 수 있습니다.

유니티 프로젝트에 넣고 싶은 파일을 프로젝트 뷰의 빈 곳에서 마우스 오른쪽 버튼을 클릭 후 [Import New Asset]을 클릭하여 파일을 탐색하고 넣을 수 있습니다. 또는 직접 해당 파일이 있는 폴더에서 유니티의 프로젝트 뷰로 드래그앤 드롭을 하여 넣을 수도 있습니다. 유니티 프로젝트로 넣은 파일은 자동으로 프로젝트의 [Assets] 폴더 내에 복사됩니다.

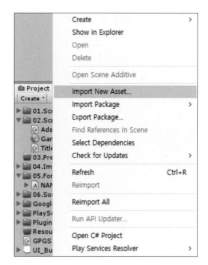

[그림 2-19] 에셋 불러오기

2-2. 씬(Scene)

씬은 .unity 확장자를 가진 파일이며 게임 내에서의 씬을 담고 있습니다. 아이콘은 유니티 로고와 같습니다. 게임 내에서 씬의 개념은 영화와 비슷하면서도 좀 더 포괄적인 의미로 쓰입니다. 스토리가 있는 게임은 스토리를 하나

[그림 2-20] 씬 아이콘

의 장면으로 실행하는 의미 그대로 사용 가능하지만, 스테이지를 하나씩 클리어 하는 게임은 하나의 스테이지를 하나의 씬으로 사용할 수 있습니다. 또는 극단적으로 하나의 씬만을 사용하여 게임을 완성할 수도 있습니다.

씬의 사용은 개발자 본인의 취향에 따라 다양하게 사용하면 됩니다. 씬 사용에서 유의할 점은, 별도로 값을 저장하는 스크립트가 없으면 현재 씬에서 다른 씬으로 넘어갈 때 스크립트가 가지고 있던 변수 내 값이 사라진다는 점입니다. 예를 들어, 현재 씬에서 주인공의 HP가 50이고, 처음 스크립트에서 변수 선언 시 HP가 100일 때, 다음 스테이지로 넘어가기 위해 씬을 변경한다고 가정합니다. 별도의 조치가 없다면 이 HP 변수는 다시 100으로 돌아갑니다. 변수를 파일로 저장하는 방법은 게임 제작 파트에서 다시 설명하겠습니다.

2-3. 스크립트(Script)

스크립트를 직역하면 '각본'이라는 뜻입니다. 말 그대로 게임 내 오브젝트들이 움직이며 게임을 돌아가게 하는 각본입니다.

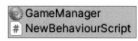

[그림 2-21] 스크립트 아이콘

게임에 오브젝트를 모두 배치했더라도 움직일 각본이 없다면 제대로 돌아가지 않는 만큼, 게임 제작에 있어 가장 중요한 부분입니다.

'#' 글씨가 적힌 종이 아이콘이나, 자바스크립트로 작성했을 경우에는 'JS'라고 쓰인 아이콘이 표기됩니다. 스크립트의 이름을 GameManager로 했을 경우 유니티 5.x 후반 버전부터 톱니바퀴 모양으로 바뀌게 되었습니다. 안에는 C#(자바스크립트와 Boo 언어의 경우 더이상 지원하지 않습니다)으로 작성한 코드가 내용으로 들어 있습니다. 게임 제작 시 상당 부분을 직접 작성하게 되는데, 이 책에서는 C#을 기반으로 스크립트를 다루게 됩니다.

2-4. 프리팹(Prefab)

프리팹은 원래 건축 용어로 '조립식 건물'이라는 뜻을 가지고 있습니다. 마치 건축에서 하나의 방을 복사한 것처럼 여러 개를 똑같이 만들 수 있듯이 유니티에서는 붕어빵 틀로 찍어내는 것처럼 이미 만들었거나 또는 만들어진 오브젝트를 프리팹을 사용하여 똑같이 찍어내며 쓸 수 있습니다. 예를 들어, 좀비 몬스터를 만들 경우 프리팹으로 좀비 몬스터 오브젝트를 만들어 놓는다면, 드래그 앤 드롭 또는 스크립트를 통해 얼마든지 복사해낼 수 있습니다.

[그림 2-22] 프리팹 아이콘

프리팹은 하늘색 정육면체 아이콘으로 표시됩니다. 3D 모델 파일이 똑같은 하늘색 정육면체 아이콘을 사용하는데, 문서 모양이 위에 붙어 있으므로 프리팹과 구분할 수 있어야 합니다.
하이어라키 뷰에서 프로젝트 뷰로, 프리팹으로 만들고 싶은 오브젝트를 드래그 앤 드롭할 경우 만들어집니다.

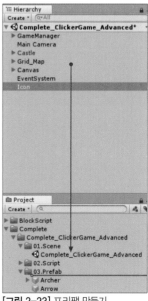

[그림 2-23] 프리팹 만들기

2-5. 모델(Model)

모델은 3D 모델 파일입니다. .fbx 파일이나 .obj 파일과 같은 파일이 모델로 활용됩니다. 3D 작업 프로그램(Blender, 3DMax, Maya 등)에서 작업한 결과물을 가져와 활용할 수 있습니다.

🗂 The Adventurer Blake

[그림 2-24] 3D 모델 아이콘

2-6. 스프라이트(Sprite)

스프라이트는 흔히 말하는 2D의 그림이라고 볼 수 있는데, 한 장만 쓸 때는 정지된 그림의 역할을 합니다. 그러나 동일한 크기의 연속된 이미지가 있다면 낱개 그림 한 장이 애니메이션의 한 프레임의 역할을 하며 사용할 수 있습니다.

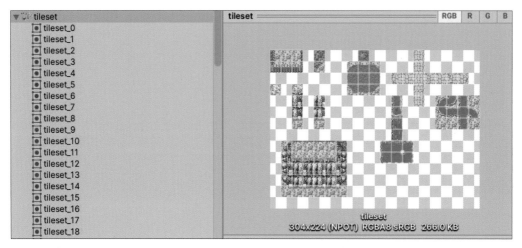

[그림 2-25] 스프라이트

PNG, JPG 등 다양한 확장자의 그림 파일 사용이 가능하며, 포토샵에서 지원하는 PSD 파일 역시 바로 사용할 수 있습니다. [그림 2-25]의 경우 애니메이션 목적이 아닌 타일맵 배치를 위한 다중(Multiple) 스프라이트입니다.

[그림 2-26] 스프라이트 애니메이션 예

스프라이트 에디터에 그림을 수정하는 기능은 없지만, 유니티에서 사용하기 위한 여러 가지 편집 기능이 있습니다.

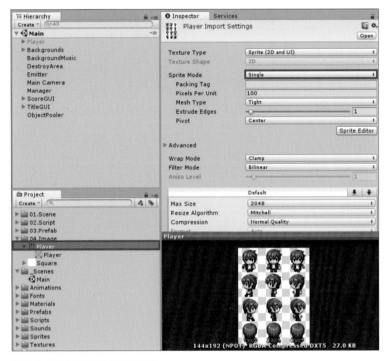

[그림 2-27] 스프라이트 에디터 실행

● 애니메이션 스프라이트 만들기

여러 장의 그림이 있을 경우 분할하여 낱개 그림으로 만들 수 있습니다. 편집할 그림을 선택한 후 'Sprite Mode'를 'Multiple'로 변경합니다. 그 후 [Sprite Editor] 버튼을 누릅니다. 적용을 하지 않았 다는 창이 뜬 경우 [Apply] 버튼을 눌러 적용해줍니다.

스프라이트 에디터가 실행되면 상단에 [Slice] 버튼 이 있는데, [Slice] 버튼을 누르고 Type을 'Automatic' 으로 두고 [Slice] 버튼을 누르면 자동으로 이미지가 분할됩니다. 이미지가 정확하게 균등한 사이즈가 아 니거나 기타 이유로 분할이 제대로 작동하지 않았을 경우 Type을 'Grid by Cell Size' 또는 'Grid by Cell Count'로 바꾸어주면 크기나 개수를 기준으로 수동 분할할 수 있습니다.

[그림 2-28] 그림 분할

• UI 패널 만들기

게임 내에 창을 만드는 기능입니다. 시중의 여러 게임을 보면, 같은 이미지라도 창의 크기가 모두 다름에도 이미지가 깨지지 않고 확대/축소되어 각기 다른 크기의 창이 있는 것을 볼 수 있습니다.

이것은 [그림 2-29]의 점선 부분처럼 하나의 이미지를 9등분하여 모서리 4개 영역을 제외한 나머지 부분만 확대/축소하도록 하는 기능을 사용하기 때문에 가능한 것입니다. [그림 2-30]은 [그림 2-29]의 그림을 원본으로 하여 확대/축소한 패널들입니다. 이러한 이미지 타입(Image Type)을 'Sliced'라고 하는데, 유니티 내에서 설정하지 않을 경우 적용이 불가능합니다. Sliced 타입을 만드는 방법은 다음과 같습니다.

[그림 2-29] 패널의 원본 이미지

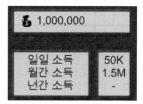

[그림 2-30] 다양한 패널 크기

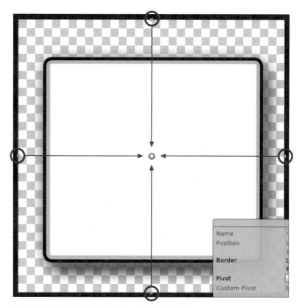

[그림 2-31] 패널을 위한 Sliced 타입 만들기

패널로 만들 오브젝트를 선택 후 전과 같은 방법으로 스프라이트 에디터를 실행시킵니다. 실행하면 4 방향으로 가장자리에 초록색 점이 있는데, 점을 클릭한 후 드래그하여 적당한 모습이 되도록 9등분합니다. 정확하게 나눌 필요는 없고 각 9개의 영역이 모서리, 가장자리, 가운데 영역의 역할을 할 수 있도록 나누면 됩니다.

이 상태로 종료하며 [Apply] 버튼을 누르면 적용이 완료되어 사용할 수 있습니다. 패널 오브젝트에서 Sliced 타입으로 바꾸는 방법은 UI를 다룰 때 설명하겠습니다.

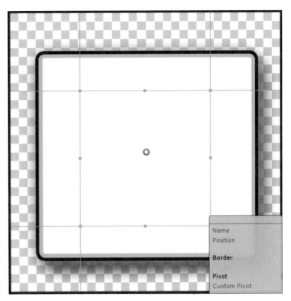

[그림 2-32] 완성된 Sliced 타입

2-7. 폰트(Font)

폰트는 UI에서 Text(텍스트) 사용 시 필요한 리소스로, 원하는 서체를 가져오면 사용할 수 있습니다. 다른 리소스도 마찬가지이지만 저작권에 유의하여 상업적으로 사용이 허락된 폰트를 사용하는 것이 좋습니다. 사용 방법은 UI 파트에서 다루겠습니다.

▶ Aa RobotoCondensed-Light

[그림 2-33] 폰트 아이콘

2-8. 사운드(Sound)

사운드는 WAV, MP3 파일 등의 다양한 배경음악(BGM), 효과음 등의 재생을 가능하게 하는 리소스입니다. 유니티 내부에서 오디오 소스의 편집은 가능하지 않지만, 스테레오(Stereo) 또는 모노(Mono)로 변경은 가능합니다. 또한 [Window]-[Audio]-[Audio Mixer] 탭에서 오디오 믹싱이 가능합니다.

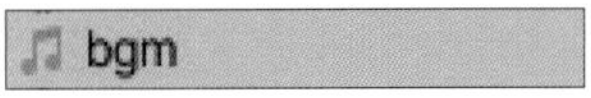

♫ bgm

[그림 2-34] 사운드 아이콘

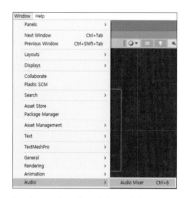

[그림 2-35] 오디오 믹서 뷰 위치

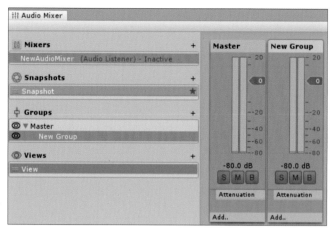

[그림 2-36] 오디오 믹서

2-9. 애니메이션(Animation)과 애니메이터(Animator)

애니메이션은 한 장 한 장의 그림이 이어져 하나의 움직이는 그림처럼 보이게 하는 기법을 뜻합니다. 게임 내에서 움직이는 플레이어 캐릭터 등에도 사용 가능하지만, 보통은 플레이어에게 보여주는 컷 씬(Cut Scene)의 애니메이션 재생에 쓰입니다.

[그림 2-37]의 아이콘은 동작 하나를 담은 애니메이션 클립 파일을 보여주며, 애니메이션은 이 클립들이 모여 이루어집니다. 과거에는 애니메이션 클립을 재생하기 위한 애니메이션(Animation) 컴포넌트가 따로 있었습니다. 현재는 유니티에서 사용을 권고하지 않습니다. 하지만 유니티에서는 과거에 제작된 프로젝트를 열어 참고하거나, 사용할 때를 위하여 Legacy로 남겨두었습니다.

⫷ idle

[그림 2-37] 애니메이션 클립 아이콘

사용할 애니메이션 클립을 선택한 후 나오는 인스펙터 뷰에서 오른쪽의 작은 메뉴 버튼을 누르고 [Debug] 탭을 선택합니다.

[그림 2-38] 애니메이션 클립을 애니메이션 컴포넌트에서 사용하기 위한 설정

[디버그] 탭으로 설정을 바꾸면 편집 가능한 숨겨진 수치들이 열리는데, 'Legacy'를 체크하면 사용 가능합니다. 보통 자동 재생보다는 스크립트를 통해 제어합니다.

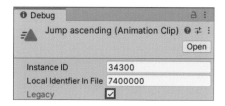

[그림 2-39] 애니메이션 클립 Legacy 설정

애니메이터 컨트롤러는 유니티의 애니메이터 컴포넌트를 다루기 위한 리소스입니다. 애니메이터는 애니메이션에 비해 최근에 나온 컴포넌트로, 애니메이션 컴포넌트에서 다루던 기능들이 애니메이터에서 작동하게 되었습니다. 단순했던 애니메이션 컴포넌트에 비해 애니메이션 제어를 위한 다양한 기능들이 추가되었습니다.

[그림 2-40] 애니메이터 컨트롤러 아이콘

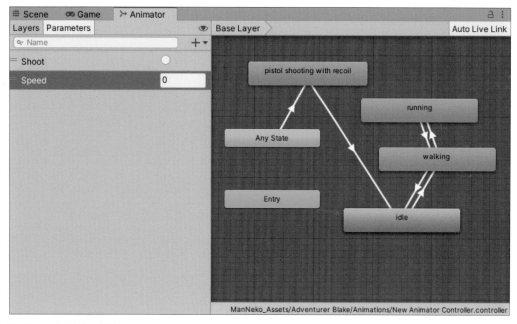

[그림 2-41] 애니메이터 뷰

애니메이터 컨트롤러의 내용은 애니메이터 뷰에서 편집 가능합니다. 상태머신(State Machine)으로 각 클립 간의 연결을 통해 애니메이션 컴포넌트의 사용에 비해 좀 더 직관적인 애니메이션 제어가 가능합니다. 애니메이션과 애니메이터 컨트롤러는 2D와 3D 모두 사용 가능합니다. 2D는 스프라이트의 제어, 3D는 모델을 제어하여 사용합니다.

2-10. 매테리얼(Material)

[그림 2-42] 매테리얼 아이콘

매테리얼은 재료라는 뜻을 가지고 있는데, 게임에서는 어떤 물체(오브젝트)의 재질을 표현하는 데 쓰입니다.

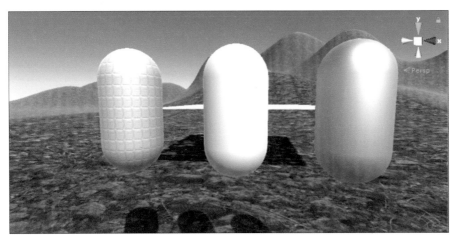

[그림 2-43] 매테리얼 표현

[그림 2-43]처럼 같은 흰색임에도 불구하고, 매테리얼의 차이를 주면 가운데 캡슐의 플라스틱 느낌부터 오른쪽의 금속 재질의 느낌까지 다양한 표현이 가능합니다. 또한 왼쪽 캡슐처럼 특정 텍스처(Texture) 그림을 넣어 타일 느낌이나 벽돌, 나무 바닥 등의 표현도 가능합니다.

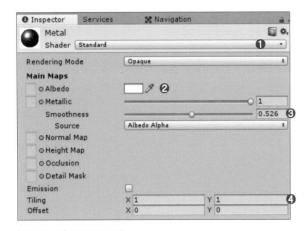

[그림 2-44] 매테리얼 설정

❶ 쉐이더(Shader) : 쉐이더는 렌더링을 할 때 효과를 주는 부분입니다. 기본적으로는 Standard를 사용하지만, 별도의 쉐이더를 사용한다면 카툰 렌더링 효과를 주거나 다른 표현도 가능합니다.

❷ 알베도(Albedo) : 기본적으로 빛을 반사하는 수치 즉, 반사율의 의미로 사용하지만, 매테리얼의 색상을 조절하는 것이라고 생각하면 편합니다. 그림에서는 하얀색 사각형 부분을 클릭하면 색상을 설정할 수 있습니다.

❸ 메탈릭, 스무스니스(Metallic, Smoothness) : 금속 느낌이 얼만큼 나는지와 얼마나 매끈한지에 대한 설정입니다. 3D 오브젝트에 매테리얼을 넣고 값을 조절하며 적절한 수치를 찾아야 합니다.

❹ 타일링(Tiling) : 그림을 타일처럼 여러 장으로 나눕니다. 수치가 높아질수록 더 많이 나뉩니다.

그 이외의 기능은 좀 더 재질을 심화하여 디테일을 높이는 부분입니다. 노말 맵(Normal Map)은 실제로 모델을 움푹 파게 될 경우 많은 폴리곤이 소요되기 때문에 실제로 움푹 파인 것처럼 보이게끔 깊이의 느낌을 주는 그림을 뜻합니다.

[그림 2-45]는 기본 흰색 캡슐에 체크무늬 그림의 노말 맵을 씌운 것인데, 그림을 씌웠을 뿐임에도 골프공처럼 울룩불룩한 느낌을 줄 수 있습니다. 높이 맵(Height Map)은 다른 말로 범프 맵(Bump Map)이라 부르며, 노말 맵이 X, Y, Z축의 3축으로 높이를 표현함에 비해, 높고 낮음만을 표현하여 한 차원 낮은 정보를 표현합니다.

그 외 세컨더리 맵(Secondary Map)이 있는데, 이것은 맵핑을 하나 이상 더해줌으로써 좀 더 디테일한 맵핑을 하게 해줍니다.

[그림 2-45] 노말 맵을 적용한 모델

📢 TIP 2D의 경우에도 별다른 설정은 하지 않지만, 인스펙터 뷰에서 매테리얼을 볼 경우 'Sprites-Default'라는 매테리얼이 들어가 있음을 볼 수 있습니다.

기본적인 리소스는 여기까지이며, 다른 리소스는 게임 제작에 사용될 때 소개하겠습니다.

3 게임 오브젝트와 컴포넌트

게임 오브젝트는 유니티 내에서 게임을 만들 때 표현하는 다양한 사물, 인물, UI, 카메라, 조명, 지형 등을 아우르는 총칭입니다.

3-1. 게임 오브젝트

모든 존재는 하나의 객체로 표현되고, 프로젝트 내 씬은 그 게임 오브젝트들이 모여 있는 공간입니다. 게임 오브젝트는 앞에서 소개한 씬 뷰 또는 하이어라키 뷰에서 자유롭게 배치하고 위치, 각도, 크기를 조정할 수 있습니다. 게임 오브젝트는 하나 이상의 컴포넌트를 포함하고 있습니다.

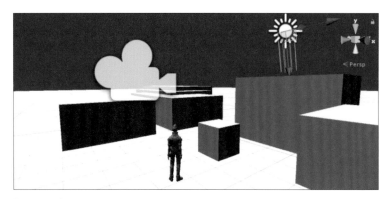

[그림 2-46] 유니티 내 다양한 게임 오브젝트

3-2. 컴포넌트

컴포넌트는 게임 오브젝트가 가진 기능입니다. 게임 오브젝트가 사람이라고 가정하면, 컴포넌트가 없는 게임 오브젝트는 식물인간과 다름 없습니다. 사람에게 먹는 기능, 자는 기능, 걷는 기능, 말하는 기능을 추가하면서 사람으로의 기능을 할 수 있는 것입니다.

게임 오브젝트는 씬의 공간 어딘가에는 반드시 위치하고 있어야 하기 때문에 위치 정보 없이 생성이 불가능합니다. 그렇기 때문에 위치 정보를 포함하는 트랜스폼(Transform) 컴포넌트(UI의 경우 렉트 트랜스폼(Rect Transform))를 반드시 포함하게 됩니다. 트랜스폼 컴포넌트만큼은 컴포넌트를 제거할 수 없습니다.

게임 오브젝트에 컴포넌트를 추가하는 방법은
두 가지가 있습니다. 첫 번째로 메뉴 탭에서 추
가하는 방법이 있습니다. 하이어라키 또는 씬 뷰
에서 컴포넌트를 추가할 게임 오브젝트를 선택
한 후 [메뉴] 탭에서 [Component] 탭으로 들어가
종류를 찾아 클릭하면 해당 컴포넌트가 추가됩
니다. 두 번째로는 이름을 검색하여 찾는 방법이
있습니다. 위 그림의 Add Component 부분을 클
릭하면 검색 창이 나오게 되는데 검색 탭에 글자
를 입력하면 해당 글자가 포함된 컴포넌트를 검
색할 수 있습니다. 추가하려면 해당 컴포넌트를
클릭하여 추가할 수 있습니다.

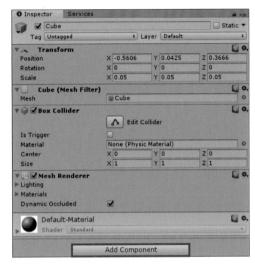

[그림 2-47] 게임 오브젝트 내 컴포넌트

다음은 자주 사용하는 컴포넌트를 알아보겠습니다.

● 렌더러(Renderer)

렌더러는 스프라이트, 메쉬(Mesh), 라인(Line), 트레일(Trail), 캔버스(Canvas) 등의 종류가 있는
데, 이런 것들을 눈에 보이도록 하는 과정을 실행하는 컴포넌트입니다. 렌더러 컴포넌트를 비활
성화 하면 그 오브젝트는 표시되지 않습니다. 3D는 사용하는 매테리얼을 교체하거나 매테리얼
을 수정하여 색상, 재질, 투명도 등을 조정 가능하고, 2D에서 사용하는 스프라이트 렌더러(Sprite
Renderer)의 경우에는 색상 조절 및 뒤집기(Flip) 등의 기능도 지원합니다. 자세한 설정은 게임 제작
파트에서 설명하겠습니다.

● 콜라이더(Collider)

콜라이더는 물체의 충돌을 검사하는 기능입니다. 연두색으로 가는 실
선이 콜라이더의 경계에 표시됩니다. 처음 유니티를 다룰 때 많이 착
각하는 부분 중 하나가 오브젝트가 그려진 부분과 콜라이더 영역이 별
개라는 사실을 잊는 것입니다. 콜라이더의 영역을 수정하여 실제 물체
보다 크게 만들거나 작게 만들 경우 해당 경계 부분에서 충돌하기 때
문에 다양한 면에서 응용이 가능합니다.

[그림 2-48] 콜라이더의 경계

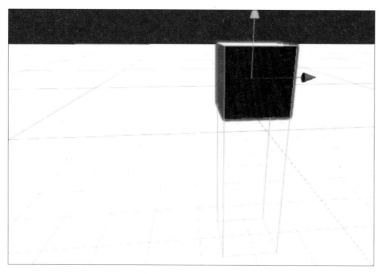

[그림 2-49] 콜라이더의 확장으로 공중에 뜬 박스

뒤에 설명할 리지드바디(Rigidbody)를 적용할 경우 물리현상이 적용되어 중력의 영향을 받게 되는데, 콜라이더와 동시에 사용할 경우 콜라이더를 물체가 보이는 것보다 확장시키면 바닥에서 공중에 떠 있는 물체를 만들 수도 있습니다.

● **리지드바디(Rigidbody)**

리지드바디는 물리현상을 구현하는 컴포넌트입니다. 중력을 받아 아래로 떨어지거나, 두 가지 이상의 물체가 콜라이더 컴포넌트의 경계에서 충돌하였을 때 작용/반작용으로 튕겨 나가는 역할 등을 담당하고 있습니다. 2D의 경우에는 리지드바디 2D(Rigidbody 2D)를 사용하여야 합니다.

● **오디오 소스(Audio Source)**

오디오 소스는 소리가 나게 하는 컴포넌트입니다. 안에 효과음이나 배경음 등의 오디오 클립을 넣게 되면 해당 음원을 오디오 소스의 위치에서 재생하게 됩니다. 쉽게 말하면 현실세계의 스피커 역할을 한다고 생각할 수 있습니다. 메인 카메라(Main Camera) 오브젝트의 안에 보면 오디오 리스너(Audio Listener) 컴포넌트가 한 줄 존재하는데, 이 컴포넌트는 현실에서 보았을 때 사람의 귀 역할입니다. 이 오디오 리스너가 오디오 소스에 가까이 접근했을 때 소리가 점점 커지며 들리게 되는 것입니다.

● 스크립트(Script)

스크립트는 이미 있던 스크립트와 직접 만든 스크립트가 있습니다. 이미 있던 스크립트의 경우, 스탠다드 에셋(Standard Asset) 내에 이미 존재하는 스크립트와 에셋 스토어(Asset Store)에서 받은 에셋 내에 포함된 스크립트를 모두 칭합니다. 직접 만든 스크립트의 경우 프로젝트 뷰에서 마우스 오른쪽 버튼을 클릭 또는 Create▼ 버튼을 누르고 C# Script를 누르면 생성됩니다.

유니티의 C# 스크립트는 생성될 때 지은 스크립트의 이름이 곧 클래스의 이름이 되는데, 실수로 잘못 이름을 지어주었을 경우 내부의 클래스 이름도 파일의 이름과 똑같이 고쳐주어야 합니다. 클래스의 이름을 지을 때는 띄어쓰기가 불가능한데, 마찬가지로 스크립트 파일의 이름은 다른 파일과 달리 띄어쓰기하여 이름짓지 않아야 합니다.

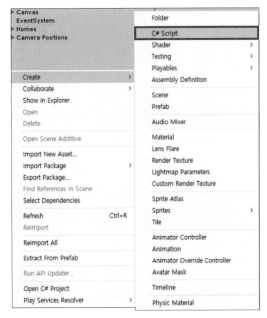

[그림 2-50] C# 스크립트 만들기

TIP 유니티에서 지원하던 언어는 원래 C#, 자바스크립트, Boo 3가지였는데, Boo의 경우 유니티 4 버전에서 5 버전으로 넘어오면서 지원하지 않게 되었으며, 자바스크립트의 경우 2017.2 버전부터 유니티 내에서 지원은 아직까지 하지만, 생성할 수 없게 되었습니다.

4 게임 오브젝트 배치

게임 오브젝트의 배치는 씬 뷰 위에 있는 도구 툴을 사용하여 편집 가능합니다. 도구 툴 설명은 씬 뷰의 도구 툴을 참조합니다.

4-1. 게임 오브젝트 생성

게임 오브젝트 생성은 여러 방법으로 가능합니다. 가장 기본적인 하이어라키 뷰에서 생성하는 방법은 다음과 같습니다.

하이어라키 뷰에서 [Create] 버튼 클릭 또는 하이어라키 뷰의 빈 곳이나 게임 오브젝트에서 마우스 오른쪽 버튼을 클릭합니다. Create Empty 밑으로 보이는 메뉴들은 모두 게임 오브젝트이며, 목적에 맞는 게임 오브젝트를 생성하면 됩니다.

게임 오브젝트의 상하관계(부모−자식관계)가 잘못된 경우, 하이어라키 뷰에서 해당 오브젝트를 드래그하여 관계나 위치를 조정할 수 있습니다.

그림이나 3D 모델을 즉시 게임 오브젝트로 생성하고 싶은 경우에는 해당 그림이나 3D 모델 프로젝트 뷰의 파일을 선택한 후 씬 뷰로 드래그 앤 드롭하면 즉시 해당 위치에 생성할 수 있습니다.

[그림 2-51] 게임 오브젝트 생성

4-2. 게임 오브젝트 위치 조절

처음 게임 오브젝트를 생성한 경우에는 씬 뷰가 바라보는 화면의 가운데 즈음에 위치합니다. 게임 오브젝트의 위치, 각도, 크기를 초기화하려면 인스펙터 뷰의 트랜스폼 컴포넌트 오른쪽에 보이는 [설정] 버튼을 누른 후 [리셋(Reset)]을 클릭합니다.

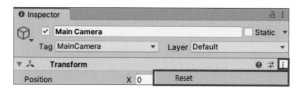

[그림 2-52] 게임 오브젝트 위치 정보 초기화

리셋은 트랜스폼 컴포넌트 외 다른 컴포넌트에서도 사용 가능하며, 해당 컴포넌트를 초기 상태로 만듭니다.

4-3. 씬 뷰에서 편집

씬 뷰에서 편집 화면을 움직이는 방법은 다음과 같습니다. 가장 기본적으로 Q 또는 핸드 툴을 직접 선택하여 전환한 후 씬 뷰에서 클릭 후 드래그하면 화면을 상하좌우로 움직일 수 있습니다.

2D 제작 시에는 사용할 필요 없지만, 3D의 경우 화면의 회전이 필요합니다. 3D에서 화면의 회전은 마우스 오른쪽 버튼을 클릭 후 드래그하여 회전할 수 있습니다. 또한 마우스 오른쪽 버튼 클릭을 유지한 채 W, A, S, D를 사용하여 FPS 게임의 자유 시점처럼 화면을 움직일 수도 있습니다. 3D에서 현재 씬 뷰에서 보는 각도로 카메라를 조정하고 싶을 때는 카메라를 선택한 후 Ctrl +Shift+F를 누르면 씬 뷰의 화면과 같아지도록 카메라의 위치, 각도를 수정할 수 있습니다.

4-4. 인스펙터 뷰에서 편집

씬 뷰에서는 게임 오브젝트를 직접 눈으로 보며 조정할 수 있는 반면, 인스펙터 뷰에서는 위치, 각도, 크기를 수치로 조정할 수 있습니다. 씬 뷰에서 대략적인 위치를 잡고 인스펙터 뷰에서 정밀하게 수치를 조정하는 것이 좋은 방법입니다.

5 컴포넌트 수정

컴포넌트를 수정하는 방법은 수치 변수의 종류에 따라 다릅니다. 하나씩 살펴보겠습니다.

5-1. 숫자 타입

숫자 타입은 대표적으로 트랜스폼 컴포넌트 Position, Rotation, Scale의 X, Y, Z값이 있습니다.

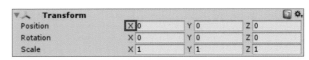

[그림 2-53] 인스펙터 뷰에서 숫자 타입의 수치 조정

입력 칸에 직접 값을 입력하는 방법도 있지만, 빠르게 수치를 조정하고 싶을 경우 해당 변수의 이름 부분에 커서를 놓으면 ◁▷ 모양으로 바뀌면서 클릭 후 드래그로 빠르게 조정 가능합니다.

5-2. 문자열 타입

문자열 타입은 컴포넌트 내에서 문자열을 입력받을 때 사용합니다. 대표적으로 [UI]–[Text] 컴포넌트의 Text 변수나 직접 만든 스크립트의 string

[그림 2-54] 인스펙터 뷰에서 문자열 타입 조정

형 변수가 있습니다. 편집은 입력 칸 내에 자유롭게 글자를 적으면 됩니다.

5-3. 색 타입

색 타입은 색을 변경할 때 쓰입니다. 대표적으로 렌더러 컴포넌트들의 Color 변수, 매테리얼의 Albedo 등이 있습니다. 색이 보이는 칸을 클릭할 경우 컬러 피커(Color Picker)가 나오면서 색을 선택할 수 있게 됩니다. 투명도를 지원하며, 하단의 A를 조절할 경우 투명도를 변경할 수 있습니다.

TIP

HTML에서 사용하는 리치 텍스트(Rich Text) 기능의 일부를 사용 가능합니다. 리치 텍스트를 사용하여 텍스트 내에서 태그를 통해 일부 문자만 임시적으로 색, 크기, 볼드/이탤릭체의 변경이 가능합니다.

<size=80>안녕</size><color=red>하세요</color>

[그림 2-55] 리치 텍스트 원본

안녕하세요

[그림 2-56] 리치 텍스트 출력 결과

태그	설명	예시
b	태그 사이의 글자를 볼드체로 만듭니다. 글씨가 두꺼워집니다.	\안녕하세요\
i	태그 사이의 글자를 이탤릭체로 만듭니다. 글씨가 기울어집니다.	\<i>반갑습니다\</i>
size	태그 사이의 글자 크기를 바꿉니다.	\<size=80>또\</size> 만나요
color	태그 사이의 글자 색을 바꿉니다.	\<color=#00ffffff>여기\</color>있어요!

[표 2-1] 자주 사용하는 태그

또한 컬러 타입의 변수는 스포이드로 유니티
에디터 내에서 색을 복사할 수 있습니다.

[그림 2-57] 인스펙터 뷰에서 색 타입 조정

5-4. 체크박스 타입

체크박스 타입은 다른 말로 불리언(Boolean)
이라고도 부릅니다. '이거 아니면 저거'처럼
두 가지 선택지만 존재할 때 쓰입니다. 대표
적으로 스프라이트 렌더러의 Flip, 리지드바
디의 Use Gravity 항목이 있습니다.

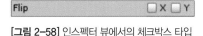

[그림 2-58] 인스펙터 뷰에서의 체크박스 타입

5-5. 슬라이더 타입

슬라이더 타입은 변수가 숫자인 경우에 한해
최소값과 최대값이 정해져 있을 때 쓰입니
다. 주로 오디오 소스 컴포넌트의 Volume과
같은 변수에 많이 쓰입니다.

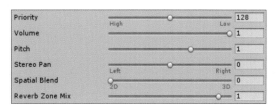

[그림 2-59] 인스펙터 뷰에서 슬라이더 타입 수정

5-6. 컴포넌트 타입

컴포넌트의 변수 항목 중에는 'None( )'이라고 칸에 적힌 것이 있습니다. ( ) 안에 적힌 컴포넌트를
넣어야 동작하는 것입니다. None(Transform)이라고 되어 있는 경우 하이어라키 뷰에서 필요한 컴
포넌트가 있는 오브젝트를 드래그 앤 드롭해야 합니다. 자세한 설명은 게임 제작 파트에서 다루겠
습니다.

6 공굴리기 만들기

이제부터는 실제 게임에 가깝게 만들어 보겠습니다. 게임에서 가장 빈번하게 사용하는 물리를 적용하여 공을 경사에 따라 굴리도록 만듭니다.

6-1. 프로젝트 생성

유니티 허브를 실행하고 [새 프로젝트] 버튼을 클릭합니다. 프로젝트를 생성할 때 [2D 코어] 템플릿으로 설정을 둡니다(유니티 허브 2 버전대의 경우 2D라고 적혀있습니다).

[그림 2-60] 새 프로젝트 생성

[그림 2-61] 새 프로젝트 생성 – 2D로 전환

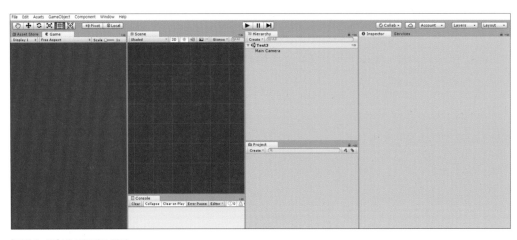

[그림 2-62] 빈 프로젝트 화면

6-2. 바닥 만들기

공굴리기를 만들기 위해 공과 바닥의 역할을 할 그림이 필요합니다. 유니티 2017부터 새로 생긴 도형 스프라이트 생성 기능을 사용하여 사각형(Square)과 원(Circle) 스프라이트를 만들어 보겠습니다. 도형 스프라이트는 프로젝트 뷰의 [Create] 버튼 또는 프로젝트 뷰의 빈 곳이나 폴더에서 마우스 오른쪽 버튼을 클릭하여 [Sprites]-[Square/Circle]로 접근하여 생성합니다.

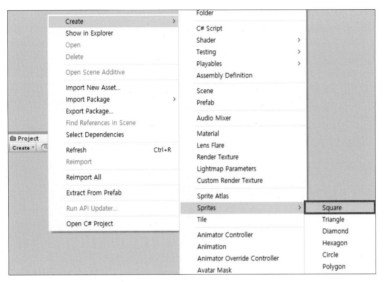

[그림 2-63] 도형 스프라이트 생성

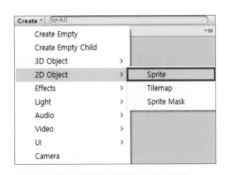

[그림 2-64] 스프라이트 게임 오브젝트 생성

정상적으로 실행하였다면 프로젝트 뷰에 'Square'와 'Circle' 두 가지의 스프라이트가 생성되었을 것입니다. 여기까지는 게임을 만들 때 필요한 재료를 준비한 것이고, 아직 게임 안에 들어간 것은 아닙니다. 이제 이 그림들을 사용하여 게임 오브젝트로 만들어 보겠습니다. 먼저 바닥을 만들어 보겠습니다.

하이어라키 뷰에서 [Create] 버튼을 클릭하고 [2D Object]-[Sprite]-[Square]를 선택하여 스프라이트 게임 오브젝트를 만듭니다. 생성되었다면 하이어라키 뷰에 'New Sprite'라고 하는 게임 오브젝트가 만들어집니다. 'New Sprite'를 선택합니다.

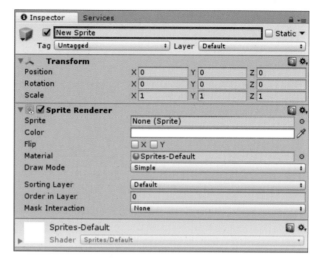

[그림 2-65] 스프라이트 게임 오브젝트 생성

바닥임을 알아볼 수 있도록 이름을 'Floor'로 변경합니다. Square로 생성하였기 때문에, 인스펙터의 스프라이트 렌더러(Sprite Renderer) 컴포넌트에서 Sprite 부분이 Square로 되어있는 것을 볼 수 있습니다. 이 부분은 Sprite 항목 오른쪽에 있는 동그라미 부분을 클릭하면 현재 프로젝트 내에 있는 스프라이트 목록을 보여주며, 다른 스프라이트를 선택하여 교체할 수 있습니다. 현재는 사각형을 그대로 사용할 것이므로 그대로 둡니다.

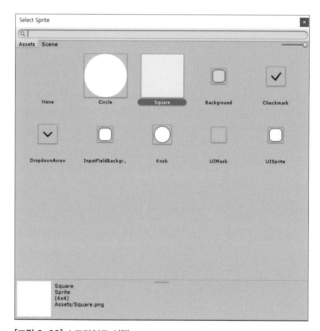

[그림 2-66] 스프라이트 선택

게임 오브젝트를 생성했다면 흰색 사
각형이 게임 뷰에 표시된 것을 볼 수
있습니다. 보이지 않는 경우 카메라
영역 안에 Floor가 위치하는지 확인해
야 합니다.

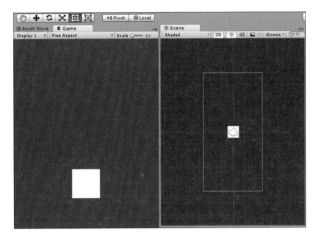

[그림 2-67] 정상적으로 표시된 Floor 게임 오브젝트

여기까지 완료했으면 Floor의 스프라
이트 색을 바꿔보겠습니다. Floor 게
임 오브젝트를 선택한 후 스프라이
트 렌더러 컴포넌트에서 Color 항목
의 흰색 부분을 클릭합니다. 클릭 후
RGB가 모두 0이 되도록 검은색으로
변경하고 컬러 피커 창을 닫습니다.

다음은 바닥을 충돌 영역으로 인식할
수 있도록 컴포넌트를 추가해 보겠습
니다.

Floor 게임 오브젝트를 선택한 후 하
단의 [Add Component] 버튼을 누르
면 바로 아래에 검색 바가 있습니다.
'Box Collider 2D'를 검색합니다. 콜
라이더 컴포넌트에는 다양한 모양이
있는데, 이 컴포넌트는 2D 사각형이
므로 Box Collider 2D를 추가합니다.

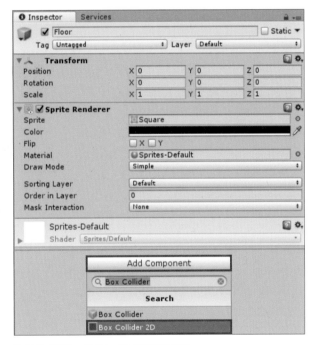

[그림 2-68] Box Collider 2D 컴포넌트 추가

2D가 빠진 것은 3D에서 사용하는 것이므로 추가하면 안 됩니다.

정상적으로 추가되었다면 연두색 실선이 스프라이트 경계 부분에 보이게 될 것입니다. 영역을 변경하고 싶을 경우 인스펙터 뷰에서 박스 콜라이더 컴포넌트에 [Edit Collider] 버튼을 누르면, 씬 뷰에 보이는 연두색 점을 움직여 영역을 조절할 수 있습니다. 지금 프로젝트에서는 딱 맞는 크기이므로 변경하지 않겠습니다.

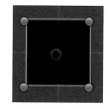

[그림 2-69] Box Collider 2D의 충돌 영역

이제 바닥처럼 보이도록 Floor 게임 오브젝트를 얇고 길게 펴겠습니다. 렉트 툴(단축키 T)로 전환 후 파란색 점을 드래그하여 얇고 길게 만듭니다. 공을 굴려야 하기 때문에 경사가 생기도록 회전 툴(단축키 E)로 전환하여 각도도 조금 바꿉니다. 각도는 씬 뷰의 동그라미 부분의 기즈모(Gizmo)를 클릭하고 드래그하면 회전 가능합니다.

회전 시 주의할 점은 2D에서는 일부러 의도한 경우를 제외하고는 Z축만 회전하기 때문에, X나 Y축으로 회전이 없도록 항상 X, Y축이 0인지 확인해주어야 합니다.

적당히 변경했으면 경사로를 여러 개 만들어 핀볼(pinball)처럼 만들어봅니다. 지금 만든 방법으로 일일이 컴포넌트를 추가하면 시간도 많이 들고 불편하므로 현재 만든 Floor 게임 오브젝트를 복사하겠습니다.

[그림 2-70] Floor 게임 오브젝트 크기 변경과 회전

일반적으로 Floor 게임 오브젝트를 선택하여 Ctrl+C 후 Ctrl+V를 하여 복사하고 붙여넣기도 가능하지만 좀 더 쉬운 방법이 있습니다. Floor 게임 오브젝트를 선택 후 Ctrl+D를 할 경우 즉시 게임 오브젝트가 복사되어 새로 만들어집니다. 여러 개를 만들어 놓고 각도와 크기를 입맛대로 수정합니다.

[그림 2-71] 완성된 맵

6-3. 공 만들기

Floor 게임 오브젝트를 만들었을 때와 같이 새로 스프라이트 오브젝트를 만들고 이름을 'Ball'로 변경합니다. 스프라이트는 Square 대신 Circle을 선택하고, 눈에 잘 보이도록 빨간색으로 바꿉니다. 크기는 맵에서 충분히 굴러다닐 수 있도록 조절합니다. 원의 경우 크기를 조절할 때 비율이 달라지면 구르다 멈출 수 있으니 유의합니다. 편집을 렉트 툴로 할 경우 파란색 점을 드래그할 때 Shift를 누르고 드래그할 경우 비율을 유지한 채 크기를 조절할 수 있습니다. 마지막으로 공이 중력을 받아 아래로 떨어져야 하므로 화면의 제일 위에 위치하도록 위치를 바꿔줍니다.

크기와 위치까지 모두 설정을 마쳤으면, 공 역시 충돌을 인식해야 하기 때문에 콜라이더를 추가해야 합니다. 공은 원형이기 때문에 박스 콜라이더 대신 써클 콜라이더 2D(Circle Collider 2D)를 넣습니다. [Add Component] 버튼을 눌러 검색하여 추가합니다.

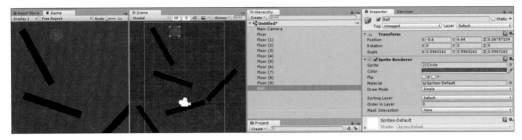

[그림 2-72] 공의 크기와 위치

여기까지는 Floor 게임 오브젝트와 같지만 Ball 게임 오브젝트는 중력을 받아야 하기 때문에 물리 현상이 가능하도록 컴포넌트를 하나 더 추가해야 합니다. [Add Component] 버튼을 누르고 'Rigidbody 2D'를 검색하여 추가합니다. 컴포넌트를 모두 추가하면 트랜스폼(Transform), 스프라이트 렌더러(Sprite Renderer), 써클 콜라이더 2D(Circle Collider 2D), 리지드바디 2D(Rigidbody 2D)까지 모두 4개의 컴포넌트가 있어야 합니다.

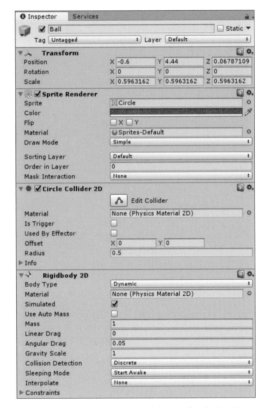

[그림 2-73] 설정이 완료된 Ball 게임 오브젝트의 컴포넌트

6-4. 배경색 바꾸기

배경 스프라이트를 넣은 게임 오브젝트를 새로 추가하여 아래로 깔아주는 방법도 있지만, 이번에는 색만 변경하여 깔끔하게 진행해 보겠습니다. 2D에서 배경색은 Main Camera 게임 오브젝트에서 설정 가능합니다. Main Camera 게임 오브젝트를 선택 후 카메라(Camera) 컴포넌트를 보면 'Background'라는 항목이 진청색으로 보일 것입니다. 클릭하여 컬러 피커에서 하얀색으로 변경하여 배경을 흰색으로 만듭니다.

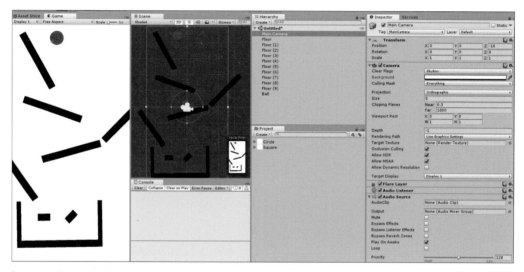

[그림 2-74] 완성된 공굴리기

여기까지 공굴리기가 완성된 것입니다. 마지막으로 이상이 없는지 테스트를 하겠습니다. 테스트 플레이는 화면 상단 가운데에 있는 [재생] 버튼을 누르면 파란색이 되면서 게임의 테스트가 시작됩니다. 지금은 큰 문제가 없지만 테스트 플레이 도중 인스펙터 뷰나 씬 뷰에서 값을 변경하거나 하이어라키 뷰에서 새로 게임 오브젝트를 생성하고 테스트 플레이를 종료한다면 그 값은 저장되어 있지 않고 테스트 플레이를 시작하기 전 상태로 돌아간다는 것을 조심해야 합니다. 테스트 플레이 도중에는 임시로만 값이 저장되기 때문에 테스트 도중 값을 변경하여 그동안 열심히 작업한 결과를 날리지 않도록 유의해야 합니다.

[그림 2-75] 테스트 플레이 버튼

7 완성된 씬 저장하기

작업한 프로젝트의 씬을 저장하려면 에디터 화면 좌측 상단에 [File]-[Save Scenes]를 클릭합니다.
프로젝트를 새로 생성하면 'SampleScene'이라는 이름으로 기본 씬이 생성되어 있으므로 보통은 바
로 저장됩니다. 비정상 종료나 기타 이유로 작업 중인 씬의 파일이 없을 경우 하이어라키 뷰에 씬
이름이 'Untitled'로 되어 있으며, 저장하면 저장 창(Window)이 새로 뜨는데, 이름을 입력하고 [저
장] 버튼을 클릭합니다. [Assets] 폴더보다 상위의 경로에 저장할 경우 프로젝트 내에서 인식할 수
없습니다.

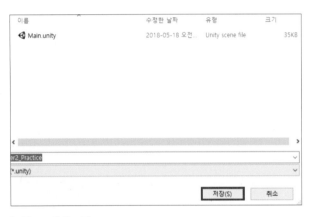

[그림 2-76] 씬 저장

씬은 유니티 에디터가 어떤 이유로 급작스럽게 종료되면 작업 내역을 잃게 되기 때문에 자주 저장
하는 것이 좋습니다. 저장되어 있는지 체크하는 방법은 화면 최상단 현재 제작하는 플랫폼의 표기
옆에 조그맣게 '*'가 떠 있다면 마지막 저장 후 변경 사항이 있었다는 뜻입니다.

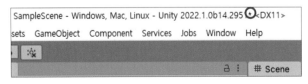

[그림 2-77] 씬의 저장 여부 확인

CHAPTER

3

C# 스크립트
기본기 다루기

1 왜 스크립트를 써야 하는가

앞에서 만들었던 공굴리기 프로젝트는 그저 중력에 의해 공이 떨어질 뿐 플레이어의 의지에 따라 결과를 바꾸는 것이 불가능합니다. 플레이어의 의지로 결과를 바꾸는 것은 키보드 방향키를 사용하거나, 스마트폰 화면을 터치하여 공의 방향을 바꾸는 것입니다. 이것은 다시 말해 키보드 방향키를 입력받거나 화면의 터치를 입력받는 조건이 있고, 그 조건에 부합할 경우 결과를 바꾸는 것을 의미합니다. 이러한 역할을 하는 것이 스크립트입니다.

유니티의 스크립트는 C# 언어(또는 자바스크립트)로 작성된 코드로 이루어져 있습니다. 이런 복잡한 언어를 사용하는 이유는 일부러 복잡하게 만들기 위한 것이 아니라, 사용자에게 좀 더 자유로운 제작을 위한 것입니다. 언리얼 엔진(Unreal Engine)이 제공하는 블루프린트 언어는 노드로 이어져 있는, 직관적으로 시각화된 프로그래밍이 가능합니다. 게임 메이커 스튜디오(GameMaker Studio)에서는 아이콘을 드래그 앤 드롭하는 방식의 액션 스크립트나, 자체 언어인 GML(Game Maker Language)을 제공하여 더욱 쉬운 프로그래밍이 가능합니다.

하지만 이런 방식들은 그만큼 개발을 제한적으로 할 수밖에 없는 단점이 있습니다. 언리얼 엔진에서도 블루프린트 언어로는 구현 불가능한 부분이 있다면 C++ 언어를 사용해서 코딩을 해야 합니다. 유니티는 처음 C#을 익히는 것이 어렵지만, 한 번 익히면 그만큼 더 많은 부분을 섬세하게 다룰 수 있게 됩니다. C#은 C++보다 나중에 나온 언어인 만큼 편리한 기능을 더 가지고 있으며, 언어의 난이도가 쉬운 편입니다. 또한 개발 속도에 있어서도 타 언어에 비해 빠른 편이기 때문에 프로젝트를 진행하다 보면 그 매력을 느낄 수 있습니다.

이번에는 유니티로 프로젝트를 진행할 때 필요한 최소한의 문법과 규칙을 살펴보고, 이후 해당 장르의 게임을 만들 때 필요한 것들을 배울 것입니다. 이번 장이 어렵게 느껴질 경우, 다음 장부터 진행될 실제 게임 제작 파트를 진행하며 중간에 학습하여도 괜찮습니다. 게임 제작 예제를 진행하는 과정에서 보는 것이 오히려 이해를 도울 수도 있습니다.

2 자료형

수학에서 x라는 미지수가 있을 때, x의 값이 바뀌면 식의 결과가 바뀌게 됩니다. 'x + 5 ='라는 식에서 x의 값이 5라면 식의 결과는 10이 되고, x의 값이 10이라면 결과는 15가 되는 것입니다. 이러한 x를 프로그래밍에서는 미지수라고 부르지 않고, 변할 수 있는 숫자라고 하여 '변수(Variable)'라고 부릅니다.

프로그래밍을 할 때도 수학에서의 미지수와 마찬가지로 상황에 따라 사용해야 할 값이 달라야 하는 경우가 대부분입니다. 값이 정해져 있는 상수만 사용해서 게임을 만든다고 가정하면 모든 것이 이미 정해진 대로 흘러가기 때문에 게임이라고 부를 수가 없습니다. RPG 게임이라고 가정했을 때 플레이어의 레벨이 변하지 않는다면 안 될 것입니다. 또한 공격력에 따라 몬스터에게 입힐 데미지의 값이 달라져야 할 것입니다. 따라서 게임을 만들 때에는 여러 가지 값을 보존하고 저장하고 있을 필요가 있습니다.

컴퓨터에서 변수를 저장하려면 데이터 크기만큼의 메모리가 필요할 것입니다. 숫자가 일정 이상의 값이 되면 더 많은 메모리를 사용하여야 하고, 문자열이 길어지면 더 많은 메모리를 사용하게 될 것입니다. 그렇다면 서로 다른 데이터 타입의 사용으로 혼란을 일으키면 안 되는데, 크기가 다른 규격의 데이터를 관리하는 것이 바로 자료형입니다.

0	3.14	Hi
Hello	-101	1232111112

[그림 3-1] 자료형 = 박스

자료형(Data Type)은 변수의 형태를 뜻합니다. 변수의 성격, 종류에 따라 저장할 수 있는 타입이 나뉘는 것입니다. 택배를 보낼 때만 하더라도 물체의 부피나 크기에 따라 사용하는 박스가 다릅니다. 프로그래밍에서도 그렇습니다. 다른 규격의 박스 역할을 자료형이 합니다. C# 언어는 엄격한 자료형을 가지고 있기 때문에, 이러한 타입을 반드시 맞춰주어야 합니다. 자바스크립트와 같은 언어처럼 하나의 자료형(var)으로 컴퓨터가 알아서 자료형을 알아차리도록 할 수 없습니다(함수 내에서만 제한적으로 사용이 가능합니다). 예를 들어, 'int'라는 자료형은 integer의 줄임말로 정수만 저장할 수 있는 자료형입니다. 그렇기 때문에 이 자료형으로 변수를 저장할 때는 소수점 이하의 숫자나, 문자열 등의 값이 들어갈 수 없습니다.

자료형의 종류는 많지만 모든 자료형을 사용하여 게임을 만들 필요는 없습니다. 또한 예전과는 달리 모바일 기기인 스마트폰만 하더라도 고성능의 3D를 구현할 수 있을 정도로 성능이 많이 좋아지기도 했습니다. 그렇기 때문에 메모리를 아끼기 위해 크기가 작은 자료형도 제외할 것입니다.

2-1. 기본 자료형

자료형	저장 가능한 값의 종류	예
int	정수(약 −21억~21억)	int a = 5;
long	정수(약 −922경~922경)	long b = 100000000000;
float	소수($3.4\times10^{-37}\sim3.4\times10^{38}$)(소수 6자리)	float c = 3.14f;
double	소수($1.7\times10^{-307}\sim1.7\times10^{308}$)(소수 14자리)	double d = 1.1111223d;
string	문자열	string e = "안녕하세요";
bool	논리(참(true) 혹은 거짓(false))	bool f = true;

[표 3-1] 기본 자료형

프로그래밍에서 가장 기본이 되는 것은 숫자와 문자입니다. RPG 게임의 플레이어를 예로 들면, 캐릭터의 닉네임은 문자로 저장되어야 하고 레벨이나 다른 능력치들은 숫자로 저장되어야 할 것입니다.

다른 자료형도 쓰임에 따라 더 있지만 기본적으로 가장 많이 쓰는, 기본이 되는 자료형은 위의 여섯 가지입니다. 숫자(약 −6만~6만)를 저장할 수 있는 short 타입이나, 문자 한 글자만 저장 가능한 char 타입과 같은 것은 쓰임새가 적으므로 필요 시 검색하여 찾아보는 것을 권장합니다.

2-2. 변수의 선언(생성)

자료형을 알았다면 필요한 곳에서 변수를 선언(생성)할 수 있습니다. 클래스 안에서 선언되었다면 클래스 사용 종료까지, 함수 안에서 선언되었다면 함수 사용이 종료될 때까지 값을 저장하여 가지고 있게 됩니다. 선언하는 방법은 다음과 같습니다.

```
자료형 변수 이름;
ex) int level;
    string name;
    float hp;
```

자료형을 쓴 다음 한 칸 띄어 쓰고 이름을 지어 줍니다. 이름을 지을 때는 중간에 띄어쓰기가 들어가거나 첫 글자가 숫자로 오면 안 되는 규칙이 있습니다. 또한 '_'를 제외한 다른 특수문자는 변수명에서 사용이 불가능합니다.

그리고 C#의 문법에서 사용되고 있는 예약된 키워드나, 이미 있는 변수명과 중복하여 사용할 수 없습니다. 그 이외에는 자유롭게 변수명을 지을 수 있습니다.

변수의 이름을 짓고 난 후에는 마지막으로 선언을 마쳤다는 의미에서 ';(세미콜론)'을 적어 줍니다. 위와 같은 선언 시 숫자가 저장되는 자료형에는 0, 문자열에는 비어 있는 문자열이 기본값으로 들어갑니다. 그리고 선언과 동시에 값을 넣는 것 역시 가능합니다. 방법은 다음과 같습니다.

```
자료형 변수 이름 = 값;
ex) int level = 1;
    string name = "주인공";
    float hp = 100.0f;
```

'자료형 변수 이름' 뒤에 =을 붙여주고 그 뒤에 변수 안에 넣을 값을 써주면 됩니다. 값을 넣을 때는 자료형마다 규칙을 지켜야 오류가 나지 않습니다.

자료형	값을 넣는 규칙	예
int	정수 숫자만 기입	int a = 5;
long	정수 숫자만 기입(또는 끝에 알파벳 l을 붙임)	long b = 100000000000;
float	소수를 사용할 경우 소수 기입 후 마지막에 f를 붙임	float c = 3.14f;
double	소수를 사용할 경우 소수 기입 후 마지막에 d를 붙임	double d = 1.1111223d;
string	문자열을 " " 안에 기입	string e = "안녕하세요";
bool	참일 경우 true, 거짓일 경우 false 기입	bool f = true;

[표 3-2] 자료형 규칙

변수를 선언한 후 값을 변경할 때는 같은 영역 안에 있는 한 같은 이름으로 언제든 호출하여 바꿀 수 있습니다. 같은 영역은 같은 { }(중괄호) 안에 있는 곳입니다. 예를 들어, 다음과 같이 코드가 작성되었을 경우 a라는 변수는 처음에 선언되었을 때 10의 값을 가지고 있었지만, 두 번째 줄에서 100의 값으로 변경된 것입니다.

```
int a = 10;
a = 100;
```

3 연산자

연산자는 연산에 필요한 도구이며 다양한 특수 문자를 통해 사용합니다. 좁은 의미를 통해 이해를 돕자면, 변수 간의 계산을 수행하기 위한 도구입니다. 수학으로 치면 '1 + 1 = 2'라는 식에서 +와 = 에 해당하는 것입니다. 앞에서 배웠던 변수가 변하는 숫자라는 의미의 변수라면, 값이 변하지 않고 있는 경우에는 의미가 없을 것입니다. 그렇기 때문에 연산을 통해 상황에 따라 값을 바꿔주어야 하는 것입니다. 일반 수학과 같은 기호도 있지만, 다른 기호나 같은 기호라도 의미가 다른 기호도 있기 때문에 각 기호를 알아보겠습니다.

3-1. 사칙연산

네 가지 연산자를 사용하여 변수와 변수, 변수와 상수, 상수와 상수 간 연산이 가능합니다. 상수는 항상 정해져 있는 숫자로 변수의 반대말입니다. 앞에서 사용된 5, 10같은 고정된 숫자, π(원주율) 등이 이에 속합니다. 즉 'int a = 10 + ' 'int b = a + 5;'와 같은 식도 가능하다는 것입니다.

문자열에서 +와 −는 앞의 문자열과 뒤의 문자열을 이어 붙이는 것이 가능한데 이는 뒤에서 다루겠습니다. 그리고 앞에서 소개하지 않은 % 연산자가 있는데, a와 b가 있다면 a % b의 연산을 하는 경우 a를 b로 나눈 값의 나머지를 계산합니다. 10 % 2를 연산하면 0이 나오고, 3 % 2를 한다면 1이 나오는 것입니다.

기호	의미	예

+	변수 또는 상수 간 덧셈	int a = 10;
		int b = 5;
		int c = a + b;
		//c의 값은 15

−	변수 또는 상수 간 뺄셈	int a = 10;
		int b = 5;
		int c = a − b;
		//c의 값은 5

*	변수 또는 상수 간 곱셈	int a = 10;
		int b = 5;
		int c = a * b;
		//c의 값은 50

/	변수 또는 상수 간 나눗셈	int a = 10;
		int b = 5;
		int c = a / b;
		//c의 값은 2

[표 3-3] 사칙연산

3-2. 대입 연산자

대입 연산자는 가장 많이 쓰이는 연산자입니다. 일반 수학에서 '같다'라는 뜻으로 쓰이지만, 프로그래밍에서는 우변에 있는 값을 좌변으로 대입(복사)하는 의미로 쓰입니다. 앞에서 나왔던 'int a = 10;'의 뜻은 a에 10의 값을 대입한다는 의미로 쓰인 것입니다. 대입 연산자를 사용할 때 주의할 점은 자료형이 같아야 한다는 것입니다. 예를 들어, 'int a;'라고 작성하여 a가 int형인데, 'a = 1.5f;'나 'a = "안녕하세요";'와 같이 사용할 수 없습니다.

기호	의미	예

=	우변에 있는 값을 좌변으로 대입(복사)	int a = 10;
		a = 15;
		//a가 처음에는 10이었지만, 두 번째 줄에서 15의 값이 됨

[표 3-4] 대입 연산자

3-3. 복합 대입 연산자

복합 대입 연산자는 사칙연산에 사용하는 연산자와 대입 연산자를 결합한 것입니다.

즉, 변수가 자기 자신이 가지고 있던 값에서 해당 연산을 하는 것입니다.

기호	의미	예

+=	좌변의 값에 우변의 값을 더함	int a = 10;
		int b = 5;
		a += b;
		//a의 값은 15

-=	좌변의 값에 우변의 값을 뺌	int a = 10;
		int b = 5;
		a -= b;
		//a의 값은 5

*=	좌변의 값에 우변의 값을 곱함	int a = 10;
		int b = 5;
		a *= b;
		//a의 값은 50

/=	좌변의 값에 우변의 값을 나눔	int a = 10;
		int b = 5;
		a /= b;
		//a의 값은 2

[표 3-5] 복합 대입 연산자

예를 들어, a라는 변수가 처음 선언되었을 때의 값은 10이었습니다. 2번째 줄에서 5의 값이 더해지면서 2번째 줄이 끝났을 때의 값은 15입니다. 3번째 줄에서는 그 값에서 10을 빼면서 5의 값이 되었습니다. 4번째 줄에서 5의 값을 가진 a에 10을 곱함으로써 50의 값이 되었고, 5번째 줄에서 5로 나누어 10이 된 것입니다.

```
int a = 10;    //a의 값은 10
a += 5;        //a의 값은 15
a -= 10;       //a의 값은 5
a *= 10;       //a의 값은 50
a /= 5;        //a의 값은 10
```

3-4. 형변환 연산자

연산의 예를 보면서 의문이 들었을 수도 있습니다. 나눗셈 연산을 할 때 나머지가 생기는 수로 나눗셈을 하는 경우입니다.

```
int a = 10;
int b = a / 3;
```

위와 같은 경우 일반 수학이라면 3.333333…과 같은 수가 되지만, int는 정수만 담을 수 있는 자료형이기 때문에 오류가 발생하지는 않습니다. 프로그래밍 연산에서 정수 자료형을 사용할 때는 반올림 없이 내림으로 처리하여 강제로 정수로 바뀌게 되므로 b의 값은 3을 가집니다.

그렇다면 b를 float형으로 바꾸면 해결될까요? 그렇지 않습니다. 2번째 줄을 'float b = a / 3;'으로 바꾸어도 이미 a가 정수이고, 3이 정수이기 때문에 정수로 연산한 결과가 대입되어 3의 값이 됩니다.

만약 위의 예제에서 a라는 변수를 이미 너무 많은 곳에서 사용해서 자료형을 바꾸기 어려워진 상황이거나, 일시적으로 한 번만 형을 바꾼 결과를 제공하고 싶다면 형변환 연산자를 사용할 수 있습니다. 형변환 연산자는 다음과 같이 사용 가능합니다.

```
(자료형)변수명
```

a를 강제로 float으로 형변환을 할 경우에는 소수가 담기도록 연산이 가능하여 b에 3.333333의 값이 들어갈 수 있습니다.

```
int a = 10;
float b = (float)a / 3;
```

4 ▶ 조건문

프로그래밍과 게임의 꽃은 조건문입니다. 프로그램이나 게임이 아무런 분기 없이 그저 영화나 소설처럼 선형적인 구조로 흘러간다면 의미가 없습니다. 어떤 특정한 조건을 만나고, 조건에 따라 상황이 다르게 흘러가야 합니다.

```
if(조건)
{
    내용
}
```

조건문을 사용하기 위해서는 먼저 조건을 만들 연산자를 알아야 합니다. 연산자는 일반 수학과 거의 유사합니다.

기호	의미	예
<	좌변의 값보다 우변의 값이 큰 값인가?	if(a < 10) { }
>	좌변의 값보다 우변의 값이 작은 값인가?	if(a > 10) { }
<=	좌변의 값보다 우변의 값이 같거나 큰 값인가?	if(a <= 10) { }
>=	좌변의 값보다 우변의 값이 같거나 작은 값인가?	if(a >= 10) { }
==	좌변의 값과 우변의 값이 정확히 같은가?	if(a == 10) { }
!=	좌변의 값과 우변의 값이 다른가?	if(a != 10) { }

[표 3-6] 조건 연산자

부등호는 일반 수학과 같이 벌려진 쪽이 더 큰 쪽입니다. '같거나 크다'일 경우에는 =을 부등호의 뒤쪽에 사용합니다.

같다는 의미를 일반 수학에서는 = 하나만 사용하지만, 프로그래밍에서는 =이 대입 연산자로 이미 사용 중이기 때문에 두 개 붙여서 사용합니다. 다르다는 기호는 일반 수학에서는 ≠를 사용하지만, 프로그래밍에서는 아니라는 뜻의 !와 결합하여 !=을 사용합니다.

위에서 배운 if문의 사용법과 연산자를 결합하여 실제 예제를 살펴보겠습니다. if 뒤 ( ) 안에 조건을 쓰면, 조건이 옳을 경우 { } 안의 내용이 실행됩니다. 예를 들어, a는 5의 값을 가지고 있기 때문에 a 가 3보다 작다는 조건이 맞지 않아 { } 안의 내용은 실행되지 않습니다. 결과적으로 a의 값은 5 그대로입니다. 하지만 조건을 바꿔 'a 〉 3'으로 바꿀 경우 a는 3보다 크기 때문에 a의 값은 10으로 바뀌게 됩니다.

```
int a = 5;

if(a < 3)
{
    a = 10;
}
```

5 반복문

반복문은 처음에는 익히기 어렵고 많이 사용하지 못하지만, 복잡한 기능을 만들수록 그 중요함이 커지는 문법입니다. 특정 부분을 무한히 또는 일정 횟수만큼 반복할 수 있게 해주는 것으로 수많은 부분에 응용하여 사용할 수 있습니다. 예를 들어, 반복문을 사용하지 않고 a를 1씩 증가시켜 5로 만든다고 가정했을 때 다음과 같은 코드를 사용해야 합니다.

```
int a = 0;

a += 1;
a += 1;
a += 1;
a += 1;
a += 1;
```

위의 예제는 수가 5밖에 되지 않아 어렵지 않지만, a를 100까지 증가시키고 싶다면 'a += 1;'을 100번 쓰는 것에 어려움이 있습니다. 반복문은 이러한 귀찮은 문제를 해결하기 위해 존재합니다.

5-1. while문

while문은 반복문 중에 제일 사용이 쉬운 편으로, 사용 방법은 다음과 같습니다.

```
while(조건)
{
    내용
}
```

조건이 참일 경우 { } 안의 내용을 실행합니다. 이 점은 if문과 다름없지만, 조건이 참인 경우 그 내용을 계속 반복 실행하는 점이 다릅니다. 반복하다가 조건이 거짓이 될 경우에는 { }를 벗어나 다음 내용을 실행하게 됩니다.

```
int a = 0;

while(a < 10)
{
    a += 1;
}
```

위 예제에서 a는 처음에 0이었지만, while문 안에 들어가서부터 'a += 1;'을 반복하여 실행하게 됩니다. a는 1씩 증가하다가 10이 되었을 때 더 이상 조건에 부합하지 않아 { } 안의 내용을 실행하지 않습니다.

여기서 조금 응용하여 진행해 보겠습니다. 반복문을 이용해 1부터 100까지의 수를 더하는 것을 while문으로 작성해 보겠습니다. 반복문을 사용하지 않는다면 다음과 같은 방법으로 진행할 것입니다.

```
int a = 0;

a += 1;
a += 2;
a += 3;
...
```

하지만 이런 식으로 100줄 작성은 어렵습니다. 이러한 코드를 while문으로 작성해 보겠습니다.

```
int summary = 0;
int i = 1;

while(i <= 100)
{
```

```
        summary += i;
        i += 1;
    }
```

while문을 실행할 경우 i의 값만큼 summary에 더해주게 됩니다. 그런데 i의 값도 역시 반복문을 실행할 때마다 1씩 증가하므로 summary 변수에는 차곡차곡 1씩 증가한 값이 너해시게 되어 1 + 2 + 3 + … + 100의 연산을 실행할 수 있는 것입니다.

일반 수학이라면 '가우스의 덧셈'과 같은 창의적인 계산 방법을 사용해야 빠르게 답을 얻을 수 있지만, 프로그래밍에서는 우직하게 1부터 100까지 더한다고 해도 직접 하지 않고 컴퓨터가 빠르게 처리하기 때문에 방법을 고민하지 않고 손쉽게 계산할 수 있습니다.

5-2. for문

for문은 while문과 기능은 같지만 초기값과 조건문, 그리고 반복에 사용할 증가를 for문의 사용과 동시에 쓰는 반복문입니다. 사용 방법은 다음과 같습니다.

```
for(초기식; 조건식; 증감식)
{
        내용
}
```

for문의 괄호 안에 첫 번째 세미콜론(;) 전까지는 증감에 사용할 변수의 초기값을 입력합니다. 'int i = 0'과 같이 처음에 시작할 값을 입력하는 것입니다. 두 번째 조건식의 경우 while문이나 if문과 같이 조건이 될 식을 입력합니다. 'i < 10'과 같이 입력하면 됩니다. 증감식에서는 증가하거나 감소하는 등의 반복 처리할 식을 입력합니다. 'i += 1'을 입력할 경우 i의 값은 반복될 때마다 1씩 증가합니다.

반복문에 자주 사용되는 연산자를 소개하겠습니다. ++와 -- 두 가지인데, ++는 현재 값에서 1만큼 증가시키는 연산자이며, --는 1만큼 감소시키는 연산자입니다. 즉 'i += 1'은 'i++'와 같습니다. 위 while문에서 1부터 100까지 더했던 예제를 for문으로 변환해 보겠습니다.

```
int summary = 0;

for(int i = 1; i <= 100; i++)
{
        summary += i;
}
```

while문에서 for문 전에 선언했던 변수 i는 for문 안의 초기식 안에 들어가게 되었습니다. 첫 번째 ; 뒤에 i가 100과 같거나 클 때까지의 조건이 나와 있습니다. 마지막으로 'summary += i;' 뒤에 있던 'i += 1'은 조건식 뒤에 i++가 그 역할을 수행하게 되었습니다.

for문은 당장 사용하기에는 어렵게 느껴지지만 익숙해지면 while문보다 일목요연하기 때문에 더 이용하게 될 것입니다. foreach문이라는 반복문도 있지만 이 부분은 사용 방법에 차이가 있으므로 이후 프로젝트에서 설명하겠습니다.

6 유니티에서 테스트하기

지금까지 설명한 예제들을 실제로 테스트할 수 없어서 굉장히 답답했을 수도 있습니다. 이제부터는 문법들을 실제로 테스트해 보겠습니다. 먼저 유니티에서 프로젝트를 생성 후 앞에서 설정했던 레이아웃으로 변경합니다. 프로젝트 뷰의 빈 곳에서 마우스 오른쪽 버튼을 클릭 또는 [Create] 버튼을 눌러 메뉴를 열고, [Create]-[C# Script]를 눌러 스크립트를 새로 생성합니다.

기본적으로 'NewBehaviorScript'라는 이름의 파일로 생성됩니다. 이름을 변경하고 엔터를 눌러 확정합니다. 테스트 용도로 사용할 것이기 때문에 'TestScript'로 만들겠습니다.

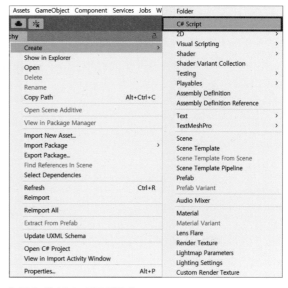

[그림 3-2] C# 스크립트 만들기

스크립트 이름에는 몇 가지 따라야 할 것이 있는데 띄어쓰기가 들어가면 안 됩니다. 스크립트 내부에 있는 클래스 이름과 같아야 하기 때문인데, 클래스 이름 역시 변수 이름처럼 띄어쓰기가 들어갈 수 없습니다. 만약 이름짓지 않고 그대로 생성하여 'NewBehaviorScript'라는 이름으로 생성하였는데 이름을 변경하였다면, 스크립트 내부에 있는 클래스 이름도 파일 이름과 같게 해야 합니다.

스크립트를 더블클릭할 경우 연결된 스크립트 에디터에서 스크립트의 내용을 편집할 수 있습니다. 비주얼 스튜디오를 설치하였을 경우 비주얼 스튜디오가 실행될 것입니다. 편의의 차이일 뿐 내용이 같으면 실행에 지장이 없으니 다른 에디터를 사용해도 괜찮습니다.

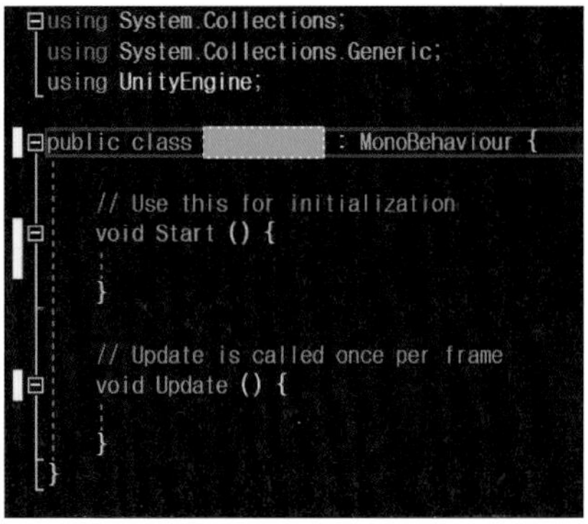

처음 스크립트를 작성하면 [그림 3-3]과 같은 내용의 스크립트가 생성될 것입니다. 'public class' 뒤에 있는 클래스의 이름이 파일의 이름과 같은지 확인하고 다를 경우 파일의 이름과 같게 수정합니다. 스크립트의 파일 이름과 클래스의 이름이 같지 않을 경우 게임 오브젝트에 스크립트를 넣을 수 없게 되니 반드시 같게 합니다. 그 다음, 코딩 경험이 없거나 적은 경우에는 {의 시작을 중괄호의 끝과 같은 세로 선에 맞춰줍니다.

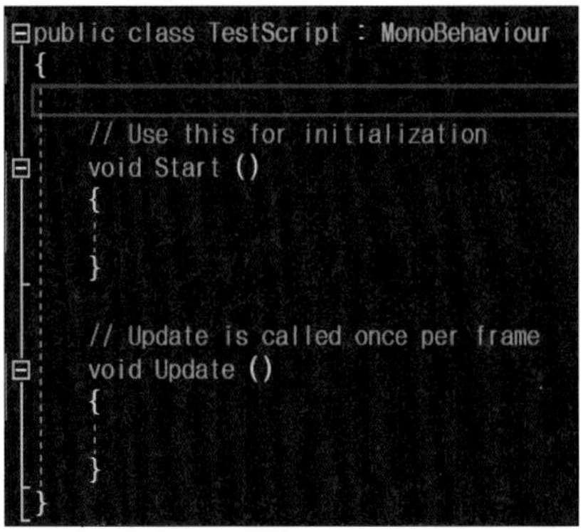

[그림 3-3] 스크립트를 처음 생성했을 때

중괄호의 세로 선을 맞추는 것은 클래스나 함수의 영역을 명확하게 인식하기 위함입니다. 각 클래스와 함수는 중괄호의 시작부터 중괄호의 끝까지가 그 클래스나 함수의 영역입니다. 만약 코딩을 진행하다가 {를 한 번 쓰고 닫을 때 두 번 닫는 경우 오류가 발생할 수 있습니다. 특히 스크립트의 길이가 길수록 더 많은 오류가 발생하니 유의해야 합니다.

[그림 3-4] 중괄호의 위치 수정

본격적으로 예제를 실행하기 위해 클래스와 함수에 대해 기본적인 부분을 알아야 합니다. 스크립트에서 점 하나만 잘못 찍어도 오류가 나는데, 아무데서나 예제를 작성한다고 실행되지는 않을 것입니다.

6-1. 클래스(Class)

클래스는 사람이나 사물 등 객체와 같은 것으로 언어에서 명사에 해당하는 개념입니다. 강아지나 사람, 스피커와 같은 것입니다. 지금 당장 이해할 필요는 없습니다.

스크립트에서 중요한 것은 스크립트 자체가 하나의 클래스라는 것입니다. 스크립트를 보면 맨 위 using으로 시작하는 3줄을 제외하고 나머지 영역을 모두 { }로 감싸고 있는 것을 볼 수 있습니다. 클래스의 원형은 다음과 같습니다.

```
class 클래스 이름
{
      내용(변수, 함수 등)
}
```

TestScript 스크립트에서 클래스의 선언 부분을 살펴보겠습니다.

```
public class TestScript : MonoBehaviour
```

'TestScript'라는 이름의 클래스를 선언하는 부분입니다. 선언한 부분을 보면 원형에서 붙은 것이 두 가지 있습니다. class 앞에 public이 붙어 있고, 뒤에는 :MonoBehaviour가 붙어 있습니다. public의 경우 한글로 하면 '공공(公共)의'와 같은 뜻을 가지고 있는데, 지금은 class 앞에 붙어 있으므로 '이 클래스는 공공재와 같다'는 뜻으로 생각하면 됩니다. public은 프로젝트를 진행하면서 자세히 설명 하겠습니다.

:MonoBehaviour의 경우 콜론(:) 뒤에 Monobehaviour라는 클래스를 붙인 것입니다. 클래스 선언 뒤쪽에 콜론이 붙은 경우 뒤의 클래스를 상속받는다는 뜻입니다. 상속을 받으면 해당 클래스의 기 능을 모두 이어받아 사용할 수 있습니다. MonoBehaviour는 유니티에서 이미 정의한 클래스 중 하 나인데, 컴포넌트의 기본 기능 등 많은 기능을 포함한 클래스입니다. 이 부분을 지우면 Start( ) 함 수, Update( ) 함수가 정상적으로 기능하지 않으며, 뒤에서 설명할 GetComponent( )와 같은 중요한 함수도 클래스 내용에 포함되지 않아 작동하지 않습니다.

6-2. 함수(Function)

TestScript 클래스 안에 'void Start( )'와 'void Update( )'라는 부분과 { }(중괄호)가 보일 것입니다. 이 작은 영역이 '함수(Function)'입니다. **C#에서는 공식적으로 '메소드(Method)'**라는 이름으로 부릅니 다. 이 책에서는 설명을 쉽게 하기 위해 함수라고 지칭하겠습니다. 클래스가 어떤 명사라면 함수는 그 클래스가 행하는 동작 즉, 동사와 같습니다.
강아지라는 클래스가 있다고 가정해 보겠습니다. '짖는다( )', '움직인다( )'와 같은 역할을 하는 것이 함수입니다. 즉 무언가를 행하는 것이 함수의 역할입니다. 함수의 원형은 다음과 같습니다.

```
자료형 함수 이름(인자)
{
      내용
}
```

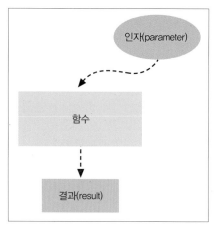

[그림 3-5] 함수의 구조

함수는 필요한 인자(parameter)를 받아 선언한 자료형으로 결과를 돌려주는 구조입니다.

그러나 구조가 유연하여 인자를 받지 않거나 결과를 돌려줄 필요가 없을 경우도 있습니다. 'void Start( )', 'void Update( )' 함수가 바로 그 경우입니다. void는 함수에서만 사용하는 자료형으로 '비어 있는'과 같은 뜻을 가지고 있습니다. 따라서 결과를 돌려줄 필요가 없다는 것을 의미합니다. 또한 뒤의 ( )가 비어 있는 경우 인자를 받지 않는 것입니다. 'void Start( )'와 'void Update( )' 함수가 그런 경우입니다. 함수는 개발자 스스로 클래스 안에서 얼마든지 만들 수 있습니다. 이런 직접 만든 함수는 어디에선가 함수를 실행해야 함수가 실행되지만, MonoBehaviour에서 제공하는 'void Start( )'와 'void Update( )' 함수는 그렇지 않습니다.

'void Start( )' 함수는 스크립트 실행 시작과 동시에 자동으로 실행되는 함수입니다. 또한 'void Update( )' 함수는 'void Start( )' 함수가 종료되고 난 후부터 매 프레임마다 반복 실행되는 함수입니다. 함수는 자료형이 void가 아닌 경우 마지막에 반드시 결과를 return 키워드를 사용하여 돌려주어야 합니다. void는 자료형은 아니고, 이 함수가 돌려주어야 할 값이 없다는 뜻입니다. 함수의 일반적인 사용방법은 해당 함수에 인자가 들어오면 그에 따른 계산을 하여 결과값을 돌려주는 것이므로, void가 아닌 int, string, 클래스 등 다른 자료형의 이름을 썼다면 해당 값을 반드시 돌려주어야 합니다.

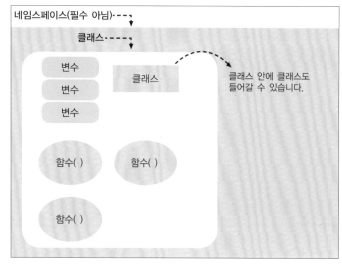

[그림 3-6] 클래스와 함수, 변수의 관계

6-3. 주석(Comment)

주석은 스크립트 안에 메모를 하는 것입니다. 주석 처리된 부분은 실제 스크립트에서 내용을 실행하지 않습니다. 주석 처리는 두 가지 방법으로 사용할 수 있습니다.

기호	의미	예
//	해당 한 줄만 주석으로 처리	// Use this for initialization
/*	여러 줄 주석 처리 시작	/* 업데이트 내역
*/	여러 줄 주석 처리 종료	– 버그 제거 */

[표 3-7] 주석

한 줄 주석 처리(//)의 경우 다음 줄로 넘어가기 전까지 해당 줄을 모두 주석으로 처리합니다. 'void Start( )' 함수 위에 쓰여 있는 '// Use this for initialization'이 주석입니다. 여러 줄 주석의 경우 그 길이에 상관없이 시작 부분(/*)부터 끝 부분(*/)을 만날 때까지 모두 주석 처리를 합니다. 긴 메모 사항을 적을 때 유용합니다.

6-4. Debug.Log( )

이제 본격적으로 테스트하는 방법을 소개하겠습니다. 작성한 코드에서 연산된 결과는 출력하지 않으면 보이지 않습니다. C언어의 'printf( )' 함수처럼 유니티 내에서도 텍스트로 결과를 출력하는 함수가 존재하는데 바로 'Debug.Log( )' 함수입니다.
'void Start( )' 함수 안에 내용을 넣어 스크립트를 작성해 보겠습니다.

'Debug.Log( )' 함수는 ( ) 안에 넣은 내용을 표시하는 기능을 합니다. [그림 3-7]은 상수 10을 넣었기 때문에 10이 유니티 콘솔창에 로그(Log)로 표시됩니다. 마지막의 세미콜론(;)은 명령을 마치겠다는 의미입니다.

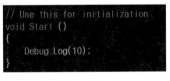

[그림 3-7] 10을 로그에 표시

실제로 이 스크립트가 실행된 결과를 출력해 보겠습니다. 작성하던 스크립트는 저장(Ctrl+S)하고, 유니티 에디터 화면으로 다시 돌아갑니다. 앞에서 레이아웃을 똑같이 맞추었다면 게임 뷰 옆에 콘솔창이 있을 것입니다. 콘솔창에 로그를 출력하려면 먼저 실행할 스크립트가 게임 내에 들어가 있어야 합니다. 지금 작성한 스크립트는 단지 파일로만 존재할 뿐 아직 게임 내에 들어가 있지 않습니다.

[그림 3-8] 빈 게임 오브젝트 생성

스크립트는 어느 게임 오브젝트에 들어가도 작동하기 때문에, 'Main Camera' 게임 오브젝트에 스크립트를 넣는 것도 상관없습니다. 하지만 카메라는 카메라의 역할만 맡는 것이 구조상 더 좋기 때문에 새로운 게임 오브젝트를 만들도록 합니다. 하이어라키 뷰에서 마우스 오른쪽 버튼을 클릭하고 'Create Empty'를 눌러 새로운 게임 오브젝트를 생성합니다. 생성 후에는 'GameObject'라는 이름으로 새로운 오브젝트가 보입니다.

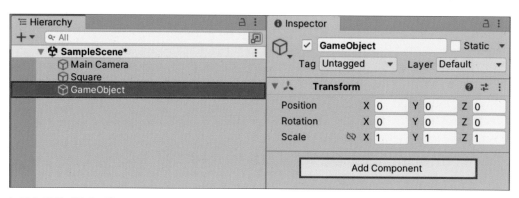

[그림 3-9] 빈 게임 오브젝트

오른쪽의 인스펙터 뷰를 보면 트랜스폼 컴포넌트를 제외하고 다른 컴포넌트가 아무것도 없는 것을 볼 수 있습니다. 스크립트는 인스펙터 뷰에서 새로 추가하는 컴포넌트로 들어가게 될 것입니다. 프로젝트 뷰에서 드래그 앤 드롭으로 인스펙터 뷰에 넣어줄 수도 있지만, 처음에는 익숙하지 않으므로 인스펙터 뷰에서 트랜스폼 컴포넌트 아래에 있는 [Add Component] 버튼을 누릅니다.

열린 드롭 다운 박스에서 검색 바에 스크립트 이름인 'TestScript'를 입력하면 아래에 작성했던 스크립트가 검색됩니다.

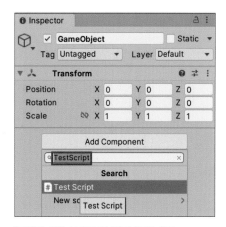

[그림 3-10] 스크립트를 컴포넌트에 추가

스크립트를 누르면 추가가 된 모습을 볼 수 있습니다.

[그림 3-11] 스크립트가 컴포넌트로 추가됨

[그림 3-11] 상태가 되었다면 스크립트가 게임 안에 들어간 것입니다. 이제 테스트 플레이를 시작해 보겠습니다. 테스트 플레이는 유니티 에디터 가운데에 있는 [재생] 버튼을 클릭하면 할 수 있습니다.

[그림 3-12] 테스트 플레이 시작 버튼

테스트 플레이가 시작되면 버튼이 파란색으로 변합니다. 이 상태에서 주의할 것은 인스펙터에서 값을 바꾸거나 하이어라키 뷰에서의 변경입니다. 테스트 플레이 도중 인스펙터에서 변경한 값과 수정한 하이어라키는 테스트 플레이가 종료됨과 동시에 테스트 플레이를 시작하기 전의 값으로 돌아가게 되니 주의해야 합니다.

만약 콘솔 뷰에 10이라는 로그가 찍혔다면 스크립트 실행에 성공한 것입니다. 스크립트를 게임 오브젝트에 넣은 후 내용을 수정하고 저장할 경우 변경된 내용이 그대로 반영됩니다. Debug.Log( ) 함수는 그저 값이 정해진 상수뿐 아니라 다양한 변수의 값과 계산된 결과를 출력할 수 있습니다.

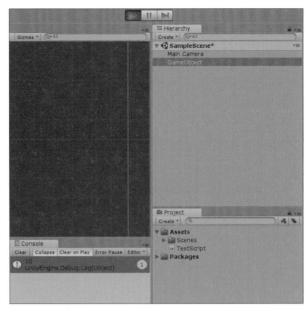

[그림 3-13] 콘솔 뷰에 출력된 결과

세 가지의 변수를 출력해 보겠습니다. 함수의 ( ) 안에 변수의 이름을 적으면 변수가 가지고 있는 값을 볼 수 있습니다. 특이한 점은 마지막 줄의 'Debug.Log(a + b);'인데, 이 부분은 계산된 결과만 출력할 뿐 실제로 a와 b의 덧셈 결과는 이루어지지 않습니다. 즉 a와 b의 값은 각각 10, 5 그대로라는 것입니다. 저장하고 테스트 플레이를 실행할 경우 출력되는 결과는 다음과 같습니다.

```
// Use this for Initialization
void Start ()
{
    int a = 10;
    int b = 5;
    int c = a + b;

    Debug.Log(a);
    Debug.Log(b);
    Debug.Log(a + b);
    Debug.Log(c);
}
```

[그림 3-14] Debug.Log( ) 함수로 변수 출력

Debug.Log( ) 함수를 이용하여 변수를 출력하는 방법을 익혔으면 앞에서 설명했던 예제들을 실제로 스크립트에 작성하고 변수의 값을 출력해 보면 좀 더 개념을 확실하게 익힐 수 있을 것입니다.

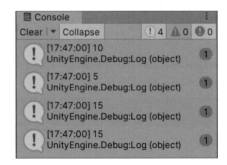

[그림 3-15] Debug.Log( ) 함수로 변수 출력 실행 결과

7 — 컴포넌트

컴포넌트(Component)는 기능이라는 뜻을 가지고 있습니다. 일반적으로 프로그래밍에서는 보통 어떤 기능을 가진 구성체 클래스로 사용됩니다. 유니티에서도 그 사용은 같습니다. 다만 코드로만 볼 수 있는 것이 아니라 직관적으로 또 시각적으로 볼 수도 있습니다. 하이어라키 뷰에서 게임 오브젝트를 하나 클릭하고, 인스펙터 뷰를 보면 칸으로 나누어진 것들(Transform, Sprite Renderer 등)이 바로 컴포넌트입니다. 이러한 컴포넌트들은 스크립트 상에서 'Component'라는 클래스를 상속받은 것이 특징입니다. 본인이 만든 스크립트를 'Add Component'로 추가할 수 있었던 것도, 앞서 설명했던 MonoBehaviour를 거슬러 올라가면 MonoBehaviour 또한 컴포넌트 클래스를 상속받았기 때문에 추가할 수 있는 것입니다.

컴포넌트는 매우 중요한 개념입니다. 게임 오브젝트는 어떻게 보면 컴포넌트를 묶고 있는 빈 껍데기에 불과할 뿐이고, 실질적으로 어떤 물체와 상호작용을 하거나 움직이거나 하는 것들은 모두 컴포넌트의 값이 변경될 때 이루어집니다. 예를 들어, 트랜스폼(Transform) 컴포넌트를 스크립트에서 가져와 위치(Position)의 X, Y, Z값을 변경하면 해당 게임 오브젝트를 움직일 수 있습니다.

실제로 같은 오브젝트 내에 있는 컴포넌트를 스크립트로 가져와 값을 변경하고 사용하는 것을 배워보겠습니다. 주의사항으로, 컴포넌트를 스크립트로 값을 가져오려면 스크립트가 해당 게임 오브젝트에 같이 들어 있어야 합니다. 컴포넌트를 가져오는 함수는 다음과 같습니다.

```
GetComponent<컴포넌트 이름>( )
```

트랜스폼 컴포넌트를 가져와야 할 경우 'GetComponent〈Transform〉( )'이 됩니다. 또한 클래스도 하나의 변수처럼 사용할 수 있기 때문에 길게 사용하지 않고, 변수에 저장하고 사용할 수 있습니다. 예를 들어, 현재 오브젝트의 트랜스폼을 가져와 'tr'이라는 이름의 변수에 담을 경우 컴포넌트를 가져오는 것도 숫자를 숫자형 변수에 저장하는 'int a = 10;'과 크게 다르지 않습니다.

```
Transform tr = GetComponent<Transform>( );
```

이것을 활용하여 실제 게임 오브젝트를 움직여 보겠습니다.

8 게임 오브젝트 움직여 보기

게임 오브젝트가 움직이는 원리와 개념을 알아보겠습니다. 무언가가 움직인다는 것은 그것의 위치가 바뀐다는 것입니다. 연속해서 위치가 바뀌는 것은 이동한다는 것입니다. 게임 오브젝트의 위치를 계속 움직이면 그 게임 오브젝트는 움직일 것입니다.

위치에 대한 변수는 트랜스폼에 담겨 있습니다. 트랜스폼은 빈 오브젝트를 생성하여도 기본으로 포함되는 가장 기본이 되는 컴포넌트입니다. 위치(Position), 회전(Rotation), 크기(Scale)의 정보를 담고 있기 때문입니다. 그중 제일 중요한 것은 위치인데 게임 내에서 오브젝트의 위치가 존재하지 않는다면 그 존재를 나타낼 수가 없기 때문입니다.

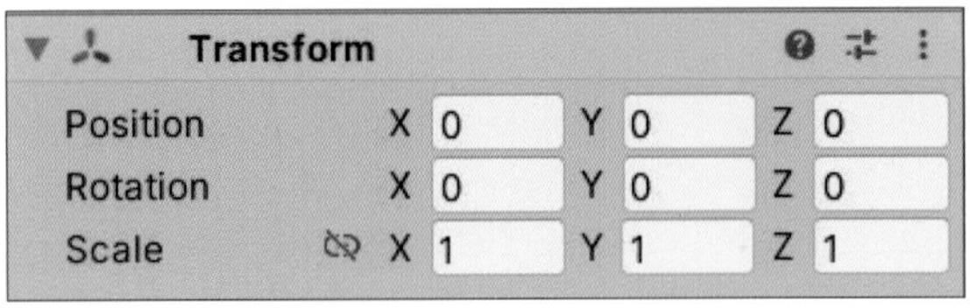

▼ ⚙	**Transform**				❓ ⯭ ⋮
Position		X 0	Y 0	Z 0	
Rotation		X 0	Y 0	Z 0	
Scale	⊘	X 1	Y 1	Z 1	

[그림 3-16] 인스펙터 창에서의 트랜스폼

인스펙터 창에서 X, Y, Z값의 조절을 통해 위치를 조절할 수도 있지만, 실제 게임이 실행되고 있는 동안 플레이어 캐릭터나 적 캐릭터 등의 물체가 움직이려면 플레이 도중에 인스펙터 창에서 일일이 조정할 수는 없습니다. 그렇기 때문에 스크립트를 통해 제어해야 하는 것입니다.

8-1. 키보드로 조작하여 게임 오브젝트 움직이기

게임 오브젝트를 움직여 보기 위해 하이어라키 뷰에서 기존에 진행하던 빈 게임 오브젝트는 지웁니다. 스크립트 작성을 진행할 스크립트를 미리 만들어 두겠습니다. C# 스크립트를 새로 만들고 이름을 'Move'로 바꿉니다. 게임 오브젝트의 이동을 진행할 때 게임 오브젝트가 눈에 보여야 이동을 체감할 수 있으므로 스프라이트가 보이는 게임 오브젝트를 생성하겠습니다.

하이어라키 뷰에서 마우스 오른쪽 버튼을 클릭 후 [Create]-[Sprites]-[Circle]을 클릭하여 생성합니다.

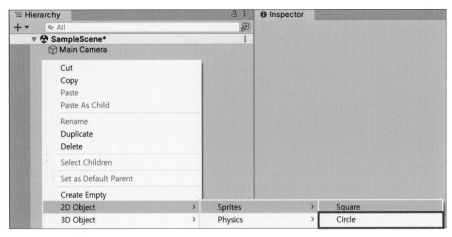

[그림 3-17] Circle 스프라이트 생성

Circle 게임 오브젝트는 스프라이트 렌더러(Sprite Renderer)가 포함되어 있는 프리셋(Preset)입니다.
'Create Empty'로 빈 게임 오브젝트를 만들더라도 인스펙터 뷰 아래쪽에 있는 [Add Component] 버튼을 클릭하고, 'Sprite Renderer' 컴포넌트를 검색하여 추가하여도 같은 상태로 만들 수 있습니다.
[그림 3-18]은 그에 대한 예제입니다.

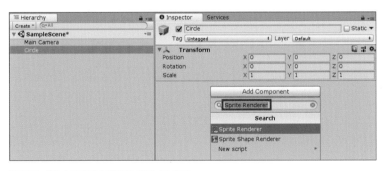

[그림 3-18] 스프라이트 렌더러 컴포넌트 추가

스프라이트 렌더러에서 보일 스프라이트를 교체하려면 컴포넌트 안에 Sprite 부분이 Circle로 되어 있는데, 이 부분의 오른쪽 작은 동그라미 부분을 눌러 다른 스프라이트로 교체할 수 있습니다.

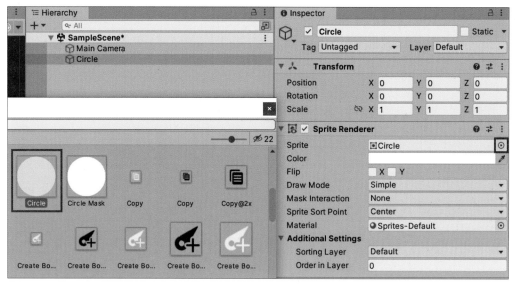

[그림 3-19] 스프라이트 렌더러 컴포넌트 추가

스프라이트 렌더러에 스프라이트를 넣고 나면 게임 오브젝트의 모습이 씬 뷰와 게임 뷰에 보입니다. 보이지 않는다면 트랜스폼의 위치가 (0, 0, 0)에 있는지, 카메라의 위치는 (0, 0, −10)에 있는지 확인합니다. 또한 Circle 게임 오브젝트가 카메라의 자식(Child) 오브젝트로 안에 들어가 있으면 안 됩니다.

다음으로 스크립트를 작성하겠습니다. 앞에서 생성한 Move 스크립트를 열어 줍니다. 좌표를 변경하기 위해 중괄호의 위치부터 정렬하고, Start( ) 함수에 다음의 코드를 작성합니다.

```
using System.Collections;
using System.Collections.Generic;
using UnityEngine;

public class Move : MonoBehaviour
{
    Transform tr;

    // Use this for initialization
    void Start( )
    {
```

```
        tr = GetComponent<Transform>( );

        tr.position = new Vector2(1, 0);
    }

    // Update is called once per frame
    void Update ( )
    {

    }
}
```

스크립트를 이 상태로 저장하고 유니티 에디터로 들어와 Move 스크립트를 게임 오브젝트에 넣어 실행해봅니다.

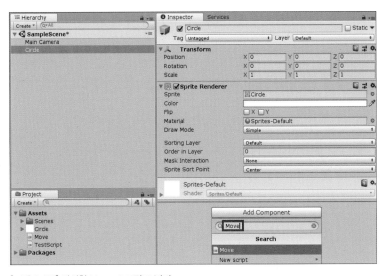

[그림 3-20] 작성한 Move 스크립트 넣기

게임 오브젝트 Circle이 (1, 0, 0)의 좌표로 이동한 것을 볼 수 있습니다.

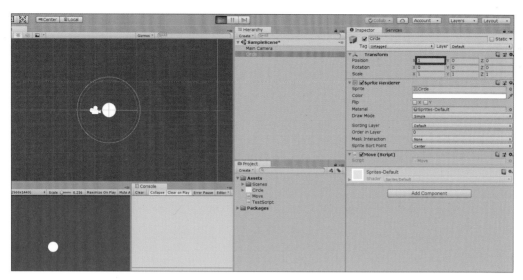

[그림 3-21] Move 스크립트로 인해 좌표를 이동한 Circle

(1, 0) 대신 다른 좌표를 넣을 경우 그 좌표로도 이동하게 할 수 있습니다. 3차원은 new Vector3(X, Y, Z)로 값을 넣어 움직여야 하지만 현재는 2D로 프로젝트를 작성했으므로 원근이 눈에 보이지 않습니다. 그런데 이것은 그 자리에 멈춰 가만히 있기만 할 뿐 계속해서 움직이는 것은 아닙니다. 함수 부분에서 잠깐 언급했었지만, Start() 함수는 스크립트가 시작된 최초의 순간에 단 한 번 실행되는 함수이기 때문입니다. 그렇기 때문에 무언가를 반복해서 실행되게 하려면 매 프레임마다 내용이 반복 실행되는 Update() 함수를 사용해야 합니다.

Start() 함수에 있는 내용을 Update() 함수로 옮기면 특정 방향으로 계속해서 움직일까요? 그렇지 않습니다. 움직이기 위해 변경할 위치 정보가 (1, 0)으로 고정되어 있기 때문입니다. 움직여야 할 좌표의 값이 점점 커져야 계속해서 움직일 수가 있을 것입니다. 그런데 값이 고정된 숫자(상수)로는 그 역할을 수행할 수가 없습니다. 그렇기 때문에 필요한 것이 변수입니다.

매 프레임마다 X의 좌표 값이 현재 좌표의 X에서 1을 더한 값을 가지게 된다면 계속해서 움직이게 할 수 있습니다. 여기서 좀 더 수정하여 프레임은 약 0.02초마다 한 번씩 실행되기 때문에, 너무 빨리 화면을 벗어나게 될 것입니다. 그렇기 때문에 0.01의 값만 더해주도록 하겠습니다. 프로그래밍은 함수 안에서는 어디서 연산을 실행해도 상관없기 때문에 좌표를 입력하는 곳에서 변경하여도 괜찮습니다. 따라서 다음과 같이 스크립트의 내용을 변경합니다.

```
using System.Collections;
using System.Collections.Generic;
using UnityEngine;

public class Move : MonoBehaviour
{

    Transform tr;

    // Use this for initialization
    void Start( )
    {

    }

    // Update is called once per frame
    void Update ( )
    {
        tr = GetComponent<Transform>( );

        tr.position = new Vector2(tr.position.x + 0.01f, 0);

    }
}
```

변경된 스크립트를 저장하고 유니티 에디터로 돌아가 테스트 플레이를 실행하면 아까와는 달리 등속으로 오른쪽으로 움직이는 것을 볼 수 있습니다. 변경된 X의 값이 매 프레임마다 새롭게 갱신되기 때문에 그 전 프레임에 비해 0.01의 값만큼 움직이게 되는 것입니다. 여기서 응용하여 반대 방향인 왼쪽으로 가도록 하고 싶다면 + 대신 −를 사용하면 X값이 감소하며 왼쪽으로 이동하게 됩니다. 또한 'tr.position.y + 0.01f'와 같은 값을 Y 좌표 부분에 입력한다면 위로 움직이는 것을 볼 수 있습니다.

키보드로부터 입력을 받아 원하는 방향으로 움직여 보겠습니다. 사용자로부터 입력받는 모든 것은 'Input'이라고 하는 클래스에서 처리합니다. 마우스나 키보드, 터치 등 다양한 입력을 받을 수 있는 이 클래스를 이용할 것입니다.

먼저 tr.position을 변경하는 줄의 코드를 if문으로 감싸 조건을 입력받습니다. 현재 이동의 코드가 'tr.position = new Vector2(tr.position.x + 0.01f, 0);'으로 되어 있기 때문에 오른쪽 방향으로 움직인다고 볼 수 있습니다. 오른쪽 방향키를 눌렀을 때를 조건으로 받을 것이기 때문에 다음과 같이 코드를 변경합니다.

```
void Update ( )
{
    tr = GetComponent<Transform>( );

    if(Input.GetKey(KeyCode.RightArrow))
    {
        tr.position = new Vector2(tr.position.x + 0.01f, 0);
    }

}
```

조건문 안에 이동하는 부분이 들어갈 경우 조건문 ( ) 안의 조건이 만족하지 않으면 { } 안의 내용이
실행되지 않습니다. 따라서 이 상태로 스크립트를 저장하고 실행하면 Circle 게임 오브젝트는 가만
히 있다가, 오른쪽 방향키를 입력받았을 때만 움직이게 됩니다. 이 조건문을 통째로 복사하여 좌표
를 반대 방향으로 움직이게 하고, 왼쪽 방향키를 입력받게 하면 반대쪽으로도 움직이게 할 수 있습
니다.

```
if(Input.GetKey(KeyCode.RightArrow))
    {
        tr.position = new Vector2(tr.position.x + 0.01f, 0);
    }
    if (Input.GetKey(KeyCode.LeftArrow))
    {
        tr.position = new Vector2(tr.position.x - 0.01f, 0);
    }
```

여기까지 하면 좌우 양방향으로의 이동이 가능해져 횡스크롤 게임의 기본적인 이동이 가능해집니
다. 하지만 4방향으로 움직이려면 조금 다르게 작성해야 합니다.
지금까지는 Y 좌표를 상수 0으로 고정해두었지만, 4방향의 경우 좌표의 X와 Y값 모두 상수를 사용
하지 않아야 합니다. 4방향을 사용하게 되었을 때 흔히 저지르는 실수는 다음과 같습니다.

```
using System.Collections;
using System.Collections.Generic;
using UnityEngine;

public class Move : MonoBehaviour
{

    Transform tr;

    // Use this for initialization
    void Start( )
```

```
        {

        }

        // Update is called once per frame
        void Update ( )
        {
            tr = GetComponent<Transform>( );

            if(Input.GetKey(KeyCode.RightArrow))
            {
                tr.position = new Vector2(tr.position.x + 0.01f, 0);
            }
            if (Input.GetKey(KeyCode.LeftArrow))
            {
                tr.position = new Vector2(tr.position.x - 0.01f, 0);
            }
            if (Input.GetKey(KeyCode.UpArrow))
            {
                tr.position = new Vector2(tr.position.y + 0.01f, 0);
            }
            if (Input.GetKey(KeyCode.DownArrow))
            {
                tr.position = new Vector2(tr.position.y - 0.01f, 0);
            }
        }
    }
```

이런 식으로 작성하게 될 경우 좌우 또는 상하로 이동할 때는 문제가 없지만, 좌우나 상하가 섞이게 될 경우 한쪽 좌표가 다시 0으로 돌아가게 되는 문제가 발생합니다. 따라서 코드를 좀 더 길게 작성할 필요가 있습니다. 상수를 사용하지 않고 좌우로 움직일 때는 현재의 Y 좌표, 상하로 움직일 때는 현재의 X 좌표를 가감 없이 그대로 입력하여 현재 움직이지 않는 축의 좌표를 잃어버리지 않도록 하는 것입니다.

위에서 작성했던 이동 스크립트는 움직임을 전부 작성해야 하다 보니 코드가 길어져 어려움이 있습니다. 그러나 트랜스폼에는 자체적으로 본인의 좌표에서 이동할 값만큼의 벡터를 입력할 수 있는 함수가 있습니다. 'Translate( )'라고 하는 함수를 이용하여 코드를 더욱 짧게 수정할 수 있습니다. 또한 모바일 터치를 제외하고 키보드나 조이스틱의 입력을 받을 수 있는 'GetAxis( )' 함수를 이용하여 키보드 입력을 단축할 수도 있습니다.

```
using System.Collections;
using System.Collections.Generic;
using UnityEngine;

public class Move : MonoBehaviour
{

    Transform tr;

    // Use this for initialization
    void Start( )
    {

    }

    // Update is called once per frame
    void Update ( )
    {
        tr = GetComponent<Transform>( );

        float x = Input.GetAxis("Horizontal") * 0.01f;
        float y = Input.GetAxis("Vertical") * 0.01f;

        tr.Translate(new Vector2(x, y));
    }
}
```

위의 예제 코드를 따라 스크립트를 작성했을 경우에도 위에서 작성했던 이동방식과 거의 유사한 움직임을 볼 수 있습니다. 이 스크립트에서는 각각의 X와 Y 변수에 'Input.GetAxis( )' 함수를 통해 가로(Horizontal) 축(Axis)과 세로(Vertical) 축의 값을 가져옵니다. 여기서 축은 게임기 등의 이동에 사용하는 아날로그 스틱(Stick)에서 가져온 개념이며, 키보드의 이동 방향키에도 동일하게 적용됩니다. 이 값은 가로 축의 경우 좌측 방향 입력 시 점차 감소하면서 최대 −1, 우측 방향 입력 시에는 점차 증가하면서 최대 1의 값을 갖게 됩니다. 세로 축은 위쪽 방향으로 1, 아래쪽 방향으로 −1의 값을 최대값으로 가집니다. 이렇게 전달받은 값은 Translate( ) 함수 안에 값을 주게 되는데, Translate( ) 함수는 이 스크립트가 들어 있는 게임 오브젝트의 위치에서 Translate( ) 함수에 전달받은 값을 현재 좌표 값에 더하도록 해주는 함수입니다.

8-2. 마우스로 조작하여 게임 오브젝트 움직이기

마우스로 조작하여 움직이는 부분 중 왼쪽 클릭은 모바일 기기에서 터치와 대응하여 같은 코드로 모바일에서도 작동할 수 있습니다. 이번에는 마우스로 클릭하고 있는 좌표를 따라가도록 하여 모바일에서도 사용할 수 있는 이동 방법을 익혀보겠습니다.

마우스가 터치한 곳으로 이동하는 원리는 조금 복잡합니다. 우선 키보드 조작 이동을 통해 게임 오브젝트가 움직이려면 움직일 좌표가 필요하다는 사실을 알았습니다. 그렇다면 마우스의 좌표는 어떻게 받아올까요? 마우스의 좌표는 'Input.mousePosition'이라는 변수로 입력을 받을 수 있습니다. 그런데 이 좌표로 곧바로 이동시킬 수 없습니다. 그 이유는 마우스의 좌표와 게임 오브젝트가 존재하는 월드(World) 좌표 간의 차이가 크기 때문입니다.

마우스는 기기의 해상도에 대응하여 그 좌표를 결정합니다. 예를 들어, 1440×2560의 해상도를 가지고 있다면 오른쪽 맨 위 클릭 시 (1440, 0) 정도의 좌표를 가지게 되는 것입니다. 이 좌표를 그대로 게임 오브젝트의 좌표에 넣게 된다면 카메라로 보는 화면의 밖을 넘어도 한참 넘게 됩니다. 그렇기 때문에 클릭한 좌표를 카메라로 보는 화면상의 좌표로 변환해야 하는 작업을 거쳐야 합니다. 그 작업은 직접 계산할 필요 없이 'ScreenToWorldPoint( )'라는 함수로 편하게 할 수 있습니다. 꽤 길기 때문에 변수에 담아서 다음과 같이 이 값을 임시로 보관합니다.

```
Vector2 mousePosition=Camera.main.ScreenToWorldPoint(Input.mousePosition);
```

그리고 변환한 값을 담은 mousePosition의 좌표로 이동하게 합니다. 이것 또한 직접적으로 좌표 값을 변경할 경우에는 게임 오브젝트가 순간이동을 하게 되기 때문에 시간에 따라 점차 해당 좌표로 움직이게 합니다. 이런 방법은 직접 구현할 수도 있지만, 길고 어려운 작업이기 때문에 직접 계산하지 않고 제공된 함수를 사용하여 간단하게 할 수 있습니다. 'Vector2.MoveTowards( )' 함수를 사용한 예제를 살펴보겠습니다.

```
using System.Collections;
using System.Collections.Generic;
using UnityEngine;

public class Move : MonoBehaviour
{
    Transform tr;

    // Use this for initialization
    void Start( )
    {
```

```
        }

        // Update is called once per frame
        void Update ( )
        {
            tr = GetComponent<Transform>( );

            if(Input.GetMouseButton(0))
            {
                Vector2 mousePosition = Camera.main.ScreenToWorldPoint(Input.mousePosition);
                tr.position = Vector2.MoveTowards(tr.position, mousePosition, Time.deltaTime * 5f);
            }
        }
    }
```

MoveTowards( ) 함수에 대해 조금 더 설명해 보겠습니다. ( ) 안에는 계산에 필요한 인자가 3개 들어가는데, 첫 번째 인자는 현재 위치, 두 번째 인자는 움직일 목표 위치, 그리고 세 번째는 속도를 입력합니다. 현재 위치는 플레이어 캐릭터의 현재 위치를 입력하면 되고, 두 번째는 마우스 클릭 지점이 목표이므로 미리 계산해두었던 mousePosition을 입력하면 됩니다. 세 번째 인자에서는 속도를 입력하면 되는데, 큰 값을 사용할수록 속도가 빨라집니다.

TIP Time.deltaTime : 위의 예제에서 MoveTowards( ) 함수의 세 번째 인자에서 일반적인 숫자 상수를 입력하여도 상관없으나, 'Time.deltaTime'이라는 것을 상수에 곱하여 사용하였습니다. Time.deltaTime은 이전 프레임에서 현재 프레임으로 넘어올 때 걸린 시간을 측정한 것입니다. 이 값을 곱하는 이유는 기기 간의 성능 차이 때문입니다. 성능이 좋은 기기는 프레임이 넘어가는 속도가 빠를 것이고, 성능이 나쁜 기기는 프레임이 넘어가는 속도가 느릴 것입니다. 속도가 중요한 게임이라고 가정한다면 좋은 기기에서 게임을 실행한 플레이어와 나쁜 기기에서 실행한 플레이어는 똑같은 이동을 하더라도 일어나는 결과에 차이가 있을 수밖에 없습니다. 그렇기 때문에 이 값을 곱하여 기기 간의 성능 차이를 극복하도록 하는 것입니다. 키보드로 이동하는 예제에서도 이동 속도로 사용할 값에 이 Time.deltaTime을 곱하여 사용하는 것이 좋습니다.

현재는 대학 입학 이전이나 대학 교양수업 등 다양한 경로로 맛보기 수준으로 프로그래밍을 접할 기회가 많습니다. 대부분 C언어를 통해 프로그래밍을 접하게 되는데 자료형, 연산자, 조건문까지는 대부분 쉽게 이해할 수 있지만 그 이후로는 코드 작성이 쉽지 않습니다. 경험상 반복문을 익힐 때부터 많은 사람들이 포기하게 되는 것 같습니다. 프로그래밍을 배우는 초기에 1부터 100까지 숫자를 모두 더하는 문제에서 막히는 모습을 주변에서 많이 보았습니다. 기타(Guitar)를 배우는 것으로 치면 F 코드의 운지를 잡는 것과 같은 장벽의 역할을 하는 것 같습니다.

그리고 지금과 같이 게임을 만들거나 어떤 프로그램을 코딩하는 등 실무에 진입할 때 겪는 문제는 본인이 알지 못했던 수많은 클래스가 그 장벽이 됩니다.

```
public class SimpleMatchMaker : MonoBehaviour
{
    void Start( )
    {
        NetworkManager.singleton.StartMatchMaker( );
    }

    public void CreateInternetMatch(string matchName)
    {
        NetworkManager.singleton.matchMaker.CreateMatch(matchName, 4, true, "", "", "", 0, 0,
OnInternetMatchCreate);
    }

    private void OnInternetMatchCreate(bool success, string extendedInfo, MatchInfo matchInfo)
    {
        if (success)
        {
            MatchInfo hostInfo = matchInfo;
            NetworkServer.Listen(hostInfo, 9000);

            NetworkManager.singleton.StartHost(hostInfo);
        }
        else
        {
            Debug.LogError("Create match failed");
        }
    }
}
```

위의 예제는 유니티 매뉴얼에 있는 네트워크 매치 스크립트의 일부입니다. 이런 스크립트를 처음 보면 '나는 배운 게 자료형, 조건문, 함수밖에 없는데 NetworkManager는 뭐고, singleton은 뭐지?'라는 생각이 들 수도 있습니다. void나 bool, string, if 등의 키워드는 기본 문법이라 익혔다 치더라도 모르는 단어가 많을 것입니다. 또한 바로 전에 작성했던 이동하는 스크립트만 하더라도 'Vector2'나 'Camera'와 같이 모르는 개념들이 마구 쏟아져 나왔기 때문에 스크립트를 작성할 때 단순히 따라하고 내용은 대부분 이해되지 않았을 수도 있습니다. 이 문제는 어떻게 보면 당연한 것입니다.

현대의 프로그래밍은 초창기처럼 모든 코드를 무에서부터 만들지 않습니다. 이미 만들어져 있는 클래스나 함수를 사용하여 표면에서부터 작업하기 때문에, 이러한 것들을 일일이 모두 외우는 것까진 아니더라도 필요한 부분에 대해서는 어떠한 기능을 하는지 익혀야 하는 것입니다. 어떻게 보면 외국어 학습에 있어 단어 외우기와 비슷합니다. 'Destroy( )'라는 함수가 있다면, 이 함수가 '어떤 오브젝트를 제거하는 기능을 한다'라는 것을 익혀야 하는 것입니다.

이렇게 미리 만들어져 있는 클래스, 함수 등의 집합을 'API(Application Programming Interface)'라고 합니다. 유니티 또한 이 API를 유니티 매뉴얼 내에 'Scripting API'라는 이름으로 매뉴얼 항목을 가지고 있습니다. 따라서 처음 프로그래밍 언어를 익힐 때 앞부분에 나오는 문법들은 말 그대로 문법으로의 틀만 제공하는 것이고, 실제로 익혀야 할 것들은 API인 것입니다. 당장에 영어만 하더라도 주어, 동사, 목적어, 보어 등 문법만 안다고 해서 사용할 수 없습니다. 언어는 단어를 익히지 않고서는 사용할 수 없는 것입니다. 단어들은 학창시절처럼 달달 외울 수도 있지만, 같은 기능을 여러 번 직접 구현하다보면 자연스럽게 익힐 수 있습니다.

처음 프로그래밍을 배우게 되었을 때 들었던 말이 '백문이불여일견'을 바꾼 '백문이불여일타'라는 말이었습니다. 100번 수업을 듣거나 보는 것보다는 1번 직접 코드를 작성해 보는 것이 낫다는 말이었습니다. 그 말에 매우 공감합니다. 어떤 기능을 구현하는 데 있어 제일 중요한 것은 될 때까지 다양한 방법으로 코드를 작성해 보며 테스트하다가 성공했을 때 그것이 체득되는 것입니다.

이렇듯 직접 익히는 것이 최선의 방법이지만, 학생들이 어려울 수 있을 부분을 조금 더 풀어 정리하여 이해를 도울 수 있는 지름길을 안내하겠습니다. 스크립트를 읽다가 모르는 부분이 나와도 '이것은 클래스구나' 또는 '이것은 함수구나'와 같이 개념을 구분할 수 있다면 어느 정도 성공한 것입니다. 이것을 깨우치고 나면 더 복잡한 고급 문법은 구글 검색 등을 통해 스스로 독학하며 심화 학습이 가능합니다.

프로그래밍이 점차 발전하면서 실제 언어와 유사한 모습으로 되고 있기 때문에 각 개념을 언어의 구조에 빗대어 설명해 보겠습니다. [그림 3-6]과 같이 보면 좀 더 이해가 쉬울 것입니다.

먼저 '클래스(class)'는 언어적으로 명사의 역할을 합니다. 어떤 행동을 할 수 있는 주체가 될 수 있는 것입니다. 현실에 빗대어 클래스의 이름을 'Eye'라고 가정해 보겠습니다. 그렇다면 이 클래스는 눈의 역할을 한다는 것을 추측해볼 수 있습니다. 이 클래스가 할 수 있는 행동(함수)으로는 '감다', '보다'와 같은 것들이 있을 것입니다. Eye 클래스는 보이거나 보이지 않는 역할을 할 수 있습니다. 그렇다면 이 역할을 위해 시력이라는 수치가 필요한데, 이 수치가 바로 변수입니다. 시력(sight)이라는 수치를 float 자료형으로 선언하고, 수치를 1.6으로 하는 것입니다. 이것을 스크립트로 나타내면 다음과 같습니다.

```
class Eye
{
    float sight = 1.6f;

    void See( )
    {
        // 보다
    }
```

```
    void Close( )
    {
        // 눈을 감다
    }
}
```

함수(Function)는 클래스 내에 있는 변수 등을 사용하여 실질적인 실행을 담당합니다. 실제 언어에서의 서술어(동사) 역할을 담당하는 것입니다. 지금 Eye 클래스 내에서 'See( )'라는 함수를 선언하고, 보는 기능을 담당한다고 가정해 보겠습니다. 시력이라는 변수가 있으니, 1.6의 거리 안에 있는 물체는 보이고, 1.6 거리 밖에 있는 물체는 보이지 않는 처리를 할 수 있습니다.

```
void See( )
    {
        if(물체의 위치가 sight보다 멀다면)
        {

        }
        else
        {

        }
    }
```

변수(Variable)는 처음 프로그래밍을 배울 경우 숫자나 문자에 대한 계산에 사용하는데, 프로그래밍에 있어서는 더 이상 숫자에 국한된 개념이 아닙니다. 위에서 언급한 클래스 또한 변수로 사용이 가능한데, 이 부분이 사실상 초보자에게 코드의 독해를 어렵게 만드는 요인입니다.

위에서 언급했던 Eye 클래스는 Eye라는 클래스를 새로 선언한 것입니다. 이것은 흔히 '붕어빵 틀' 또는 '설계도'에 비유하곤 합니다. 이렇게 선언한 클래스를 변수로 선언할 경우 붕어빵 틀로 붕어빵을 찍어 만드는 것과 같습니다. 예를 들어, 사람이라는 의미로 Person이라는 클래스가 있다고 가정했을 때 사람은 눈이 2개 있기 때문에 눈이라는 것이 필요할 것입니다. 언급했던 Eye 클래스는 이럴 때 자료형으로 사용하여 변수를 선언하는 것입니다. 스크립트로 작성하면 다음과 같습니다.

```
class Person
{
    Eye eyeLeft;
    Eye eyeRight;
}
```

이런 식으로 클래스를 만들었다면, 다른 클래스에서 필요에 따라 얼마든지 변수로 사용한다는 것을 알 수 있습니다.

스크립트를 읽기 위해 그 다음으로 알아볼 것은 접근 연산자입니다. 코드 작성 중 클래스를 사용할 때 접근 연산자 '.'을 통해 접근이 가능합니다. '.'은 '~의', '~ 안에 있는'으로 해석하면 쉽습니다. 위 이동에 사용한 예제에서 나온 'Input.GetAxis( )'로 살펴보면, Input이라는 클래스 안에 있는 GetAxis( ) 함수를 실행하는 것입니다.

지금까지 스크립트 작성에 필요한 최소한의 문법과 지식을 알아보았습니다. 어디까지나 최소한의 지식이기 때문에 나머지 부분은 뒤에서 필요할 때마다 학습하게 될 것입니다. 앞에서 언급하였듯이, 지금 당장 모든 내용이 이해되지 않을 수도 있습니다. 수학으로 치면 기본 공식만을 나열한 것과 다름없습니다. 앞으로 나오는 실습을 차근차근 따라해 보고, 스스로 프로젝트를 만들어 예제에 나온 기술들을 본인의 프로젝트에 적용하다 보면 어느새 자유자재로 구현 가능한 경지에 이를 것입니다.

만약 설명이 부족하다고 느끼거나 직접 응용하여 사용할 때 문법적인 부분에서 막혀 더 학습이 필요하다면, 공식 사이트인 C# .NET 문서(https://learn.microsoft.com/ko-kr/dotnet/csharp/)를 참고하거나, 기타 C# 문법 사이트를 통해 추가 학습이 가능합니다.

2D 종스크롤 슈팅 게임 만들기 : 이동과 충돌 다루기

1 움직이는 배경

실제로 게임을 제작해 보겠습니다. 이제부터는 프로젝트 생성이나 게임 오브젝트 생성, 스크립트 생성 등 이미 언급했던 부분은 생략하겠습니다. 진행하다가 기억이 나지 않는 부분은 앞쪽의 내용을 참고합니다.

이름을 'Chapter4'로 하여 프로젝트를 생성합니다. 2D로 제작할 것이기 때문에 이번에도 템플릿(Template)은 2D로 합니다. 프로젝트 생성이 완료되면 종스크롤 게임을 만들기 위해 레이아웃의 배치를 조금 바꿔야 합니다. 종스크롤 게임은 화면이 길어야 하기 때문에 3장까지 진행했던 레이아웃으로 진행하면 가로가 길어 불편할 수 있습니다. 따라서 다음과 같이 게임 뷰와 씬 뷰를 세로로 길게 바꿉니다.

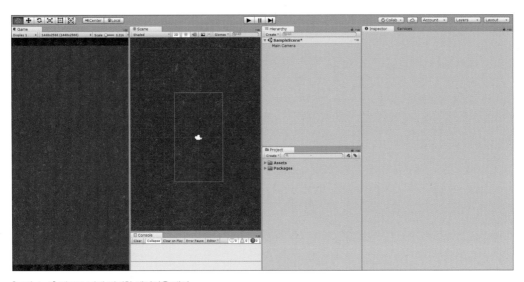

[그림 4-1] 세로로 길게 변경한 레이아웃 배치

처음으로 만들어 볼 것은 배경입니다. 2D 스크롤 슈팅 게임은 비행기가 이동 중이라는 것을 나타내기 위해 배경이 끊임없이 움직여야 합니다. 배경을 움직이는 의미는 바퀴가 발명되기 전 통나무로 무거운 물건을 옮기는 원리와 비슷합니다.

여러 개의 통나무를 받쳐 굴리다가 밀려난 통나무를 앞부분으로 옮기는 것을 반복해서 움직이는 것처럼, 아래로 밀려난 줄이 윗줄로 옮겨간다고 생각하면 간단합니다. 따라서 종스크롤은 위쪽과 아래쪽의 부분이 동일한 배경을 준비하면 좋습니다. 그래야 배경이 반복되더라도 경계가 보이지 않아 어색하지 않기 때문입니다.

먼저 하이어라키 뷰에서 마우스 오른쪽 버튼을 클릭하여 [2D Object]-[Square]로 들어가 2D 게임 오브젝트를 하나 만들고, 이름을 'Background'로 변경합니다.

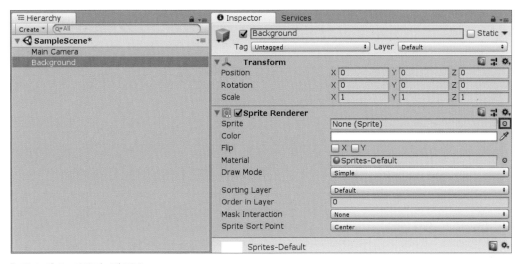

[그림 4-2] 스프라이트(그림) 변경

만든 Background 게임 오브젝트를 하이어라키 뷰에서 클릭하고 인스펙터 뷰의 스프라이트 렌더러 컴포넌트에서 Sprite 항목의 오른쪽 동그라미를 클릭하여 변경할 배경 그림을 선택합니다. 그림 등의 리소스(에셋)를 프로젝트로 불러오는 방법은 2장의 '리소스(에셋) 불러오기' 부분을 참조합니다. 선택 후 2장의 도구 툴 부분을 참고하여 현재 화면의 크기에 맞게 꽉 채우도록 크기와 위치를 조절합니다. 중요한 것은 윗부분과 아랫부분이 동일하도록 보여야 한다는 점입니다. 씬 뷰에서 편집하면서 게임 뷰의 윗부분과 아랫부분이 일치하는지 확인합니다.

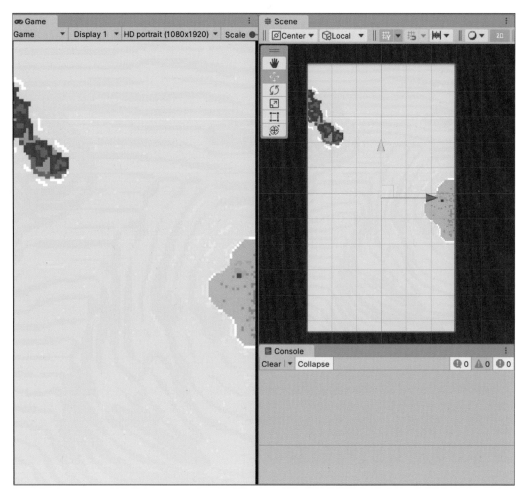

[그림 4-3] 윗부분과 아랫부분이 일치하도록 맞추기

배경이 움직이도록 만들어 보겠습니다. 배경을 움직이려면 스크립트를 작성해야 합니다. 먼저 프로젝트 뷰에서 C# 스크립트 이름을 'BackgroundScroll'로 생성합니다. 스크립트의 내용은 다음과 같습니다.

```
using System.Collections;
using System.Collections.Generic;
using UnityEngine;

public class BackgroundScroll : MonoBehaviour
{

    Material mat;
    float currentYoffset = 0;
    float speed = 0.08f;

    void Start( )
    {
        mat = GetComponent<SpriteRenderer>( ).material;
    }

    void Update( )
    {
        currentYoffset += speed * Time.deltaTime;
        mat.mainTextureOffset = new Vector2(0, currentYoffset);
    }
}
```

mat는 Start( ) 함수에서 현재 스크립트가 들어 있는 게임 오브젝트의 스프라이트 렌더러 컴포넌트를 가져와 그 안에 들어 있는 매테리얼을 가져옵니다. 유니티는 2D라도, 기반을 3D로 두고 있기 때문에 같은 원리를 적용합니다. 무언가 물체가 있다면 그 오브젝트의 그림이나 재질은 매테리얼에 반영되어 있습니다. 2D는 보통 매테리얼을 직접적으로 건드릴 필요가 없지만, 배경 스크롤은 매테리얼 안에 있는 오프셋(Offset, 원래 위치로부터 얼마나 떨어져 있는지에 대한 값) 값을 변경해야 움직일 수 있으므로 예외적으로 다루게 됩니다.

currentYoffset은 현재 Y축의 오프셋 값을 위해 만든 변수입니다. speed의 경우 배경이 스크롤되는 속도인데, 느리거나 빠르다고 여겨지면 적절한 속도로 변경합니다. 이 세 가지 변수를 사용하여 실질적으로 배경이 움직이도록 하는 부분은 Update( ) 함수 안에서 구현됩니다. 먼저 currentYoffset의 현재 값에서 speed(속도)와 Time.deltaTime을 곱한 값을 더한 값으로 변경합니다. 그 후 mat 안에 있는 mainTextureOffset을 세로축으로 움직여야 하기 때문에 (0, currentYoffset) 값으로 변경합니다. 스크립트를 모두 작성하였으면 저장하고 유니티 에디터 화면으로 돌아갑니다. 작성한 스크립트는 아까 만들었던 Background 게임 오브젝트에 컴포넌트로 추가합니다. 만약 이 상태로 성급하게 테스트 플레이를 실행했을 경우 작동하지 않고, 멈춰 있는 배경을 볼 수 있습니다.

아직 두 가지의 설정을 더 해야 합니다. 첫 번째는 기본적으로 스프라이트에서 사용하는 매테리얼이 메인 텍스처 오프셋(mainTextureOffset)을 지원하지 않는다는 것입니다. 테스트 플레이를 했을 경우 Background 게임 오브젝트를 클릭하면 스프라이트 렌더러 컴포넌트 아래 작은 경고가 생긴 것이 보일 것입니다.

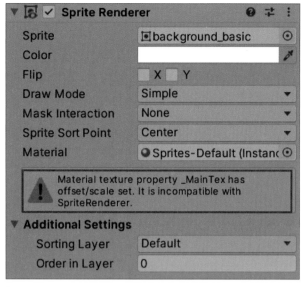

[그림 4-4] 매테리얼 오류

그렇기 때문에 'Sprites−Default'가 아닌 새로운 매테리얼을 사용해야 합니다. 새로운 생성을 위해 프로젝트 뷰의 [Assets] 폴더 위에서 마우스 오른쪽 버튼을 클릭하거나 [Create] 버튼을 누른 후 Material 항목을 찾아 생성하고 이름은 'CustomSpriteMaterial'로 하겠습니다.

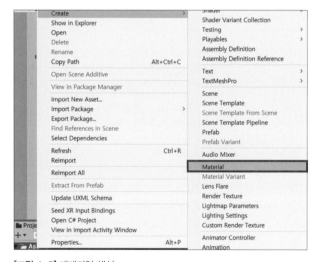

[그림 4-5] 매테리얼 생성

스프라이트 렌더러 그림 정보가 이미 렌더러에 포함되어 있으므로 매테리얼 안에 정보를 포함할 필요는 없지만, 쉐이더(Shader)가 기본(Standard)일 경우 빛(Light)에 대한 정보가 없어 그림이 어둡게 나옵니다. 따라서 매테리얼의 쉐이더를 변경해주어야 합니다.

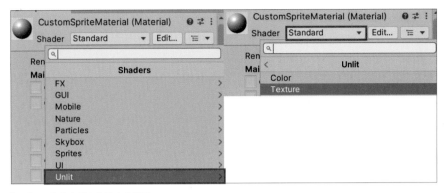

[그림 4-6] 매테리얼의 쉐이더 변경

이렇게 설정을 모두 마친 매테리얼을 Background 게임 오브젝트 안에 스프라이트 렌더러 컴포넌트에 있는 매테리얼에 넣게 되면 3D의 매테리얼임에도 기존의 스프라이트와 동일하게 보입니다. 여기까지 모두 마치고 테스트 플레이를 실행하면 배경은 스크롤되지만, 끝도 없이 늘어지며 그림이 반복되지 않는 모습을 볼 수 있습니다. 이것은 그림이 반복 모드로 설정되지 않았기 때문입니다.

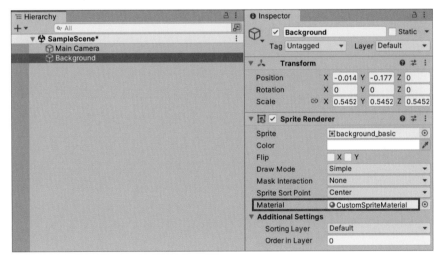

[그림 4-7] 스프라이트의 매테리얼 변경

배경으로 사용하는 그림을 프로젝트 뷰에서 선택하고 인스펙터 뷰에 있는 Wrap Mode 항목을 Repeat로 바꿉니다.

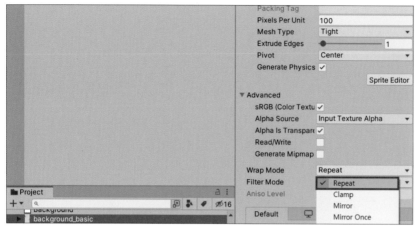

[그림 4-8] Wrap Mode 변경

설정을 마치면 아래쪽의 [Apply] 버튼을 눌러야 적용이 됩니다. 또는 해당 인스펙터 화면에서 벗어날 경우에도 자동으로 적용할 것인지 묻는 메시지 창이 뜨므로 그때 [Apply] 버튼을 눌러도 좋습니다. 여기까지 모두 마치면 이제 반복되는 배경을 완성한 것입니다. 테스트 플레이를 했을 때 배경이 반복되면 성공입니다.

2 움직이는 플레이어 비행기

플레이어 캐릭터 움직이는 방법 중 마우스로 클릭했을 때의 방법을 사용하여 만들어 보겠습니다. 이 방법은 모바일로 플랫폼을 변경했을 때도 터치로 동일하게 사용 가능한 장점이 있습니다.
먼저 하이어라키 뷰에서 비행기로 사용할 2D 오브젝트를 생성합니다. 하이어라키 뷰에서 마우스 오른쪽 버튼을 클릭하여 [2D Object]-[Square]로 만들면 스프라이트 렌더러가 포함되어 있어 편리합니다. 이름은 'Player'로 변경하고 스프라이트(그림)를 플레이어 비행기로 사용할 그림으로 변경합니다.

사이즈가 적당하지 않을 수 있으니 씬 뷰에서 크기와 위치를 조절하여 아래쪽에 적당한 크기가 되도록 맞춰줍니다.

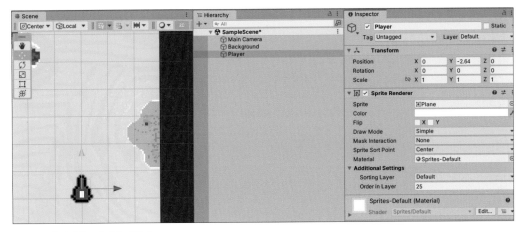

[그림 4-9] 편집한 플레이어 비행기

앞에서 구현했던 이동 스크립트를 응용한다면 비행기에도 적용 가능합니다. 우선 프로젝트 뷰에서 새로운 C# 스크립트를 생성하여 이름을 'PlayerMove'로 바꾸겠습니다. 그리고 스크립트의 내용을 다음과 같이 바꿉니다.

```csharp
using System.Collections;
using System.Collections.Generic;
using UnityEngine;

public class PlayerMove : MonoBehaviour
{
    public float speed;

    Transform tr;
    Vector2 mousePosition;

    void Start ( )
    {
        tr = GetComponent<Transform>( );
    }

    void Update ( )
    {
        if(Input.GetMouseButton(0))
        {
```

```
        mousePosition = Camera.main.ScreenToWorldPoint(Input.mousePosition);
        tr.position = Vector2.MoveTowards(tr.position, mousePosition, Time.deltaTime * speed);
    }

    }
}
```

여기서 마우스로 움직이는 스크립트와 다른 점은 Time.deltaTime에 곱한 것이 숫자 상수 5가 아니라 'speed'라는 변수입니다. 그리고 speed 변수는 위에 'float speed'가 아닌 'public'이라는 단어가 붙어 'public float speed;'라고 선언되어 있는 것을 윗부분에서 볼 수 있습니다. public이라는 단어는 '공공의' 또는 '공적인'과 같은 뜻을 가지고 있는 단어인데, C# 프로그래밍에서도 '이 변수를 다른 곳에도 공적으로 사용하겠다'와 같은 뜻으로 사용합니다.

public으로 선언한 변수는 유니티 에디터 상 인스펙터 뷰에서 직접적으로 테스트 플레이 도중이나 전에 수정이 가능합니다. 이 상태로 스크립트를 저장하고 PlayerMove 스크립트를 하이어라키 뷰에 있는 Player 게임 오브젝트 안에 스크립트를 추가합니다. 추가하게 될 경우 지금까지 작성했던 스크립트와는 다르게 [그림 4-10]처럼 인스펙터 뷰에 직접적으로 노출되어 있는 것을 볼 수 있습니다.

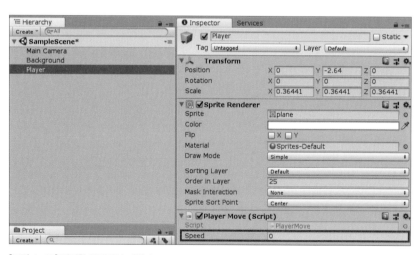

[그림 4-10] 편집한 플레이어 비행기

speed라는 이름으로 항목이 생성되어 있고 옆에는 현재 값이 적혀 있습니다. 여기서 칸에 적혀 있는 값을 수정할 경우 speed의 값을 직접적으로 변경할 수 있습니다. 이때 주의할 점은 처음 speed를 선언할 때 'public float speed = 5;'와 같이 선언과 동시에 값을 준 경우 기존의 5는 무시하고 인스펙터 뷰에 적힌 값을 우선시한다는 것입니다.

따라서 인스펙터 뷰에 값을 노출할 경우 혼란을 막기 위해 스크립트상에서 변수의 선언과 동시에 값을 넣는 것은 피합니다. 그리고 Start( ) 함수나 Update( ) 함수에서 값을 변경한 경우 처음에는 인스펙터 뷰 상에서의 값을 가지고 있더라도, 게임이 시작되고 난 뒤 스크립트에 의해 변경되는 것이므로 이때는 인스펙터 뷰 상에서의 값은 의미가 없습니다.

여기까지 완료되었으면 speed 값을 인스펙터 뷰에서 0보다 큰 수를 입력하고 테스트 플레이를 하여 적절한 속도를 찾아봅니다. 주의할 것은 테스트 플레이 도중에 변경한 값은 테스트 플레이가 종료되면 테스트 플레이 시작 직전의 값으로 다시 돌아가게 되는 점입니다. 값을 기억하고 테스트 플레이 종료 후에 다시 변경합니다.

속도도 모두 맞추고 테스트 플레이를 하면서 플레이어 비행기를 움직이다 보면 화면 밖을 넘어서도 비행기가 마우스를 따라 움직이는 것을 볼 수 있습니다. 이것은 움직이는 스크립트에 특정 좌표 안에서만 움직일 조건문이 없기 때문입니다. 이 조건문은 직접 비행기를 움직여 보며 화면을 비교하면서 'x는 −2 이상 그리고 x는 2 이하'와 같은 상수를 지정하는 방법이 가장 쉽습니다. 다만 게임을 만들다 보면 화면의 크기가 변경될 수 있고, 여러 가지 변경 사항이 생기는 것이 당연하기 때문에 번거롭지만 좀 더 융통성 있는 방법을 사용하는 것이 좋습니다.

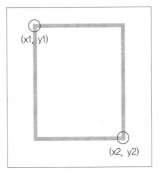

[그림 4-11] 최소값과 최대값으로 경계 정하기

단순한 float로 변수를 4개 만드는 방법도 있지만, Vector2 자료형을 사용한다면 x와 y 값을 모두 가지고 있기 때문에 편합니다. Vector2 자료형을 public으로 2개 선언하고 두 개의 벡터를 각각 최소값과 최대값으로 사용하게 된다면 사각형의 범위를 조건으로 사용할 수 있습니다.

마우스 위치를 입력받아 카메라상의 좌표로 변환한 후, 그 좌표가 설정한 사각형 범위 내에 있지 않으면 경계 영역 안으로 값을 변경하는 예제는 다음과 같습니다.

```
using System.Collections;
using System.Collections.Generic;
using UnityEngine;

public class PlayerMove : MonoBehaviour
{
    public float speed;

    Transform tr;
    Vector2 mousePosition;
```

```
    public Vector2 limitPoint1;
    public Vector2 limitPoint2;


void Start ( )
    {
        tr = GetComponent<Transform>( );
    }

void Update ( )
    {
        if(Input.GetMouseButton(0))
        {
            mousePosition = Camera.main.ScreenToWorldPoint(Input.mousePosition);

            if(mousePosition.x < limitPoint1.x)
            {
                mousePosition = new Vector2(limitPoint1.x, mousePosition.y);
            }
            if(mousePosition.y > limitPoint1.y)
            {
                mousePosition = new Vector2(mousePosition.x, limitPoint1.y);
            }
            if (mousePosition.x > limitPoint2.x)
            {
                mousePosition = new Vector2(limitPoint2.x, mousePosition.y);
            }
            if (mousePosition.y < limitPoint2.y)
            {
                mousePosition = new Vector2(mousePosition.x, limitPoint2.y);
            }

            tr.position = Vector2.MoveTowards(tr.position, mousePosition, Time.deltaTime * speed);
        }

    }
}
```

스크립트를 모두 수정하고 저장 후 유니티 에디터로 돌아가 하이어라키 뷰의 Player 게임 오브젝트를 클릭하면 PlayerMove 컴포넌트(스크립트)에 'Limit Point 1'과 'Limit Point 2' 항목이 새로 생겨 있고, x와 y의 값이 0으로 되어 있습니다. 이 상태에서는 플레이어 비행기가 (0,0) 좌표에서 벗어날 수 없습니다. 적절하게 범위를 늘려본다면 제한된 사각형 안에서만 움직이는 것을 볼 수 있습니다. 이렇게 숫자로만 표기할 경우 시각적으로 보이는 것이 없어 어느 정도 범위인지 알기 쉽지 않습니다. 따라서 사각형 범위를 기즈모(Gizmo)를 통해 시각적으로 보이게 하여 인지할 수 있도록 만들어 보겠습니다.

기즈모는 에디터 상에서 사용하는 편집을 돕는 아이콘 등과 같은 시각적 지표를 뜻합니다. 기즈모를 만드는 부분은 필수적인 요소는 아니라서 좌표만으로 영역 설정이 가능하다면 넘어가도 좋습니다. PlayerMove 스크립트의 Start( ) 함수와 Update( ) 함수와 같은 { } 라인에 다음과 같은 내용을 추가합니다.

```
void OnDrawGizmos( )
    {
        Gizmos.color = Color.red;
        Gizmos.DrawLine(limitPoint1, new Vector2(limitPoint2.x, limitPoint1.y));
        Gizmos.DrawLine(limitPoint1, new Vector2(limitPoint1.x, limitPoint2.y));
        Gizmos.DrawLine(new Vector2(limitPoint1.x, limitPoint2.y), limitPoint2);
        Gizmos.DrawLine(new Vector2(limitPoint2.x, limitPoint1.y), limitPoint2);
    }
```

OnDrawGizmos( ) 함수는 { } 안에 있는 내용을 자동으로 실행하게 합니다. 함수 안의 첫 번째 줄에서 좀 더 잘 보일 수 있도록 색을 빨간색으로 바꾼 후 아래 네 줄의 코드로 선을 긋습니다. Gizmos.DrawLine( )의 경우 첫 번째 인자(from)에서 두 번째 인자(to)의 좌표로 선을 긋는 함수입니다.

추가한 상태로 스크립트를 저장하고 Player 게임 오브젝트의 인스펙터 뷰에서 Limit Point 1과 Limit Point 2의 값을 편집하면 얇은 빨간색 선으로 사각형 영역을 볼 수 있습니다. 이 상태로 테스트할 경우 비행기 캐릭터의 중앙 지점이 해당 사각형의 영역을 벗어나지 않는 것을 볼 수 있습니다.

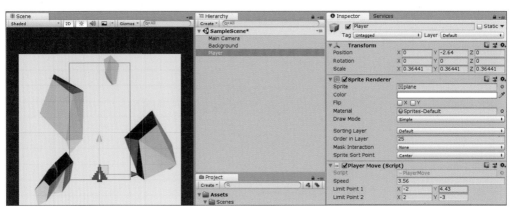

[그림 4-12] 기즈모로 선 그리기

3 총알 발사

총알은 지금까지와는 달리 하이어라키 뷰에 미리 게임 오브젝트를 만드는 것이 아닌, 게임 도중 오브젝트가 나타나야(만들어져야) 합니다. 게임 도중에 게임 오브젝트를 생성할 때는 'Instantiate( )'라는 함수를 사용합니다.

PC 게임이나 콘솔 게임에서는 버튼을 눌렀을 때나 마우스를 클릭했을 때 총알을 발사하는 것이 보통이지만, 모바일은 가상 버튼을 사용하지 않는다면 '드래곤 플라이트'와 같이 일정 간격마다 자동 발사를 하는 방법이 있습니다. 지금 만드는 게임은 터치를 이동에 사용하고 있기 때문에 일정 시간마다 자동으로 발사하도록 만들 것입니다. 코루틴(Coroutine) 함수라는 것이 있는데, 이 함수를 사용하여 일정 시간 동안 대기하도록 만들 수 있습니다. 이 함수는 void나 다른 자료형 대신 'IEnumerator'라는 자료형을 사용하여 함수를 만듭니다.

```
IEnumerator FireBullet( )
    {
        while(true)
        {

            yield return new WaitForSeconds(0.3f);
        }
    }
```

FireBullet( ) 함수 안을 보면 while문의 조건에 true라고만 적혀 있습니다. 이런 경우 조건이 항상 참이기 때문에 함수를 무한 반복할 수 있습니다. 그리고 while문 안에 있는 yield return new WaitForSeconds( )의 경우 ( ) 안에 입력된 숫자만큼 대기했다가 다음 줄로 넘어갈 수 있습니다. 위예제는 0.3초 대기했다가 다음 줄로 넘어가게 되고, 그 다음 줄은 while문의 마지막이지만 while문의 조건이 항상 참이기 때문에 반복되어 while문의 맨 처음 부분으로 돌아가도록 되어 있습니다. 따라서 0.3초마다 내용을 반복하는 구조로 되어 있는 것입니다. 이 안에 총알을 생성하는 내용을 추가한다면 0.3초마다 반복하여 총알을 생성하는 구조를 만들 수 있습니다. PlayerMove의 전체 스크립트를 보면서 설명하겠습니다.

```
using System.Collections;
using System.Collections.Generic;
using UnityEngine;

public class PlayerMove : MonoBehaviour
```

```
{
    public float speed;

    Transform tr;
    Vector2 mousePosition;

    public Vector2 limitPoint1;
    public Vector2 limitPoint2;

    public GameObject prefabBullet;

void Start ( )
    {
        tr = GetComponent<Transform>( );

        StartCoroutine(FireBullet( ));
    }

void Update ( )
    {
        if(Input.GetMouseButton(0))
        {
            mousePosition = Camera.main.ScreenToWorldPoint(Input.mousePosition);

            if(mousePosition.x < limitPoint1.x)
            {
                mousePosition = new Vector2(limitPoint1.x, mousePosition.y);
            }
            if(mousePosition.y > limitPoint1.y)
            {
                mousePosition = new Vector2(mousePosition.x, limitPoint1.y);
            }
            if (mousePosition.x > limitPoint2.x)
            {
                mousePosition = new Vector2(limitPoint2.x, mousePosition.y);
            }
            if (mousePosition.y < limitPoint2.y)
            {
                mousePosition = new Vector2(mousePosition.x, limitPoint2.y);
            }

            tr.position = Vector2.MoveTowards(tr.position, mousePosition, Time.deltaTime * speed);
        }

    }

    IEnumerator FireBullet( )
    {
```

```
        while(true)
        {
            Instantiate(prefabBullet, tr.position, Quaternion.identity);

            yield return new WaitForSeconds(0.3f);
        }
    }

    void OnDrawGizmos( )
    {
        Gizmos.color = Color.red;
        Gizmos.DrawLine(limitPoint1, new Vector2(limitPoint2.x, limitPoint1.y));
        Gizmos.DrawLine(limitPoint1, new Vector2(limitPoint1.x, limitPoint2.y));
        Gizmos.DrawLine(new Vector2(limitPoint1.x, limitPoint2.y), limitPoint2);
        Gizmos.DrawLine(new Vector2(limitPoint2.x, limitPoint1.y), limitPoint2);
    }
}
```

예제의 FireBullet( ) 함수는 Start( ) 함수나 Update( ) 함수, OnDrawGizmos( ) 함수와는 달리 자동 실행되는 함수가 아닌 사용자가 직접 만든 함수이기 때문에 수동으로 호출(실행)해야 합니다. FireBullet( ) 함수 내 이미 while문이 사용되어 계속해서 반복 실행하기 때문에 Update( ) 함수처럼 매 프레임마다 반복 실행되는 함수에서 호출할 경우 엄청난 수의 총알을 생성하는 모습을 보게 될 것입니다. 따라서 Start( ) 함수에서 한 번만 호출합니다. 그 뒤로는 알아서 반복적으로 내용을 실행할 것입니다.

또한 FireBullet( ) 함수는 코루틴 함수이기 때문에 일반 함수 이름 뒤에 ; 입력만으로 실행 가능한 것과는 달리, StartCoroutine( )이라는 함수를 사용해서 호출해야만 실행이 가능합니다. 그렇기 때문에 Start( ) 함수의 마지막 부분에 'StartCoroutine(FireBullet( ));'의 방법으로 호출한 것을 볼 수 있습니다.

그리고 FireBullet( ) 함수 내에 게임 오브젝트를 생성하는 함수인 Instantiate( )를 통해 총알을 생성하는 함수를 실행하는 것을 볼 수 있습니다. 이 함수는 인자의 개수와 내용에 따라 만들 오브젝트의 초기 설정을 바꿀 수 있는데, 첫 번째 인자가 생성할 게임 오브젝트, 두 번째가 생성할 위치, 세 번째가 생성 시 각도를 의미합니다. 첫 번째 인자에 들어간 prefabBullet의 경우 Start( ) 함수의 윗부분에 새롭게 'public GameObject prefabBullet;' 줄에서 선언된 게임 오브젝트 변수입니다. 두 번째는 총알이 비행기의 위치에서 생성되어야 하기 때문에 비행기 위치인 tr.position을 입력했습니다. 'Quaternion.identity'의 경우 '회전 없음(원래 가진 각도)'을 의미합니다.

여기까지 모두 마쳤다면 이제 총알로 사용할 게임 오브젝트를 만들어 연결해주어야 합니다. 스크립트 처음 부분에 선언했던 prefabBullet에는 [그림 4-13]에서 보이는 것처럼 현재 아무런 값도 들어기 있지 않습니다. 이 변수에 리소스 부분에서 설명했던 프리팹을 만들어 값을 넣어줄 것입니다.

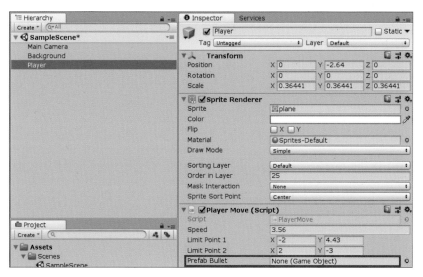

[그림 4-13] 프리팹 연동

프리팹은 게임 오브젝트의 복사본과도 같습니다. 프리팹을 만들기 위해 하이어라키 뷰에서 게임 오브젝트를 만들어야 합니다. 하이어라키 뷰에서 [Create]–[2D Object]–[Square]를 눌러 새로운 게임 오브젝트를 만들고, 이름을 'Bullet'이라고 짓겠습니다. 그리고 Sprite 항목에 총알로 사용할 이미지를 넣습니다.

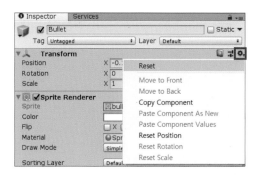

[그림 4-14] 위치 리셋

위치(Position)가 (0, 0, 0)이 아닌 경우 트랜스폼 컴포넌트의 오른쪽에 설정(톱니 모양)을 눌러 Reset에서 위치를 초기화합니다. 총알은 지금 비행기의 위치에서 생성되도록 되어 있기 때문에 위치가 모두 0이 되어 있지 않을 경우, 비행기의 위치에서 해당 좌표만큼 어긋난 위치에 생성됩니다.

또한 총알은 적 비행기와의 충돌 판정을 해야 하기 때문에 콜라이더 컴포넌트를 추가할 필요가 있습니다. Bullet 오브젝트를 클릭한 상태로 인스펙터 뷰에서 [Add Component] 버튼을 눌러 Box Collider 2D 컴포넌트를 추가합니다.

콜라이더는 대부분 이미지의 크기를 인식하여 자동으로 그 사이즈가 맞춰집니다. 크기가 맞지 않을 경우에는 콜라이더 컴포넌트의 [Edit Collider] 버튼을 누르고 씬 뷰에서 그 경계를 편집할 수 있습니다.

다음으로는 총알 스스로 앞으로 나아가는 스크립트를 작성해야 합니다. 프로젝트 뷰에서 'BulletMove'라는 이름으로 C# 스크립트를 새로 만듭니다. 총알의 이동은 어렵지 않습니다. 이전에는 이동 방법으로 마우스나 키보드 입력 조건을 받았지만, 총알의 경우 조건 없

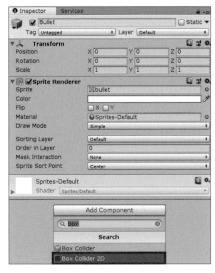

[그림 4-15] 콜라이더 추가

이 위로 이동하게만 합니다. 다만 총알이 카메라 바깥으로 나갔다고 자동으로 총알이 사라지는 것은 아닙니다. 보이지 않더라도 게임 오브젝트는 계속해서 존재하고 있기 때문에 총알을 제거하는 내용도 추가해야 합니다.

이번에는 5초 정도 시간이 경과하면 총알을 제거하도록 스크립트를 구성하겠습니다. 게임 오브젝트를 제거하는 함수는 Destroy( )이며, 예제는 다음과 같습니다.

```
using System.Collections;
using System.Collections.Generic;
using UnityEngine;

public class BulletMove : MonoBehaviour
{
    Transform tr;
    public float speed;

// Use this for initialization
void Start ( )
    {
        tr = GetComponent<Transform>( );
        StartCoroutine(DestroySelf( ));
}

// Update is called once per frame
void Update ( )
    {
```

```
            tr.Translate(Vector2.up * speed);
    }

    IEnumerator DestroySelf( )
    {
        yield return new WaitForSeconds(5.0f);
        Destroy(this.gameObject);
    }
  }
}
```

'tr.Translate(Vector2.up * speed);' 부분의 'Vector2.up'은 처음 언급하는 것인데, Vector2.up은 (0,1) 의 벡터를 가지고 있습니다. 'new Vector2(0, 1)'을 단축한 것입니다. 따라서 해당 값에 speed를 곱하면 위로 움직이게 됩니다.

Destroy( ) 함수는 인자로 제거할 게임 오브젝트를 입력받을 수 있습니다. 'this.gameObject'는 스크립트가 들어가 있는 현재 게임 오브젝트의 제거를 의미합니다. 'this.' 부분은 생략할 수도 있지만, 가독성을 위해 쓰는 것이 좋습니다. 스크립트 작성을 모두 마쳤으면 저장하고 유니티 에디터로 돌아가 Bullet 게임 오브젝트에 이 스크립트를 추가합니다.

스크립트 추가 후 반드시 speed의 값을 조절하여 총알이 멈춰 있지 않고 나아가도록 조절합니다. 여기까지 마치면 총알 오브젝트를 완성한 것입니다.

[그림 4-16] 총알 속도 조절

마지막으로 이 총알을 언제든 복사하여 생성할 수 있게 프리팹 파일로 만들어야 합니다. 하이어라키 뷰에서 Bullet 게임 오브젝트를 클릭하고 드래그하여 프로젝트 뷰에 드롭하면 하늘색 정육면체 아이콘의 Bullet 프리팹 파일이 생성됩니다. 또한 하이어라키 뷰에서도 Bullet 게임 오브젝트가 복사본을 의미하는 파란색으로 색이 바뀌었을 것입니다. 게임 시작 시 총알이 게임 상에 존재하고 있으면 안 되기 때문에, 하이어라키 뷰에 있는 Bullet 게임 오브젝트는 이제 지워도 됩니다.

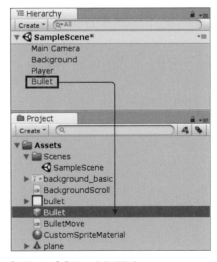

[그림 4-17] 총알 프리팹 만들기

만든 총알 프리팹을 비행기 스크립트 PlayerMove에 있는 prefabBullet에 넣어주면 총알을 계속해서 복사하여 생성하게 됩니다. 하이어라키 뷰에서 Player 게임 오브젝트를 클릭한 후 프로젝트 뷰에 있는 Bullet 프리팹을 Prefab Bullet에 드래그 앤 드롭하여 넣습니다. 또는 Prefab Bullet 오른쪽에 있는 동그라미를 누르고 Assets 탭의 Bullet 프리팹을 눌러 넣어도 됩니다.

이 상태로 테스트 플레이를 실행히면 지속적으로 총알을 발사하는 모습을 볼 수 있습니다.

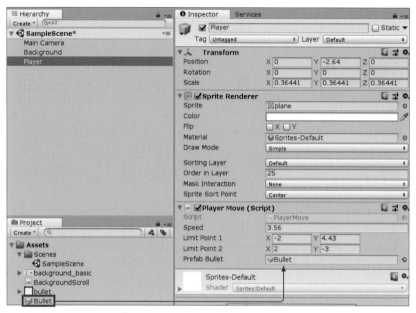

[그림 4-18] 총알 프리팹을 Prefab Bullet 변수에 할당

4 적 비행기

적 비행기 또한 게임 시작과 동시에 존재해서는 안 되기 때문에 총알과 같이 프리팹으로 만들어야합니다. 하이어라키 뷰의 [Create]–[2D Object]–[Square]에서 게임 오브젝트를 생성한 후 이름을 'Enemy'로 바꿉니다. 그리고 적 비행기로 사용할 스프라이트(그림)를 스프라이트 렌더러에 넣습니다. 크기가 적절하지 않다면 도구 툴을 사용하여 크기를 조절합니다.

적 비행기도 프리팹으로 만들어야 하기 때문에 크기를 조절한 후에는 (0, 0, 0)에 위치하는지 확인하고, 맞지 않으면 수정합니다. 수정을 마치면 마지막으로 콜라이더 2D 컴포넌트를 추가해야 합니다. 'Polygon Collider 2D'를 사용할 경우 대부분 스프라이트의 모양과 유사하게 콜라이더 영역이 맞춰지지만, 연산 속도가 느리므로 영역이 정확하지 않더라도 'Circle Collider 2D'를 추천합니다. 인스펙터에서 [Add Component] 버튼을 누르고 검색하여 추가합니다. 콜라이더 영역의 크기는 취향과 밸런스에 따라 다르지만, 보통은 실제 스프라이트 영역보다 조금 작게 합니다. Circle Collider 2D 컴포넌트에서 반지름(Radius) 값을 조금 줄이면 원의 영역이 줄어듭니다.

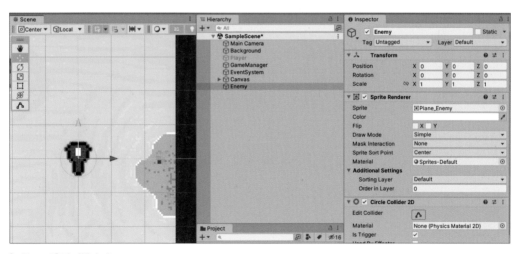

[그림 4-19] 적 비행기 예

다음으로 'Rigidbody 2D' 컴포넌트를 검색하여 추가합니다. 공굴리기에서도 사용했던 이 컴포넌트는 물리 시뮬레이션을 가능하게 하는 컴포넌트입니다. 콜라이더 컴포넌트는 단순히 충돌을 감지하는 역할일 뿐, 물리 시뮬레이션을 담당하는 것이 아니어서 충돌하는 양쪽 오브젝트가 모두 콜라이더만 존재할 경우 충돌했다고 인식하지 않습니다. 한쪽 또는 양쪽 오브젝트에 리지드바디 컴포넌트가 있어야만 오브젝트가 충돌을 인식할 수 있습니다. 리지드바디 컴포넌트는 물리 시뮬레이션을 담당하는 만큼 연산이 무겁기 때문에 너무 많은 오브젝트에 이 컴포넌트가 들어 있지 않도록 주의합니다.

공굴리기와는 달리 이번에는 적 비행기가 중력을 받아 아래로 떨어지면 안 되기 때문에 리지드바디 컴포넌트 안에 있는 Gravity Scale 항목의 값을 0으로 변경합니다.

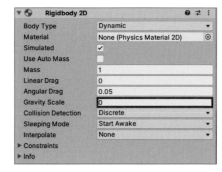

[그림 4-20] 중력 변경

적 비행기가 아래로 움직이도록 해야 합니다. 적 비행기 역시 자동으로 움직이면 되기 때문에 총알이 움직이는 스크립트를 반대 방향으로 바꾸어주고 속도를 조절하면 됩니다. 번거롭게 새로 작성하는 것 말고, BulletMove 스크립트를 복사하여 수정하는 방법도 있습니다.

BulletMove 스크립트를 프로젝트 뷰에서 선택한 후 Ctrl+D를 입력하면 'BulletMove1'이라는 이름으로 파일이 복사됩니다. 이 스크립트를 F2 또는 마우스 오른쪽 버튼을 클릭하여 Rename 선택 후 이름을 'EnemyMove'로 수정합니다. 스크립트를 복사하여 생성한 경우 콘솔창에 오류 메시지가 나타날 수도 있습니다. 이 오류는 스크립트의 이름과 스크립트의 내용에 있는 클래스의 이름이 일치하지 않아서 생기는 부분입니다. EnemyMove 스크립트를 열고 'public class BulletMove : MonoBehaviour' 부분의 'BulletMove'를 스크립트 파일의 이름과 일치하도록 'EnemyMove'로 변경합니다.

그 후 스크립트 내용에서 두 가지 정도만 수정하면 됩니다. 먼저 방향을 바꿔 'Vector2.up'을 'Vector2.down'으로 바꿔줍니다. 그리고 적 비행기는 총알보다 느리게 움직여야 하므로 제거되는 시간도 느리게 할 필요가 있습니다. 시간을 5보다 큰 값으로 변경하는 것이 좋습니다. 다음은 수정을 완료한 예제입니다.

```
using System.Collections;
using System.Collections.Generic;
using UnityEngine;

public class EnemyMove : MonoBehaviour
{
    Transform tr;
    public float speed;

// Use this for initialization
void Start ( )
    {
```

```
            tr = GetComponent<Transform>( );
            StartCoroutine(DestroySelf( ));
    }

    // Update is called once per frame
    void Update ( )
        {
            tr.Translate(Vector3.down * speed);
    }

    IEnumerator DestroySelf( )
        {
            yield return new WaitForSeconds(10.0f);
            Destroy(this.gameObject);
        }
    }
```

작성이 완료되면 스크립트를 하이어라키 뷰에 있는 Enemy 게임 오브젝트에 컴포넌트로 추가한 후 speed 값을 적절하게 조절합니다. 취향과 밸런스에 따라 다르지만 예제에서는 속도 값을 0.02로 적용하였습니다.

여기까지 완성하였다면 Enemy 게임 오브젝트 역시 하이어라키 뷰에서 프로젝트 뷰로 드래그 앤 드롭하여 프리팹으로 만듭니다. 프리팹으로 만들고 남은 하이어라키 뷰 안의 Enemy 게임 오브젝트는 파란색으로 글씨가 바뀌어 있을 것입니다. 총알 프리팹을 만들었을 때와 같이 이미 프리팹으로 만들었기 때문에 이 게임 오브젝트는 이제 지워도 됩니다.

5 게임 중간에 적 비행기 생성

주인공의 총알은 플레이어의 비행기에서 생성할 수 있지만, 적 비행기의 경우 스스로 자신을 생성할 수는 없습니다. 그렇기 때문에 지속적으로 생성하기 위해 관리자 같은 게임 오브젝트를 하나 둘 필요가 있습니다. 이런 게임 오브젝트는 보통 빈 게임 오브젝트를 생성하여 이름을 'GameManager'로 두고 사용합니다. 하이어라키 뷰에서 [+]-[Empty]를 선택하여 빈 게임 오브젝트를 만들고 이름을 'GameManager'로 변경합니다. 그리고 적을 생성하는 스크립트를 여기에 넣겠습니다.

먼저 C# 스크립트를 새로 생성해야 합니다. 프로젝트 뷰에서 C# 스크립트를 생성한 후 이름을 'EnemyCreate'로 변경합니다. 그리고 다음과 같이 스크립트를 작성합니다.

```csharp
using System.Collections;
using System.Collections.Generic;
using UnityEngine;

public class EnemyCreate : MonoBehaviour
{
    public GameObject prefabEnemy;

    public Vector2 limitMin;
    public Vector2 limitMax;

    // Use this for initialization
    void Start ( )
    {
        StartCoroutine(CreateEnemy( ));
    }

    // Update is called once per frame
    void Update ( )
    {

    }

    IEnumerator CreateEnemy( )
    {
        while(true)
        {
            float r = Random.Range(limitMin.x, limitMax.x);
            Vector2 creatingPoint = new Vector2(r , limitMin.y);

            Instantiate(prefabEnemy, creatingPoint, Quaternion.identity);

            float creatingTime = Random.Range(0.5f, 3.0f);
            yield return new WaitForSeconds(creatingTime);
        }
    }

    private void OnDrawGizmos( )
    {
        Gizmos.color = Color.blue;
        Gizmos.DrawLine(limitMin, limitMax);
    }
}
```

이번에도 코루틴 함수를 이용하여 적을 반복적으로 생성할 수 있도록 합니다. 이번에 새로 보이는
함수는 Random.Range( )인데, 이 함수는 첫 번째 인자와 두 번째 인자 사이에서 랜덤한 값을 돌려

주는 함수입니다. 예를 들어, limitMin이 3이고, limitMax가 5의 값을 가지고 있다면 3~5의 값을 생성하게 됩니다. 주의할 점은 float 자료형 변수를 인자로 주었을 때와 int 자료형 변수를 인자로 주었을 때의 사용법이 약간 다르다는 점입니다. 현재 예제는 f를 붙여 float 자료형을 사용하였지만, int를 사용하였을 경우 Random.Range( ) 함수에 3, 5의 값을 준다면 3이나 4만 출력되고 5는 출력되지 않습니다. 정수형일 경우에는 최대값에서 1을 더한 값을 주어야 원하는 숫자를 얻을 수 있을 것입니다.

이 랜덤 함수를 사용하는 이유는, 정해진 가로 축의 범위 내에서 적 생성 위치를 랜덤으로 하기 위함입니다. r 변수에 limitMin과 limitMax 벡터의 X값 사이에서 랜덤한 값을 받아 그 위치에 생성하도록 하였습니다. 또한 일정 시간마다 적이 나타나는 것도 밋밋할 수 있으므로, 이번에는 적 비행기를 하나 생성한 후 대기하는 시간에도 랜덤한 값을 주어 항상 같은 시간에 생성되지 않도록 변경하였습니다.

작성을 완료하였으면 스크립트를 저장하고 하이어라키 뷰 안에 있는 GameManager 게임 오브젝트에 이 스크립트를 추가합니다. 추가한 스크립트의 Prefab Enemy 항목의 빈 칸에는 바로 전에 프리팹으로 만들어두었던 Enemy 프리팹을 프로젝트 뷰에서 드래그 앤 드롭으로 넣습니다. Limit Min과 Limit Max 항목은 기즈모를 그리는 함수를 스크립트 내에 작성했기 때문에 좌표의 값을 변경하면 두 벡터의 좌표를 잇는 선이 파란색으로 그어질 것입니다. 적은 이 선 사이에 생성되도록 되어있습니다. 적이 갑자기 화면에 나타나면 어색하기 때문에 카메라에 잡히는 화면보다 위쪽에 위치하도록 좌표를 변경합니다.

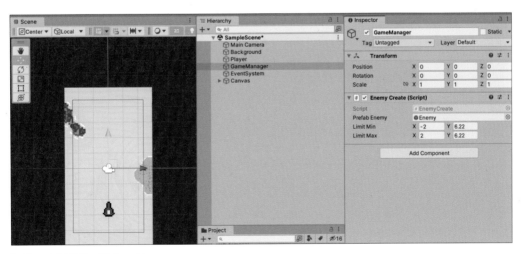

[그림 4-21] 설정을 마친 GameManager

6 충돌의 이해

지금까지의 과정을 모두 마치고 테스트 플레이를 실행하면 총알에 맞은 적 비행기가 총알에 튕겨 각도가 흐트러지는 것을 볼 수 있습니다. 콜라이더는 두 가지 방식으로 사용 가능한데, 하나는 충돌 판정이 있을 때 지금처럼 작용/반작용이 일어나 즉각적으로 반응하는 것이고, 다른 하나는 서로 관통하지만 그 충돌에 대한 처리를 스크립트에서 모두 맡게 되는 방식입니다.

이 설정은 각 콜라이더 컴포넌트에 'Is Trigger'라는 항목으로 존재합니다. 기본적으로는 체크박스 가 꺼져 있는 상태이기 때문에 관통하지 않고 물리 작용을 하게 되지만, 이 항목을 킬 경우 충돌에 대한 처리를 스크립트로 넘기게 됩니다.

프로젝트 뷰에 있는 Enemy 프리팹을 클릭한 후 인스펙터 뷰의 콜라이더 컴포넌트에서 Is Trigger 항목의 체크박스를 클릭하여 체크합니다.

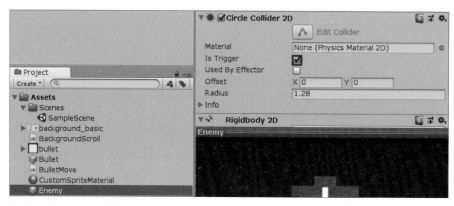

[그림 4-22] Is Trigger 항목 체크

Is Trigger 항목에 체크한 경우 해당 게임 오브젝트 안에 있는 스크립트 컴포넌트에서 'OnTrigger Enter( )' 함수 또는 'OnTriggerEnter2D( )' 함수를 통해 충돌에 대한 처리가 가능합니다. 콜라이더 컴포넌트에 2D가 붙은 경우에는 후자, 아닐 경우에는 전자로 반드시 사용해야 합니다. 스크립트 내에 이 함수를 추가할 경우 Is Trigger 항목이 켜져 있는 경우에 한해 이 함수 안에 있는 내용을 자 동으로 실행할 수 있습니다.

충돌에 대한 작용/반작용을 그대로 유지하면서 스크립트 내용을 실행해야한다면 어떻게 할까요? 복잡하게 우회할 필요 없이 'OnCollisionEnter( )' 함수와 'OnCollisionEnter2D( )' 함수를 사용하여 스크립트 실행 처리가 가능합니다.

Is Trigger 항목의 체크박스를 해제하고 이 함수를 사용할 경우, 관통하지 않고 충돌에 대한 물리 작용을 유지하면서 스크립트 처리가 가능합니다. 각 함수의 원형은 다음과 같습니다.

```
void OnTriggerEnter(Collider other)
    {

    }

    void OnTriggerEnter2D(Collider2D collision)
    {

    }

    void OnCollisionEnter(Collision collision)
    {

    }

    void OnCollisionEnter2D(Collision2D collision)
    {

    }
```

이 함수들은 반드시 하나의 인자를 입력받는데, 이 인자에 부딪힌 물체의 콜라이더 또는 콜리전 (Collision)이 넘어옵니다. 만약 부딪힌 물체를 제거하고 싶다면 'Destroy(collision.gameObject);'와 같이 사용할 수 있습니다.

이제 EnemyMove 스크립트를 열고 함수를 추가하여 사용해 보겠습니다. 부딪혔을 때 제거해야 할 게임 오브젝트는 두 가지입니다. 적 비행기 자신만 지운다면 총알이 계속해서 앞으로 나아가며 뒤에 나오는 비행기까지 모두 지우게 되기 때문에 총알 게임 오브젝트 역시 제거합니다. 추가할 함수는 다음과 같습니다.

```
void OnTriggerEnter2D(Collider2D collision)
    {
        Destroy(this.gameObject);
        Destroy(collision.gameObject);
    }
```

위 예제와 같은 함수를 DestroySelf( ) 함수의 닫히는 (}) 부분 다음 줄에 작성합니다. EnemyMove 스크립트에 추가되는 함수이기 때문에 함수 안의 첫 번째 줄은 적 비행기 자신을 제거하는 것이며, 두 번째 줄은 인자로 받은 collision의 게임 오브젝트를 제거하는 것이기 때문에 총알 게임 오브젝트를 제거하는 것입니다.

충돌에 대한 함수(OnTriggerEnter( ), OnCollisionEnter( ) 등)의 Enter 부분을 Stay나 Exit로 변경할 경우 조건을 바꿀 수 있습니다. 각각의 조건은 다음과 같습니다.

- **Enter** : 충돌을 시작했을 때
- **Stay** : 충돌한 채로 머무를 때
- **Exit** : 충돌하고 나서 떠나갈 때

7 스코어 표시

충돌 처리까지 모두 마치면 실질적인 슈팅 게임의 뼈대가 완성된 것입니다. 이제 적 비행기를 파괴할 때마다 스코어가 10점씩 올라가도록 만들어 보겠습니다. 이번에도 C# 스크립트를 프로젝트 뷰에서 새로 작성하여 이름을 'Score'로 합니다.

```
using System.Collections;
using System.Collections.Generic;
using UnityEngine;

public class Score : MonoBehaviour
{
    public int score;

    // Update is called once per frame
    void Update ( )
    {

    }
}
```

사용하지 않을 Start( ) 함수는 지우고, 점수 계산에 사용할 score 변수 하나만 추가합니다. score 변수의 int 앞에 'public'을 붙인 이유는 인스펙터 뷰에 단순히 노출시키는 목적이 아닙니다. public은 외부에서도 변수를 사용 가능하도록 하는 역할도 가지고 있습니다. 따라서 이 변수를 다른 스크립트(클래스)에서 사용할 수 있도록 접근 권한을 넓히는 것입니다. 이 상태로 저장하고 스크립트를 GameManager 게임 오브젝트에 컴포넌트로 추가합니다.

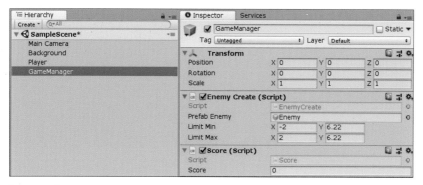

[그림 4-23] Score 스크립트를 컴포넌트로 추가

이번에는 EnemyMove 스크립트를 열겠습니다. 수정할 부분은 OnTriggerEnter2D( ) 함수입니다. 충돌했을 때 총알과 적 비행기 자신을 제거하는 동시에 스코어를 올리기 위함입니다. 수정한 함수의 내용은 다음과 같습니다.

```
void OnTriggerEnter2D(Collider2D collision)
{
    GameObject.Find("GameManager").GetComponent<Score>( ).score += 10;
    Destroy(gameObject);
    Destroy(collision.gameObject);
}
```

이제부터 매우 중요한 부분입니다. 함수의 첫 번째 줄에 길게 한 줄 추가된 부분은 스크립트가 속해 있는 게임 오브젝트가 아닌, 다른 게임 오브젝트의 스크립트와 그 안의 변수에 접근하는 부분입니다. 게임이 복잡해질수록 외부의 스크립트에 접근할 일이 많아지기 때문에 설명하고 넘어가겠습니다.

이 부분은 3등분하여 읽는 것이 좋습니다. 접근하는 원리는 주소를 사용할 때와 같이 큰 것에서 작은 것으로 점차 들어가는 것입니다. '경기도 안양시 안양동'을 예로 들어 보겠습니다. 'GameObject. Find( )' 부분은 '경기도'와 같이 제일 상위 개념입니다. 이 부분에서 GameObject.Find( ) 함수는 ( ) 안에 인자로 문자열을 입력받는데, 입력받은 문자열과 같은 이름의 게임 오브젝트를 현재 씬 내에서 찾아 반환합니다. 예제에서는 GameManager 게임 오브젝트를 반환할 것입니다. 물론 같은 이름을 가진 게임 오브젝트가 없을 경우 오류를 출력합니다. 여기서 주의할 점은, 큰따옴표(" ")를 입력해야 한다는 것입니다. 보통 문자열을 처음 다룰 때 많이 하는 실수인데, 특정 문자열을 의미할 때는 큰따옴표를 사용해서 그 안에 문자열을 써야 자연어의 문자열로 컴퓨터가 이해할 수 있습니다. 만약 큰따옴표를 쓰지 않을 경우 변수의 이름으로 이해하여 잘못된 결과가 나올 것입니다.

두 번째는 'GetComponent〈Score〉( )'로 '안양시' 부분입니다. 이 부분은 말 그대로 'Score' 컴포넌트를 가져온다는 뜻입니다. 앞에서 GameObject.Find( )를 통해 GameManager 게임 오브젝트를 찾았었습니다. 앞과 이어 읽게 되면 'GameManager 게임 오브젝트 안에 있는 Score 컴포넌트를 가져 온다'는 뜻이 됩니다.

마지막 부분에서 '.score'는 가장 하위 개념인 '안양동'의 역할이며, Score 스크립트에 있는 score 변수가 되는 것입니다.

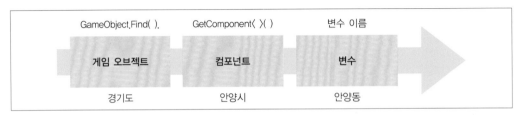

[그림 4-24] 다른 스크립트의 변수에 접근

처음 이동을 다룰 때 'tr = GetComponent〈Transform〉( )'이라고 작성했습니다. 이때는 GameObject.Find( ) 함수를 사용하지 않았는데, 이것은 같은 게임 오브젝트이기 때문에 굳이 게임 오브젝트를 찾을 필요가 없다고 이해하면 쉽습니다.

스크립트의 수정을 마쳤으면 저장하고 테스트 플레이를 실행해 보겠습니다. 테스트 플레이를 실행한 후 하이어라키 뷰의 GameManager 게임 오브젝트를 클릭하고 Score 컴포넌트를 플레이하면 적 비행기를 파괴할 때마다 10만큼 값이 증가하는 것을 볼 수 있습니다.

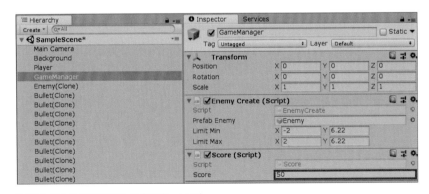

[그림 4-25] 적 비행기 파괴 시 올라가는 스코어

어기서 문제는 값이 증가하더라도, 실제 플레이어는 게임 화면 내에서 올라가는 스코어를 볼 수 없다는 것입니다. 뒤에서 클리커 게임을 할 때 UI를 자세히 다루겠지만, 간단하게 스코어를 텍스트로 표기하는 방법을 알아보겠습니다. 먼저 하이어라키 뷰에서 마우스 오른쪽 버튼을 클릭하여 [UI]-[Legacy]-[Text]를 선택합니다.

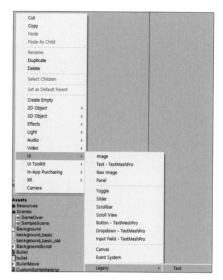

[그림 4-26] 텍스트 게임 오브젝트 만들기

TIP 2021 이전 버전에서 [Text]-[TextMeshPro]는 기본이 아니었지만, 2021 후반 버전부터 원래 유니티에서 제공하는 기본 Text 컴포넌트가 오히려 레거시(Legacy)로 빠졌습니다. 현재는 TMP(Text Mesh Pro)의 텍스트를 사용할만큼 텍스트에 많은 기능을 요구하지 않으므로 기본 텍스트 컴포넌트를 사용하였습니다. 만약 TMP의 텍스트를 사용할 경우 프로젝트 내 TMP가 설치되지 않았다면 'TMP Importer'라는 창이 뜨게 되며, 'Import TMP Essentials'를 누르면 설치하고 사용할 수 있습니다. TMP 텍스트는 기본으로 제공되는 TMP 폰트에 한글이 내장되어 있지 않으므로, 한글을 사용하면 깨질 수 있습니다. 한글 사용 시에는 반드시 폰트를 따로 구해서 [Window]-[TextMeshPro]-[Font Asset Creator]를 통해 한글을 사용할 수 있게 폰트 에셋(Font Asset)을 생성하고 사용해야 합니다.

폰트 에셋 크리에이터(Font Asset Creator)의 사용법은 (blog.naver.com/kimluxx/222909534236)에서 확인할 수 있습니다. TMP 텍스트의 경우 스크립트에서 사용 시 최상단에 'using UnityEngine.UI;' 대신 'using TMPro;'를 적고, 자료형으로 'Text' 대신 'TMP_Text'를 사용해야 합니다.

텍스트 게임 오브젝트를 만들 경우 게임 오브젝트가 하나만 만들어지는 것이 아니라 'Canvas'라고 하는 게임 오브젝트가 같이 생성될 것입니다.

이것은 잘못된 것이 아니고, 모든 UI 게임 오브젝트는 Canvas 위에서만 구현 가능하기 때문에 자동 생성된 것입니다. 앞에서 언급했듯이, UI는 같은 평면이라도 스프라이트 렌더러(Sprite Renderer) 컴포넌트를 사용하지 않고 캔버스 렌더러(Canvas Renderer)를 사용하기 때문입니다.

실제로 UI 게임 오브젝트를 Canvas 밖으로 억지로 꺼낼 경우 화면에 표시되지 않는 모습을 볼 수 있습니다.

처음 텍스트 게임 오브젝트를 만들면 대부분 굉장히 작은 크기로 만들어집니다. 캔버스 위의 UI 게임 오브섹트들은 크기 (Scale) 툴을 사용하여 늘리면 뿌옇게 깨지므로 선명함을 위해 사각형(Rect) 툴을 사용하여 크기를 조절합니다. 크기를 조절하기 위해 하이어라키 뷰에서 Text 게임 오브젝트를 클릭할 경우 의아한 점이 있습니다. 게임 뷰에서는 작게라도 보이는데 씬 뷰에서는 화면에 잡히지 않는 것입니다.

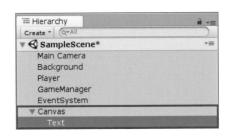

[그림 4-27] Canvas 안에 있는 Text

그 이유는 UI를 다루는 캔버스의 영역이 월드 상에 존재하지 않고 별개의 영역에 있기 때문입니다. 씬 뷰의 화면을 편집할 게임 오브젝트의 위치로 옮기기 위해서는 하이어라키 뷰에서 해당 게임 오브젝트를 더블클릭하면 그 위치로 씬 뷰의 화면을 이동시킬 수 있습니다.

텍스트는 사각형 툴을 사용하여 조절할 경우 문자의 크기가 늘어나는 것이 아니라 텍스트가 표시되는 영역이 조절됩니다. 문자 크기는 텍스트(Text) 컴포넌트의 'Font Size' 항목으로 크기를 조절할 수 있습니다.

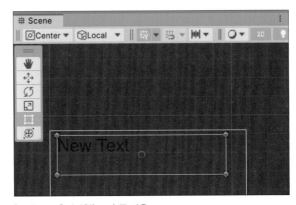

[그림 4-28] 사각형(Rect) 툴 사용

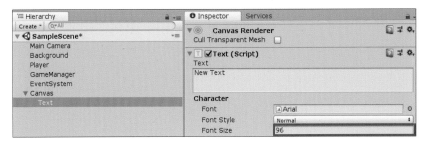

[그림 4-29] 폰트 크기 조절

크기 조절 시 문자가 갑자기 화면에서 사라진다면 문자가 영역보다 커져서 잘린 것인지 확인합니
다. 제일 좋은 것은 영역을 넉넉하게 크게 잡아주는 것입니다. 영역의 크기를 조절하면서 표시 위
치 또한 화면의 좌측 상단에 위치하도록 게임 뷰를 보며 조절합니다.

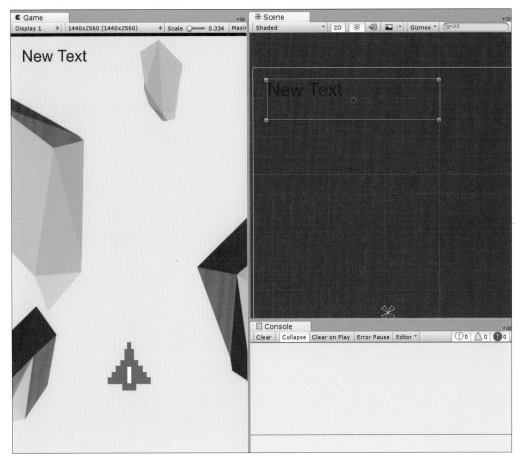

[그림 4-30] 텍스트 배치

내용은 텍스트 컴포넌트 안에 있는 'Text'라는 항목을 수정하여 바꿀 수 있습니다. 문제는 텍스트의 내용이 고정되어 있어야 하는 것이 아니라 점수의 표시를 위해, 중간에 내용이 바뀌어야 한다는 것입니다.

[그림 4-31] 텍스트 컴포넌트 내용

이동 스크립트에서 트랜스폼 컴포넌트 안에 있는 위치(position)를 다뤘던 것처럼, 텍스트도 역시 컴포넌트 내에 있는 항목에 접근 가능합니다. Score 스크립트를 열고 다음과 같이 수정합니다.

```
using System.Collections;
using System.Collections.Generic;
using UnityEngine;
using UnityEngine.UI;

public class Score : MonoBehaviour
{
    public int score;
    public Text textScore;

    // Update is called once per frame
    void Update ( )
    {
        textScore.text = "Score : " + score;
    }
}
```

지금까지 스크립트의 맨 위에 있는 3줄에 대해 언급한 적이 없었는데, 'using'으로 시작하는 이 3줄은 네임스페이스(namespace)라고 하는 개념입니다. 클래스의 상위에 있는 개념으로 수많은 클래스를 담고 있는 라이브러리와 같은 것입니다. UI의 경우 기존에 있던 네임스페이스에 포함되어 있지 않기 때문에 새로운 네임스페이스를 추가하여 사용해야 합니다.

4번째 줄을 보면 'using UnityEngine.UI;'가 추가되어 있는 것을 볼 수 있습니다. 이 네임스페이스를 추가하면 UI에 있는 Text 컴포넌트 등의 자료형을 사용할 수 있게 됩니다. score 변수 아래에 'textScore'라는 변수가 추가된 것을 볼 수 있는데, 'using UnityEngine.UI;'를 지우면 자료형을 인식하지 못하고 오류가 나는 것을 볼 수 있습니다.

실질적으로 내용을 수정하는 부분은 Update( ) 함수 안에 있는 내용입니다. 'textScore.text'는 텍스트 컴포넌트 안에 있는 텍스트 내용 항목에 접근하는 것입니다. 그리고 대입연산자를 사용하여 내용을 변경하는 것을 볼 수 있습니다. textScore에 대입하는 값은 단순한 문자열에 변수를 붙여 쓰는 형태입니다.

기존 숫자끼리의 덧셈에 사용하던 '+' 기호를 문자열에 사용할 경우 이전 문자열에 뒤에 문자열을 이어 붙여 쓸 수 있습니다. 따라서 만약 스코어가 30점이라고 한다면 'Score : 30'이라고 표시할 수 있습니다.

이 상태로 스크립트를 저장하고 유니티 에디터로 돌아옵니다. textScore의 경우 자료형이 Text이기 때문에 그대로 실행하면 값이 없어 오류가 발생합니다.

하이어라키 뷰의 GameManager 게임 오브젝트를 클릭한 후 Score 컴포넌트에서 Text Score 항목의 오른쪽에 있는 동그라미를 눌러 Text 게임 오브젝트를 넣습니다. 또는 하이어라키 뷰에 있는 Text 게임 오브젝트를 'None(Text)'이라고 적힌 빈 칸에 드래그 앤 드롭해도 할당할 수 있습니다.

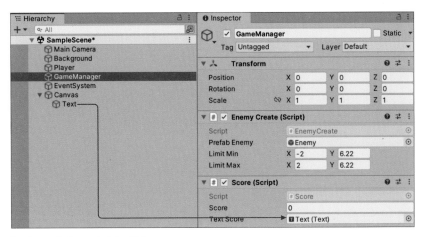

[그림 4-32] 텍스트 컴포넌트 할당

할당을 마치고 테스트 플레이를 하면 score 변수의 값이 게임 뷰에서도 표시되는 것을 볼 수 있습니다.

8 게임오버(Scene 전환)

이번에는 적 비행기에 플레이어의 비행기가 부딪히면 게임오버되도록 만들어 보겠습니다. 게임오버 화면을 만들기 위해서는 씬(Scene)을 새로 만들 필요가 있습니다.

프로젝트 뷰에서 [Create]-[Scene]을 선택하여 새로운 씬을 만들고 이름을 'GameOver'로 변경합니다.

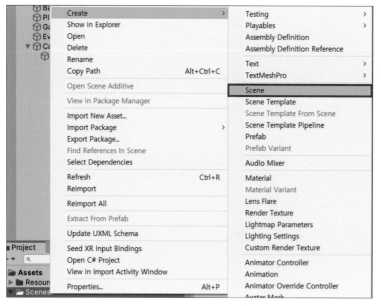

[그림 4-33] 새로운 씬 생성

생성한 씬을 더블클릭하면 편집하는 씬을 해당 씬으로 전환할 수 있습니다. 프로젝트를 진행하면서 해당 씬을 아직 저장하지 않은 경우에는 저장할 것인지 묻는 창이 뜨는데 저장(Save)을 눌러 작업했던 것을 저장합니다.

[그림 4-34] 저장 확인

새로운 씬으로 넘어오면 처음 프로젝트를 생성했을 때와 같이 파란색으로 비어 있고, Main Camera 게임 오브젝트만 하이어라키 뷰에 존재하는 화면을 볼 수 있습니다. Main Camera 게임 오브젝트를 선택하고 배경색을 적절히 조절한 후, 텍스트 게임 오브젝트를 생성한 후 게임 뷰의 가운데에 'Game Over'라는 글씨가 출력되도록 맞춥니다.

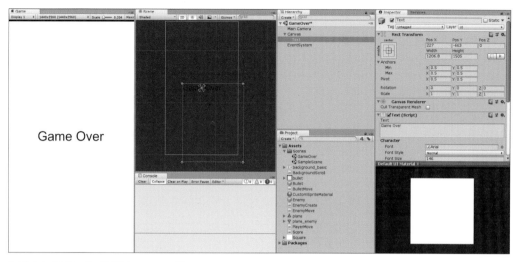

[그림 4-35] 텍스트를 배치한 GameOver 씬

여기까지 작업을 마치면 다시 원래의 씬을 프로젝트 뷰
에서 더블클릭하여 돌아옵니다. 이제 플레이어 비행기
가 적 비행기와 충돌했을 때 씬이 넘어가도록 바꿔 주
어야 합니다. 플레이어 비행기에 콜라이더 컴포넌트가
없기 때문에 Circle Collider 2D를 추가하고, Is Trigger
항목에 체크한 후 반지름(Radius) 값을 적절히 조절합
니다.

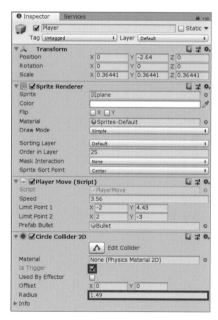

[그림 4-36] 플레이어 비행기의 콜라이더 컴포넌트
조절

PlayerMove 스크립트를 열고 내용을 수정합니다. 우선 맨 위의 네임스페이스를 추가하는 부분에 'using UnityEngine.SceneManagement;'를 추가합니다. 이 부분은 씬을 불러오기 위해 필요한 네임스페이스입니다. 다음과 같은 내용의 함수를 추가합니다.

```
void OnTriggerEnter2D(Collider2D collision)
{
    SceneManager.LoadScene("GameOver");
}
```

SceneManager.LoadScene( ) 함수는 ( ) 안에 인자로 씬의 이름을 적으면 해당 씬을 불러올 수 있습니다. 추가까지 마쳤으면 스크립트를 저장하고 에디터로 돌아옵니다. SceneManager.LoadScene( ) 함수가 씬을 인식하기 위해 설정에 해당 씬을 추가해야 합니다. 유니티 에디터의 메뉴 탭에서 [File]-[Build Settings]에 들어갑니다.

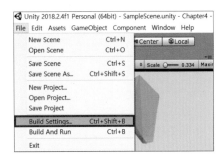

[그림 4-37] 빌드 설정

빌드 설정에 들어오면 창의 맨 위에 넓게 비어 있는 부분이 게임에 포함할 씬의 목록입니다. 이 영역에 프로젝트 뷰의 GameOver 씬을 드래그 앤 드롭합니다.

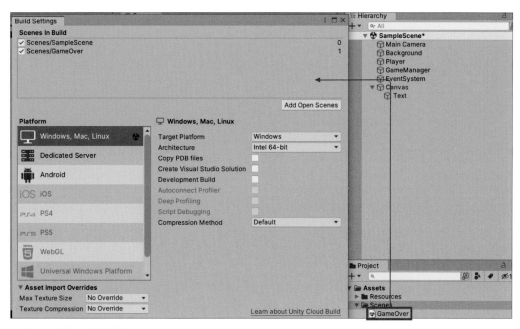

[그림 4-38] 빌드 설정에 씬 추가

GameOver 씬이 아래에 오도록 위치를 조절합니다. 0번에 있는 맨 위에 있는 씬은 게임이 시작될 때 가장 먼저 실행하는 씬이기 때문에 GameOver 씬이 위치해서는 안 됩니다.

여기까지 기본적인 게임의 완성입니다. 조잡하지만 게임의 형태를 갖춘 첫 프로젝트를 완성하였습니다. 새 폴더를 만들고 빌드 설정 창에서 [빌드] 버튼을 눌러 게임을 빌드하여 최종적으로 파일로 뽑아낼 수도 있지만, 보통 PC는 가로 화면이기 때문에 배경의 크기가 맞지 않아 보기 좋진 않을 것입니다. 해상도와 화면에 대해서는 다음 장에서 설명하겠습니다.

클리커 게임 만들기 :
UI 다루기

1 UI의 이해

클리커 게임은 UI가 필수적인 사항입니다. 업그레이드와 같은 기능을 구현할 때 보통 UI가 필요합니다. UI는 '유저 인터페이스(User Interface)'의 줄임말로 사용자와 매개체 간 상호작용에 필요한 것을 뜻합니다.

버튼이나 아이콘과 같이 직접적으로 터치하거나 클릭하여 실행할 수 있는 것도 있고, 체력의 게이지나 텍스트도 직접 조작은 하지 않지만 어떤 게임의 결과로 인해 유저에게 현재 상황을 표기해주는 의미에서 상호작용이 이루어집니다.

2 UGUI(Unity GUI)

유니티 엔진이 처음 공개되었을 때는 UI를 분리해서 다룰 수 있는 기능이 없었습니다. 유니티 4 버전까지는 많은 개발자들이 'NGUI'라는 플러그인을 유료로 구매하여 UI를 구현했었습니다. 유니티 5 버전에 들어와서부터 자체적으로 UI 기능을 내장하게 되었는데, NGUI와의 구분을 위해서 'UGUI'라고 부릅니다.

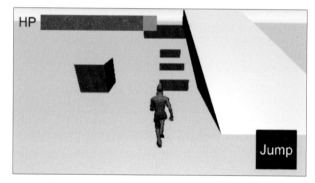

[그림 5-1] 3D 게임에서의 UI

기존에 있던 NGUI는 UI의 영역을 따로 구분하지 않습니다. UGUI는 NGUI와는 다르게 '캔버스(Canvas)'라고 하는 영역 위에서 기존의 월드 스페이스(World Space) 영역과 구분하여 사용합니다. 캔버스 위의 영역은 '스크린 스페이스(Screen Space)'라고 부릅니다. 2D 게임을 만들 경우 UI를 작업하는 캔버스 영역과 월드 스페이스의 구분을 많이 혼동하기도 합니다. 그럴 때는 3D 게임을 떠올려보면 이해하기 쉽습니다. 3D 게임에서 UI는 2D로 구성되어 있고, 월드 스페이스 영역은 3D로 구성되어 있기 때문에 그 차이가 명확해서 쉽게 구분할 수 있습니다.

3D RPG 게임을 예로 들면 카메라가 비추며 보이는 배경이나 캐릭터의 움직임은 월드 스페이스가 담당하는 것입니다. 그리고 HP 게이지 바나 각종 단축키 슬롯, 메뉴 버튼 등은 UI입니다.

2D에서는 월드 스페이스 영역에 있는 것들이 모두 같은 2D이기 때문에 구분이 쉽지 않습니다. 클리커 게임과 같이 카메라가 움직일 일이 없는 정적인 게임에서는 특히 구분이 어렵습니다. 3D 게임의 구성을 떠올리며 동적인 오브젝트는 월드 스페이스에 2D 오브젝트로 배치합니다.

3 클리커 게임의 구성

이번에 구성하게 될 것은 외주 회사를 콘셉트로 하는 게임입니다. 화면을 클릭할 경우 외주를 처리하여 돈을 벌 수 있으며, 직원을 고용하고 다른 직원들이 외주를 처리하여 돈을 자동으로 벌 수 있습니다.

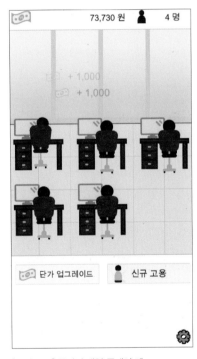

[그림 5-2] 클리커 게임 플레이 예

클리커 게임은 보통 화면의 상단에 재화를 표시하는 영역과 하단에 더 빨리 재화를 모을 수 있도록 각종 업그레이드를 할 수 있는 항목을 구성하는 패널 영역, 중간에 유저가 화면을 터치하여 재화를 얻을 수 있도록 하는 영역으로 구성합니다.

[그림 5-3] 클리커 게임 화면 구성

4 · UI 레이아웃 구성 - 기본

화면의 UI를 구성해 보겠습니다. 새 프로젝트를 생성하고 이름은 'Chapter5'라고 하겠습니다. 템플릿은 이전과 같이 2D로 합니다. 이제 빈 화면에서 UI 레이아웃부터 만들어 보겠습니다.

4-1. 캔버스 만들기

하이어라키 뷰에서 마우스 오른쪽 버튼을 누르고 [UI]-[Canvas]를 클릭합니다.

이 캔버스가 현재 씬에서 만들어지는 최초의 캔버스인 경우 항상 'EventSystem'이라고 하는 게임 오브젝트가 같이 생성됩니다. 이 이벤트 시스템은 UI 위에서 이루어지는 상호작용을 가능하게 하는 컴포넌트가 들어 있으므로, 삭제하면 버튼 등 상호작용이 가능한 게임 오브젝트들이 작동하지 않으니 주의해야 합니다.

캔버스 생성 후 가장 먼저 해야 할 것은 Canvas 게임 오브젝트 클릭 후 인스펙터 뷰에서 캔버스 스케일러(Canvas Scaler) 컴포넌트를 수정하는 것입니다. UI 배치를 마치고 이 부분을 바꾸게 되면 기존에 UI 배치가 어긋날 수 있으므로 가장 처음에 캔버스를 생성했을 때 바꾸어 두는 것이 좋습니다.

처음 생성 후 캔버스 스케일러 기본 설정으로는 UI Scale Mode가 'Constant Pixel Size'로 되어 있습니다. 이것은 기기의 해상도와 관계없이 현재 화면에 배치되어 있는 것을 고정된 사이즈로 UI를 출력하기 때문에, 현재 설정한 해상도와 다른 해상도의 기기를 사용하여 플레이할 경우 문제될 수 있습니다.

이것을 'Scale With Screen Size'로 변경합니다. 변경하면 기기의 해상도에 맞추어 화면의 UI 크기를 자동으로 맞추어 줍니다. 그리고 그 아래

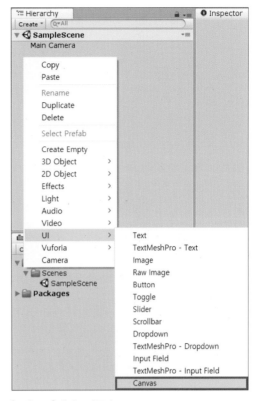

[그림 5-4] 캔버스 만들기

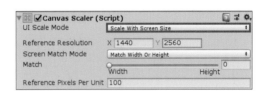

[그림 5-5] 캔버스 스케일러 조정

의 'Reference Resolution' 항목을 기본이 되는 해상도로 맞춥니다. 아직까지는 9:16 비율을 가진 1440×2560 픽셀이 가장 많이 쓰이므로 이 해상도로 맞추겠습니다. 게임 뷰 상단에 위치한 해상도 역시 'Free Aspect' 또는 다른 해상도를 사용하기보다 같은 해상도로 설정하면 더욱 좋습니다.

4-2. 패널 만들기

화면의 해상도 설정을 마쳤다면 본격적으로 UI를 배치합니다. 먼저 상단의 패널과 하단의 패널을 하나씩 만들겠습니다. 하이어라키 뷰의 Canvas 게임 오브젝트 위에서 마우스 오른쪽 버튼을 클릭하여 [UI]-[Panel]에서 패널을 생성할 수 있습니다. 여기서 중요한 것은 Canvas 오브젝트의 자식(Child) 오브젝트로 하지 않고 바깥에 생성할 경우 화면에 나타나지 않는 것입니다. UI 관련 오브젝트는 Canvas 바깥에서 제대로 작동하지 않으니 유의합니다.

패널을 두 개 만든 후 각각 이름을 'Panel_Top'과 'Panel_Bottom'으로 수정합니다. 패널의 사이즈 조정은 씬 뷰에서 '렉트 툴(Rect Tool)'을 사용하여 수정할 수 있으며 단축키는 T입니다. 씬 뷰에서 UI가 보이지 않을 경우 캔버스나 다른 패널을 하이어라키 뷰에서 더블클릭하면, 씬 뷰의 위치가 해당 오브젝트의 위치 정중앙으로 이동합니다. 씬 뷰를 이동한 후 렉트 툴로 모서리의 파란색 점을 클릭하고 드래그하면 패널의 사이즈를 조정할 수 있습니다. 게임 뷰를 보면서 현재 오브젝트의 크기와 위치를 가늠하면서 씬 뷰에서 조절합니다.

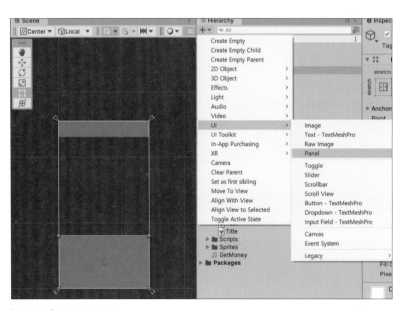

[그림 5-6] 패널 크기 조정

UI에서는 스케일 툴(Scale Tool)을 사용하여 직접 크기를 조절할 경우 이미지가 흐릿하고 뿌옇게 깨질 수 있으니 스케일 툴로 크기를 조절하지 않도록 유의합니다. 패널은 생성하면 기본적으로 반투명한데, 불투명도를 조절하고 싶다면 해당 패널의 이미지(Image) 컴포넌트의 색 값을 조정하여 불투명하게 만들 수 있습니다.

이미지 컴포닌트의 하얀색 칸을 누르면 컬러 피커(Color Picker) 창이 열리면서 색을 조절할 수 있는데, 여기서 가장 아래의 A(alpha) 값을 올리면 점차 불투명해집니다.

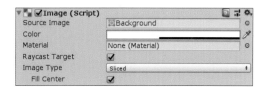

[그림 5-7] 이미지 색 변경

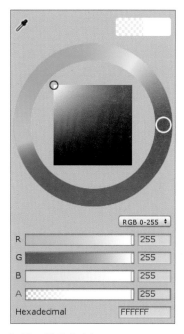

[그림 5-8] 컬러 피커

4-3. 이미지 만들기

다음은 아이콘을 넣기 위해 이미지 오브젝트를 만들겠습니다. 아이콘은 다음과 같이 배치할 것입니다.

[그림 5-9] Panel_Top 아이콘 배치

'Panel_Top'에서 마우스 오른쪽 버튼을 누르고 [UI]-[Image]를 눌러 이미지 게임 오브젝트를 만듭니다. 아이콘은 2개이기 때문에 2개를 만들어 두고, 각각의 이름을 돈은 'Image_Money', 사람은 'Image_Person'으로 바꿔줍니다.

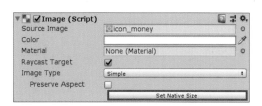

[그림 5-10] 이미지 컴포넌트 수정

그리고 해당 게임 오브젝트의 이미지 컴포넌트에서 'Source Image' 항목을 교체해주면 해당 이미지를 화면에 출력합니다.

처음 이미지 게임 오브젝트를 생성할 경우 기본적으로 가로, 세로 길이가 100인 정사각형 이미지가 생성되는데, 스프라이트 렌더러와는 달리 이미지는 설정된 영역이 더 중요해서 이미지가 이 사이즈에 맞춰집니다. 원본 크기를 그대로 사용하고 싶다면 하단에 있는 [Set Native Size] 버튼을 누르면 영역이 원본 이미지 크기로 변경됩니다. 이 상태로 비율을 유지하면서 크기를 조절하려면 렉트 툴을 사용하여 Shift를 누른 채 파란색 점을 드래그합니다.

4-4. 텍스트 배치하기

[UI]-[Legacy]-[Text]로 텍스트를 2개 생성한 후 각각 'Text_Money', 'Text_Person'으로 이름을 변경합니다. 텍스트는 처음에 생성하였을 때 굉장히 작은 사이즈를 가지고 있습니다. 이 텍스트 역시 스케일 툴을 이용해 크기를 조절하면 안 되고, 먼저 렉트 툴을 사용하여 영역을 적절히 수정합니다.

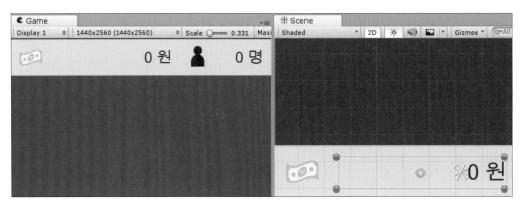

[그림 5-11] 텍스트 영역 수정

그 후 해당 게임 오브젝트의 텍스트(Text) 컴포넌트 안에 있는 폰트 사이즈(Font Size) 항목의 숫자를 조절해야 깨지지 않고 선명한 글자를 출력할 수 있습니다.

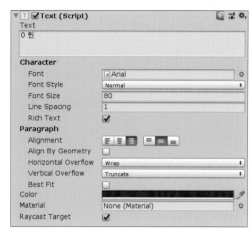

[그림 5-12] 텍스트 컴포넌트 수정

4-5. 버튼 만들기

위쪽 패널의 구성을 마치면 이제는 아래쪽의 패널 내용을 수정해 보겠습니다. 아래쪽에는 세 개의 버튼이 필요합니다. 버튼을 3개 만들고 이름을 각각 'Button_PriceUpgrade'와 'Button_Recruit', 'Button_Option'으로 짓습니다. 버튼 역시 렉트 툴을 이용하여 사이즈를 조절합니다. 버튼 안에는 기본적으로 하나의 텍스트 오브젝트가 자식(Child) 오브젝트로 생성되는데, 버튼의 크기를 조절한 뒤 폰트 사이즈를 조절하여 텍스트 크기를 키웁니다.

[그림 5-13] 버튼 수정

시각적 효과를 위해 버튼 안에 아이콘으로 쓸 이미지를 하나씩 넣어두는 것도 좋습니다. 'Button_Option'의 경우 설정 아이콘만 표시하면 되므로, 아이콘 이미지만 변경하고 안에 있는 텍스트 오브젝트는 제거합니다.

[그림 5-14] 완성된 하단 패널

버튼은 클릭할 경우 회색으로 바뀌며 반응하지만, 실질적으로 버튼이 어떤 기능을 하지는 않습니다. 기능을 추가하는 것은 스크립트를 사용해야 하므로 레이아웃의 준비를 마치고 연동하겠습니다.

4-6. 앵커 포인트(Anchor Point)

패널이 완성되었으면 앵커(Anchor)를 설정해야 합니다. 모바일의 경우 PC 환경과 같은 9:16의 비율이 한동안 강세였지만, LG G6 등을 필두로 9:18이나 그 이상의 화면 비율을 가지고 있기 때문에 더 긴 화면에도 대비를 해야 합니다.

앵커는 각 UI 오브젝트 안에 있는 렉트 트랜스폼(Rect Transform)에서 설정 가능합니다. 스크립트로 수정하면 다양한 설정이 가능하지만, 대부분 세세한 설정을 하기 보다는 준비된 프리셋으로도 충분합니다. 렉트 트랜스폼 컴포넌트에 보이는 사각형 내 빨간색 십자가가 있는 아이콘을 클릭하면 프리셋을 볼 수 있으며, 클릭하면 사용 가능합니다.

가운데에 있는 빨간색 점과 선으로 이루어진 9개의 프리셋은 기준 해상도에서 바뀌었을 때 현재 설정된 렉트(Rect)의 크기를 늘리거나 줄이지 않고 기기의 화면 해상도에 따라 위치만 변경하는 옵션입니다.

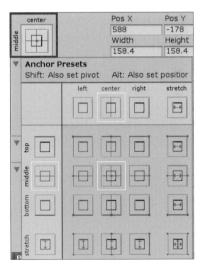

[그림 5-15] 앵커 프리셋

정중앙의 미들-센터(Middle-center) 옵션은 기기의 해상도와 상관없이 항상 고정된 위치와 크기를 갖도록 합니다. 그 외의 왼쪽, 왼쪽 위 등 다른 방향은 기기의 해상도가 설정된 크기와 다를 경우 해당 중심점으로 위치를 옮기도록 합니다. 예를 들면, 상단 패널의 앵커를 탑-센터(Top-center)에 맞췄을 경우 기기의 해상도가 기준보다 길쭉해진다면 길쭉해진 기기의 길이를 따라 패널이 올라가게 됩니다.

앵커 프리셋 중앙의 9개를 제외한 그 바깥에 존재하는 스트레치(Stretch) 프리셋의 경우에는 해상도가 다를 때 위치를 옮기지 않고 해당 UI 오브젝트의 렉트 영역을 확장해서 메꾸는 방식입니다.

실제로 게임을 출시한다면 앵커의 설정은 매우 중요합니다. 본인이 가진 기기 하나와는 다르게 유저들은 다양한 해상도의 기기를 가지고 있기 때문입니다. 그렇기 때문에 앵커를 맞추지 않고 해상도를 늘렸을 때 일어나는 상황을 살펴보겠습니다. 왼쪽은 원래 해상도인 1440×2560이며, 오른쪽은 1440×2960 해상도입니다.

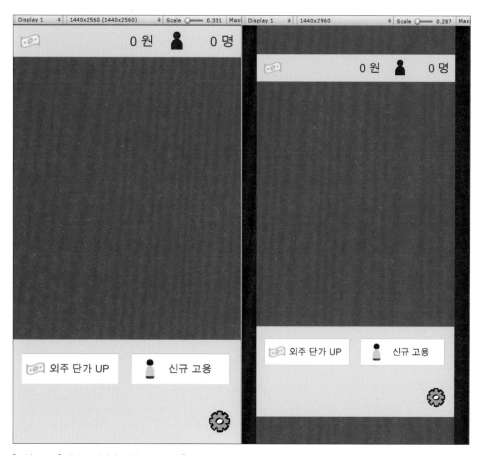

[그림 5-16] 앵커 프리셋과 해상도의 관계 ①

[그림 5-16]을 보면 오른쪽의 경우 현재 패널들의 앵커가 모두 앵커 설정을 따로 하지 않고 기본 그대로 미들-센터에 있기 때문에 해상도가 늘어나더라도 원래의 위치를 고수하여 기기의 해상도가 늘어난 부분이 비어 있게 됩니다.

앵커는 이러한 문제를 해결하기 위해 있는 기능입니다. 따라서 이러한 기능에 맞추어 각각 'Panel_Top'을 딥-센터에 'Panel_Bottom'을 바텀-센터에 앵커를 맞추도록 합니다. 그리고 게임의 해상도를 바꾸어 화면의 구성을 살펴보겠습니다.

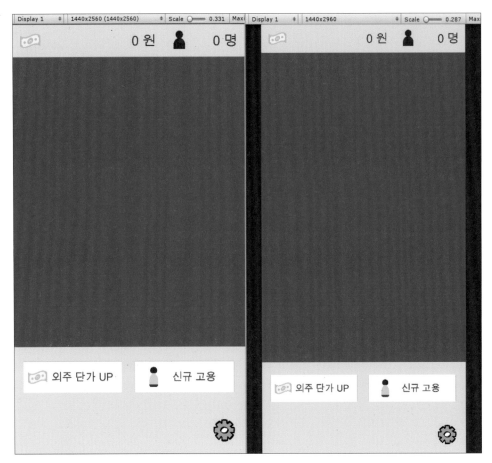

[그림 5-17] 앵커 프리셋과 해상도의 관계 ②

앵커의 기준점이 각각 위, 아래에 있기 때문에 맞춰 패널이 이동하는 모습을 볼 수 있습니다. 일반적으로 가장 많이 쓰는 방법이기도 합니다. 다음으로 자주 사용하지는 않지만 앵커를 전방향(全方向) 스트레치에 맞춘 경우도 살펴보겠습니다.

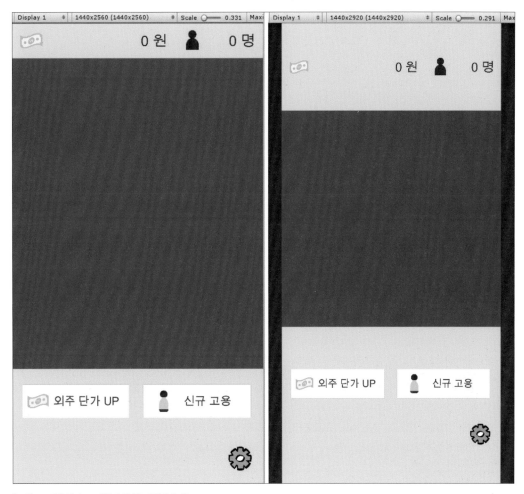

[그림 5-18] 앵커 프리셋과 해상도의 관계 ③

스트레치를 사용할 경우 패널이 부족한 부분만큼 늘어나 그 영역을 채우는 모습을 볼 수 있습니다. 화면을 가득 채우는 패널은 이러한 스트레치 앵커를 사용하는 것이 좋습니다.

TIP 기준 해상도와 다른 해상도 실험 : 프로젝트를 처음 만들었을 때 설정한 기본 해상도와 다른 해상도에서 UI 배치 테스트를 해볼 때는 실제로 해당 기기에 넣어 보는 것이 제일 좋지만, 그렇지 않더라도 테스트할 수 있는 방법은 있습니다. 게임 뷰 상단에 존재하는 해상도를 변경해 보는 것입니다. 이때 주의해야 할 점은 기준이 아닌 해상도로 변경한 후에는 UI 배치를 어떠한 것도 바꿔서는 안 된다는 것입니다. 다른 해상도로 변경 후에는 확인만 해야 합니다. 만약 무언가 변경하게 된다면 해당 UI 게임 오브젝트는 그 해상도를 기준으로 설정이 변경되어 기준 해상도로 변경하였을 때 원래 설정했던 것과 다른 모양새가 되어버리기 때문에 UI 게임 오브젝트의 배치는 항상 기준으로 맞춘 해상도에서 진행합니다.

5 게임 배경 구성

이번에는 사무실 배경을 구성해 보겠습니다. 직원이 많아지면 모두 보기 위해 카메라를 아래로 내려야 하는 경우가 있기 때문에 캔버스 안에 구성하지 않고 캔버스 바깥에서 구성합니다.

5-1. 배경 구성

캔버스 바깥에서 마우스 오른쪽 버튼을 누르고 [2D Object]-[Sprite]에서 게임 오브젝트를 생성하고 이름을 'Background'로 변경합니다. 스프라이트 렌더러 컴포넌트의 스프라이트 항목에 사무실 배경 그림을 넣습니다.

캔버스 작업을 하다가 UI가 아닌 오브젝트를 만들 경우 좌표가 카메라의 위치와 심하게 어긋나서 표시가 안 될 수도 있습니다. 이럴 때는 X, Y, Z 좌표를 각각 0, 0, 0으로 맞추어 카메라의 영역 안에 보이도록 수정합니다. 배경 그림은 사이즈가 커서 카메라의 영역 안에서 제대로 보이지 않을 수 있습니다. 현재 배경은 스프라이트 렌더러를 사용하기 때문에 캔버스 위 UI 게임 오브젝트와는 달리 스케일 툴을 이용하여도 큰 지장은 없습니다. 따라서 스케일 툴을 사용하여 영역 내에 맞추도록 합니다.

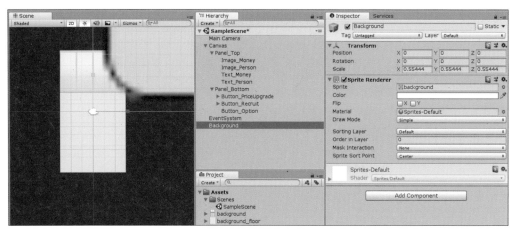

[그림 5-19] 사무실 배경 만들기

[그림 5-20] 배치를 완료한 사무실 배경

5-2. 캐릭터 애니메이션

게임을 처음 시작했을 때 일할 수 있는 사장 캐릭터를 만들어 보겠습니다. 사장 캐릭터는 클릭했을 때마다 움직이는 모션을 실행하도록 할 것입니다. 유니티 내에서는 '.anim'이라는 확장자를 사용하는 애니메이션 클립 파일을 직접 만들 수 있습니다. 애니메이션과 애니메이터에 대한 개요는 2장을 참고합니다.

움직이는 모션과 구분해서 움직이지 않는 모션을 애니메이션 클립으로 만들어 보겠습니다. 사용할 그림을 프로젝트 뷰에서 Shift 또는 Ctrl을 사용하여 여러 장 선택한 후 씬 뷰로 드래그 앤 드롭합니다.

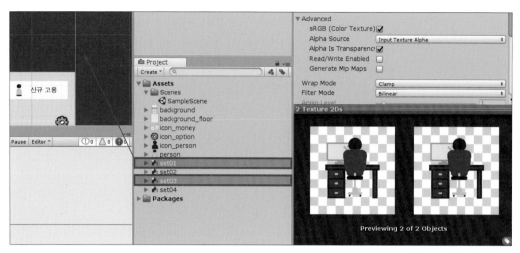

[그림 5-21] 애니메이션 클립 만들기

이때 애니메이션 그림은 이름 순서로 재생되도록 만들어 집니다. 애니메이션의 순서를 바꾸려면 클립으로 만들기 전에 그림 파일의 이름을 원하는 순서대로 숫자를 붙여 정렬합니다.

[그림 5-22] 애니메이션 클립 생성 후

클립으로 만들 경우 'Create New Animation'이라는 창이 뜨며 탐색기 내에서 저장하도록 하는데, 대기 상태의 모션이므로 이름을 'Idle'로 고치고 저장합니다.

생성하면 애니메이션 클립과 함께 자동으로 애니메이터 컨트롤러(Animator Controller)도 선택한 그림 중 하나의 이름을 가진 채 생성됩니다. 애니메이터 컨트롤러는 기본적으로 하나의 캐릭터에 하나만 필요하기 때문에 원하는 동작의 클립을 모두 만들면 하나를 제외하고 모두 지워도 좋습니다. 또한 클립 생성 시 자동으로 생성되는 게임 오브젝트도 제거해도 됩니다.

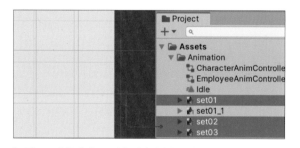

[그림 5-23] 움직이는 모션을 애니메이션 클립으로 만들기

대기 상태의 모션을 만든 후에는 같은 방법으로 움직이는 모션의 클립도 'Work'라는 이름으로 생성합니다. 이때도 애니메이터 컨트롤러가 생성되는데, 위에서 언급한대로 애니메이터 컨트롤러는 하나 이상은 불필요하기 때문에 지워줍니다.

결과직으로 클립 생성 파일은 'Idle', 'Work' 애니메이션 클립 2개와 하나의 애니메이터 컨트롤러가 남아야 합니다. 애니메이터 컨트롤러의 이름은 'CharacterAnimController'로 변경합니다.

애니메이션 클립을 생성했을 때 하이어라키 뷰에서도 애니메이터 컴포넌트가 들어가 있는 게임 오브젝트가 생성되어 있을 것입니다. 클립을 만들 때마다 생성되기 때문에, 클립을 2개 만들었으니 2개가 생성되어 있습니다. 이 중 Idle 클립을 만들었을 때 생성된 게임 오브젝트를 남기고 다른 하나의 게임 오브젝트는 지웁니다. 남은 게임 오브젝트는 이름을 'Boss'로 바꾸겠습니다.

애니메이션 클립을 상황에 맞게 내보내려면 애니메이터 컨트롤러를 편집해야 합니다. 애니메이션 뷰가 에디터 상에 없다면 상단 [Window] 탭에서 [Animation]-[Animator] 항목을 누르면 에디터에 추가할 수 있습니다. 추가되면 게임 뷰나 씬 뷰, 인스펙터 뷰 등의 탭에 붙어 생성됩니다. 애니메이터 뷰의 화면을 움직이려면 애니메이터 뷰에서 마우스 휠을 누르고 드래그하거나, Alt 를 누른 채 마우스를 드래그하면 됩니다.

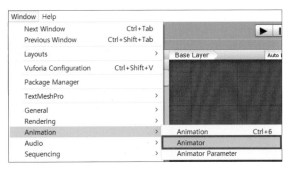

[그림 5-24] 애니메이터 뷰 열기

추가한 상태로 하이어라키 뷰에서 지금 만든 Boss 게임 오브젝트를 선택하면 현재 연결된 애니메이션 컨트롤러의 연결된 클립들이 표시됩니다.

시작(Entry)으로부터 클립 하나가 연결되어 있는 모습입니다. 애니메이션 클립을 만들었을 때 생성된 클립이 연결되어 있습니다. 만약 엔트리(Entry)에서 화살표가 이어진 부분이 Idle 클립으로 되어 있지 않을 경우 주황색 상태 부분을 애니메이터 뷰에서 클릭하고 인스펙터 뷰에서 클립을 변경합니다. [Motion]에 연결되어 있는 항목을 올바른 클립으로 바꿔주면 됩니다.

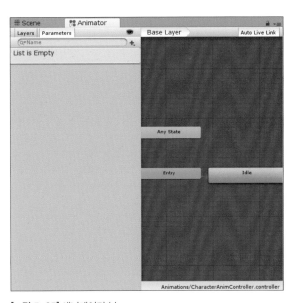

[그림 5-25] 애니메이터 뷰

이름 역시 클립의 이름을 기준으로 생성되기 때문에 상태의 이름도 바꿔주면 나중에 혼란을 막을 수 있습니다. 이름도 'Idle'로 변경합니다.

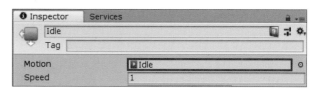

[그림 5-26] 애니메이터 뷰

사장 캐릭터는 계속해서 대기 동작을 수행하는 것이 아니라 클릭할 때마다 움직이는 모션을 실행하도록 할 것입니다. 애니메이터 뷰의 빈 곳에서 마우스 오른쪽 버튼을 클릭하면 [Create State]-[Empty]를 통해 빈 상태를 추가할 수 있습니다.

[그림 5-27] 새 상태 추가

생성한 후 빈 상태를 선택하고 인스펙터 뷰에서 이름을 'Work'로 변경합니다. [Motion] 항목에 전에 만들었던 일하는 동작인 Work 클립을 넣습니다. 이 과정은 프로젝트 뷰에서 Work 애니메이션 클립을 애니메이터 뷰의 빈 곳으로 드래그 앤 드롭하는 것과 같은 결과를 낼 수 있습니다.

이렇게 Idle과 Work의 두 가지 클립이 애니메이터 뷰에 놓이면 그 다음에는 동작 간 이동이 가능하도록 화살표를 이어야 합니다. 애니메이터에서 클립을 선택한 후 마우스 오른쪽 버튼을 클릭하면 'Make Transition'을 선택하여 클립에서 화살표를 내보낼 수 있습니다.

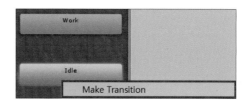

[그림 5-28] 화살표 추가

현재 상태에 상관없이 클릭했을 때 일하는 동작으로 바로 전환될 수 있도록 하늘색의 'Any State' 상태에서 Work 상태로 화살표를 잇습니다. 그 다음으로 Work 동작이 끝나면 Idle 상태로 다시 돌아올 수 있도록 이어 줍니다.

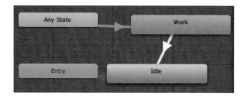

[그림 5-29] 완성된 이동

이 화살표가 무한히 Idle 상태에만 머무르지 않도록 해야 합니다. 현재 목표는 Idle 상태에서 클릭했을 때만 Work 상태로 움직이도록 하는 것이기 때문에 클릭했을 때의 조건을 만들 것입니다.

이 조건은 애니메이터 뷰의 왼쪽에 위치한 공간에서
파라미터(Parameters) 탭을 선택 후 [+] 버튼을 클릭
하면 추가할 수 있습니다. 현재는 단방향 조건을 만
들 것이므로 트리거(Trigger)로 생성합니다. 이름은
'Click'이라고 하겠습니다.

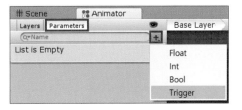

[그림 5-30] 파라미터 추가

구분	설명
Float	숫자를 소수까지 받을 수 있는 파라미터입니다. 현재 캐릭터의 이동 속도와 연결하여 속도에 따른 애니메이션 제어에 씁니다. 예를 들어, 속도가 0이면 대기 동작, 1.0 미만이면 걷는 동작, 1.0을 넘으면 뛰는 동작 등의 제어입니다.
Int	정수 숫자만 받을 수 있는 파라미터입니다. 보통 특정한 n번째의 동작 등을 제어할 때 씁니다. 예를 들어, 0번은 주먹 공격, 1번은 발차기 공격 등의 제어입니다.
Bool	true와 false 두 가지 값을 제어할 때 씁니다. 예를 들어, true일 때는 뛰고, false일 때는 대기 상태로 두는 것입니다.
Trigger	단방향 제어 동작에 많이 쓰입니다. 총의 방아쇠를 당기면 다시는 총알이 돌아오지 않는 것을 생각하면 됩니다. 조건이 이루어지면 그 동작을 즉시 실행해야 할 때 유용하게 쓰입니다. 예를 들어, 움직이거나 대기 상태와 상관없이 갑자기 공격 모션을 실행하는 것입니다.

[표 5-1] 애니메이터의 파라미터(인자)

지금 만든 트리거를 애니메이션 클립의 화살표
(Transition)에 넣겠습니다. 애니메이터 뷰에서 Any
State → Work로 향하는 화살표를 클릭합니다. 그
상태로 인스펙터 뷰를 보면 애니메이션 전환에 관한
여러 가지 설정이 있는데, 'Conditions'에서 [+] 버튼
을 클릭합니다.

현재는 다른 파라미터가 없으므로 방금 만들었던
Click 트리거가 바로 연결될 것입니다. 그리고 위에
있는 'Has Exit Time' 항목의 체크박스를 해제합니
다. 이 항목이 켜져 있다면 현재 애니메이션의 마지
막 프레임까지 모두 실행하고 나서야 다음으로 움
직이기 때문에 어색할 수 있습니다.

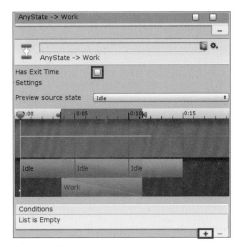

[그림 5-31] 파라미터 추가

그리고 'Has Exit Time' 항목 아래 'Settings' 왼쪽 화살표를 열어 세부 항목에 'Transition Duration' 과 'Transition Offset'을 모두 0으로 합니다. 3D에서는 모션 간 자연스러운 전환을 위해 필요한 옵션이지만, 2D에서는 보통 필요 없는 값입니다.

현재 설정한 트리거는 아쉽게도 스크립트 없이는 제어할 수 없습니다. 따라서 프로젝트 뷰에서 새로운 C# 스크립트를 생성하고 이름을 'Work'로 합니다. 내용은 다음과 같습니다.

```csharp
using System.Collections;
using System.Collections.Generic;
using UnityEngine;

public class Work : MonoBehaviour
{
    private Animator anim;

    // Use this for initialization
    void Start ( )
    {
        anim = GetComponent<Animator>( );
    }

    // Update is called once per frame
    void Update ( )
    {
        if(Input.GetMouseButtonDown(0))
        {
            if(UnityEngine.EventSystems.EventSystem.current.IsPointerOverGameObject( ) == false)
            {
                anim.SetTrigger("Click");
            }
        }
    }
}
```

작성을 완료하였다면 스크립트를 저장하고 Boss 게임 오브젝트 안에 컴포넌트로 넣습니다. 이 스크립트에서 중요한 부분은 Update( ) 함수 안에 있는 'anim.SetTrigger("Click");' 부분입니다. anim 은 Boss 게임 오브젝트 안에 들어가 있기 때문에 Boss 게임 오브젝트의 애니메이터 컴포넌트를 지칭합니다. Start( ) 함수에서 현재 게임 오브젝트의 애니메이터 컴포넌트를 가져오도록 했기 때문입니다. 여기서 SetTrigger( ) 함수로 애니메이터 안에 있는 Click 트리거 파라미터를 작동시키는 것입니다.

이 스크립트가 작동하지 않는다면 " " 안에 있는 문자열이 실제 애니메이터에 있는 파라미터의 이름과 다른 경우(대소문자가 다른 경우가 대부분)가 많습니다. 화면을 클릭해도 작동하지 않는다면 반드시 확인합니다.

 폴더 정리

이제는 파일이 많아 프로젝트 뷰를 보는데 어려움이 생깁니다. 프로젝트 뷰에서 'Create'를 누르면 폴더를 새로 생성할 수 있습니다. 파일들을 용도에 맞게 분류하면 좀 더 쉽게 찾을 수 있습니다.

[그림 5-32] 파일의 용도별 정리

5-3. 직원 만들기

직원은 사장과 같은 이미지를 사용하지만, 들어가는 스크립트는 다르게 사용하겠습니다. 직원은 클릭할 때마다 돈이 들어오는 것이 아닌, 직원 1명당 1초마다 돈이 자동으로 추가되도록 구성해야 합니다. 스크립트를 넣기 전에 먼저 직원의 게임 오브젝트를 구성해 보겠습니다.

하이어라키 뷰에서 Boss 게임 오브젝트를 복사합니다. 마우스 오른쪽 버튼을 클릭하고 Duplicate 또는 단축키 Ctrl+D를 사용하여 즉시 복사할 수 있습니다. 복사한 오브젝트의 이름은 구분할 수 있도록 'Employee'라고 바꿔줍니다. 직원들은 자동으로 돈을 벌기 때문에 클릭과 상관없이 자동으로 일하는 것처럼 보여야 합니다. 따라서 애니메이터의 구성을 다르게 바꾸어야 합니다.

일하는 동작 하나만 계속해서 반복하도록 만들어 보겠습니다. 프로젝트 뷰에서 마우스 오른쪽 버튼을 클릭하여 [Create]-[Animator Controller]를 선택하여 애니메이터 컨트롤러를 새로 만듭니다. 새로 생성한 애니메이터 컨트롤러는 이름을 'EmployeeAnimController'로 바꿔줍니다.

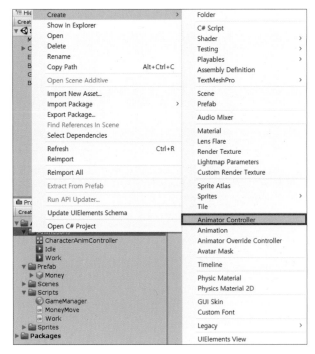

[그림 5-33] 애니메이터 컨트롤러 생성

애니메이터 컨트롤러를 새로 만들었다면 프로젝트 뷰에서 EmployAnimController를 선택한 후 클립을 연결해 주어야 합니다. 일하는 모션으로 Work 애니메이션 클립을 Ctrl+D로 복사한 후 새로 복사된 클립의 이름을 'WorkInEmployee'로 변경합니다. 'WorkInEmployee' 클립을 선택하고 인스펙터 뷰에서 'Loop Time' 항목의 체크박스를 'On'으로 바꿉니다. 변경하였다면 해당 클립을 애니메이터 뷰로 드래그 앤 드롭하여 클립을 넣습니다.

프로젝트 뷰의 Work 애니메이션 클립을 드래그하여 애니메이터 뷰의 빈 곳에 드롭합니다. 이 애니메이터 컨트롤러는 새로 만든 비어 있는 상태이기 때문에 자동적으로 시작(Entry) 상태에서 Work 클립으로 연결될 것입니다.

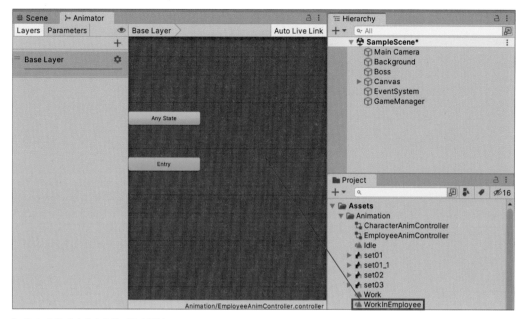

[그림 5-34] 애니메이터 컨트롤러 생성

애니메이터 컨트롤러의 설정을 마쳤으면 Employee 게임 오브젝트의 애니메이터 컴포넌트에 연결해주어야 합니다. Employee 게임 오브젝트를 하이어라키 뷰에서 선택한 후 Employee-AnimController를 애니메이터 컴포넌트의 'Controller' 항목에 드래그 앤 드롭으로 연결합니다.

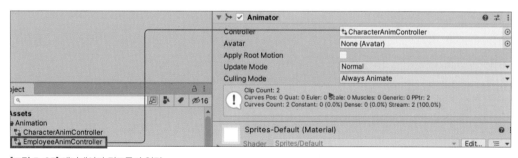

[그림 5-35] 애니메이터 컨트롤러 연결

이 상태로 테스트 플레이를 해 보면 처음 만든 Boss 게임 오브젝트는 클릭 시에만 애니메이션이 반응하도록 되어 있지만, Employee 게임 오브젝트는 계속해서 일하는 모션을 실행하는 모습을 볼 수 있습니다.

이제 직원마다 돈을 자동으로 버는 스크립트를 구성해 보겠습니다. C# 스크립트를 생성하고 이름을 'AutoWork'로 짓겠습니다. 내용은 다음과 같이 구성합니다.

```
using System.Collections;
using System.Collections.Generic;
using UnityEngine;

public class AutoWork : MonoBehaviour
{
    public static long autoMoneyIncreaseAmount = 10;
    public static long autoIncreasePrice = 1000;

    // Use this for initialization
    void Start ( )
    {
        StartCoroutine(Work( ));
    }

    IEnumerator Work( )
    {
        while(true)
        {
            // GameManager gm = GameObject.Find("GameManager").GetComponent<GameManager>( );
            // gm.money += autoMoneyIncreaseAmount;

            yield return new WaitForSeconds(1); // 1초 동안 대기
        }
    }
}
```

자료형 앞에 'static'이라는 키워드가 붙어 있습니다. static은 '이 변수는 하나만 존재한다'는 의미로 생각하는 것이 편합니다. static이 붙지 않을 경우 클래스가 여러 개라면 각 클래스마다 다른 값을 가질 수 있지만, static으로 선언한 변수는 하나 이상 존재할 수 없습니다. 나중에 변수를 외부에서 값을 수정할 때 순서가 엉키지 않도록 선언하자마자 값을 정해주도록 하였습니다.

현재 스크립트의 경우 기본 템플릿에 있던 Update( ) 함수를 쓰지 않기 때문에 지웠습니다. 이것을 대체하기 위해 Work( )라는 함수를 만들었는데, 이 함수는 자료형이 'IEnumerator'라는 타입을 사용합니다. 이 타입은 'yield return new WaitForSeconds( )' 부분에서 ( ) 안에 있는 숫자만큼 대기했다가 다음 라인의 코드를 실행시킬 수 있습니다. 이 함수는 while문을 통해 무한 반복하는 구조를 가지고 있습니다. 조건에 true가 들어가 있기 때문에 항상 조건이 옳기 때문입니다. 따라서 한 번 while문 안으로 들어가면 1초마다 계속해서 내용이 반복되는 것입니다. 현재 while문 안에 포함된 주석 처리 부분은 나중에 'GameManager'라고 하는 스크립트를 만들 것인데 그 이후에 주석을 해제하면 됩니다.

현재는 이 스크립트가 존재하지 않기 때문에 참조하지 못해 오류가 발생합니다. 또한 Work( ) 함수는 자료형이 IEnumerator이기 때문에 일반 함수와는 다르게 StartCoroutine( )이라는 함수를 통해 실행시켜야 합니다. Start( ) 함수의 마지막 부분을 보면 이 함수를 사용하여 Work( ) 함수를 실행시키는 것을 볼 수 있습니다.

스크립트 작성을 마쳤다면 저장하고 유니티 에디터 화면으로 돌아가서 Employee 게임 오브젝트에 이 스크립트를 컴포넌트로 넣습니다. Employee 게임 오브젝트가 Boss 게임 오브젝트를 복사한 것이기 때문에 Work 스크립트 컴포넌트가 남아있었을 것입니다. 이 컴포넌트는 지워주면 됩니다. Work 스크립트를 컴포넌트로 넣었으면 직원 오브젝트를 완성한 것입니다. 게임 도중에 언제든지 복사할 수 있도록 Employee 게임 오브젝트를 프로젝트 뷰로 드래그 앤 드롭하여 프리팹으로 만듭니다. 하이어라키에 남아 있는 Employee 사본 게임 오브젝트는 이제 프리팹이 원본이 되었으므로 지워도 좋습니다. 실제로 직원을 고용하는 부분은 이후 업그레이드 패널 및 버튼을 구성하면서 만들어 보겠습니다.

6 - UI 레이아웃 구성 – 심화

본격적으로 UI가 동작하도록 만들어 보겠습니다. 게임에서 일어나는 상호작용은 스크립트를 통해야 합니다. 클릭했을 때 소지금이 올라가거나 패널을 열어 업그레이드를 할 수 있도록 구성하겠습니다.

6-1. 소지금 증가

소지금 증가는 단순한 덧셈으로 이루어집니다. 변수 하나에 현재 소지금 값을 넣어두고 일정한 금액만큼 덧셈을 하는 것입니다. 먼저 게임을 관리할 스크립트를 만들겠습니다. 프로젝트 뷰에서 C# 스크립트를 생성하여 'GameManager'라고 이름짓습니다. 게임 내에서는 UI와 이벤트 시스템 (EventSystem)을 다룰 것이기 때문에 스크립트의 최상단에 다음과 같은 네임스페이스를 추가합니다.

```
using UnityEngine.UI;
using UnityEngine.EventSystems;
```

스크립트 안에는 현재 소지금에 사용될 변수와 클릭 당 증가량이 변수로 선언되어 있어야 합니다. 'int'는 큰 숫자를 표현하기에 한계가 있기 때문에 'long'으로 변수를 클래스 안에서 선언합니다.

```
public long money;
public long moneyIncreaseAmount;
```

여기까지 작성하였다면 스크립트를 저장하고 전에 작성했던 'AutoWork' 스크립트 Work( ) 함수에서 주석 처리했던 두 줄의 코드를 해제해도 좋습니다. 주석 처리 했던 부분은 GameManager 스크립트의 money라는 변수를 참조하는 것이기 때문입니다.

스크립트의 분량이 길어질 것이기 때문에 Update( ) 함수에 들어갈 내용들을 몇 개의 함수로 나누어 폴더처럼 정리할 것입니다. 먼저 소지금을 증가시키는 내용의 함수를 만들어 보겠습니다. 이 함수는 두 개의 조건을 만족시켜야 소지금을 증가시키는 내용이 실행되도록 만들어야 합니다.
첫 번째로 마우스를 클릭했을 때 조건을 충족시켜야 하며, 두 번째로 마우스를 클릭하는 지점이 UI 위에서인지를 검사해야 합니다. 다른 패널 위에서 클릭했을 때도 실행된다면 나중에 업그레이드 버튼을 눌러도 소지금이 증가하기 때문에 어색할 것입니다. 따라서 다음과 같이 함수를 작성합니다.

```
// 소지금 증가
void MoneyIncrease( )
{
    if(Input.GetMouseButtonDown(0)) // 마우스 버튼을 눌렀을 때
    {
        if(EventSystem.current.IsPointerOverGameObject( ) == false)  // UI 위에 있지 않을 때
        {
            money += moneyIncreaseAmount;   // '소지금'을 '소지금 증가량'만큼 증가시킴
        }
    }
}
```

작성 후 Update( ) 함수에서 다음의 내용을 추가하여 함수를 실행하도록 작성합니다.

```
MoneyIncrease( );
```

실질적으로 변수의 값이 올라가는 것을 눈에 보일 수 있도록 텍스트로 표시하도록 만들어야 합니다. 먼저 텍스트를 연동할 Text 변수 하나를 선언합니다.

```
public Text textMoney;
```

다음과 같은 함수를 하나 더 추가합니다.

```
void ShowInfo( )
{
    if(money == 0)
        textMoney.text = "0원";
    else
        textMoney.text = money.ToString("###,###") + "원";
}
```

이 부분은 텍스트에서 현재 소지금을 표시하게 하는 부분입니다. 0일 경우만 따로 설정한 이유는, 변수가 0 값일 때 텍스트 표기를 하지 않기 때문에 0일 경우만 따로 표시하는 것입니다. 이 함수 역시 Update( ) 함수에서 실행하도록 다음의 내용을 Update( ) 함수에 추가하여 작성합니다.

```
ShowInfo( );
```

여기까지 작성하고 실제로 돈이 잘 올라가고 화면에 소지금이 잘 표시되는지 테스트해 보겠습니다. 현재까지 작성한 스크립트의 내용은 다음과 같습니다.

```
using System.Collections;
using System.Collections.Generic;
using UnityEngine;
using UnityEngine.UI;
using UnityEngine.EventSystems;

public class GameManager : MonoBehaviour
{
    public long money;
    public long moneyIncreaseAmount;

    public Text textMoney;

    // Use this for initialization
    void Start ( )
    {

    }

// Update is called once per frame
void Update ( )
    {
        ShowInfo( );
        MoneyIncrease( );
    }
```

```
    // 소지금 증가
    void MoneyIncrease( )
    {
        if(Input.GetMouseButtonDown(0)) // 마우스 버튼을 눌렀을 때
        {
            if(EventSystem.current.IsPointerOverGameObject( ) == false)  // UI 위에 있지 않을 때
            {
                money += moneyIncreaseAmount;    // '소지금'을 '소지금 증가량'만큼 증가시킴
            }
        }
    }

    void ShowInfo( )
    {
        if (money == 0)
            textMoney.text = "0원";
        else
            textMoney.text = money.ToString("###,###") + "원";
    }
}
```

스크립트를 저장하고 유니티 에디터 화면으로 돌아와 하이어라키 뷰에서 빈 게임 오브젝트를 하나 생성하고 이름을 스크립트와 같은 'GameManager'로 변경합니다. 그리고 그 게임 오브젝트에 'GameManager' 스크립트를 넣습니다.

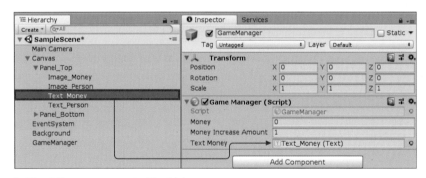

[그림 5-36] GameManager 스크립트 넣기

스크립트에 오류가 없다면 스크립트 위에 public을 붙여 선언했던 세 가지 변수가 인스펙터에도 나타납니다. 우선 소지금 증가량에 사용하는 'Money Increase Amount' 값을 0보다 큰 값으로 설정합니다. 그리고 소지금이 올라가는 것을 표시해야 하므로 캔버스 안에 있는 'Panel_Top' 안에 소지금을 표시하는 텍스트인 'Text_Money'를 하이어라키에서 GameManager 스크립트의 'Text Money' 항목의 빈 칸에 드래그 앤 드롭합니다.

에디터의 위쪽에 테스트 플레이 버튼을 눌러 테스트하면 Money Increase Amount 변수에 설정해둔 금액만큼 올라가게 됩니다.

6-2. 소지금 증가량 표시

소지금 증가량의 표시는 클릭할 때마다 증가량을 표시하도록 하고, 점점 페이드 아웃되며 위쪽의 돈 아이콘을 향해 움직이도록 할 예정입니다. 애니메이션으로 구현하는 방법도 있지만, 이번에는 스크립트로 애니메이션을 직접 구현해보겠습니다.

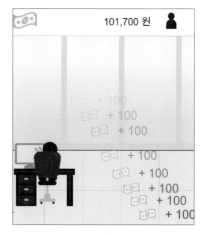

[그림 5-37] 소지금 증가량 표시

증가량 표시는 똑같은 형식의 '이미지 + 텍스트' 조합을 클릭할 때마다 생성하는 것이므로, 프리팹을 제작하여 스크립트에서 클릭할 때마다 복사하도록 하면 편리합니다.

돈 아이콘부터 만들어 보겠습니다. 하이어라키 뷰에서 [2D Object]-[Square]를 통해 스프라이트 게임 오브젝트를 하나 만들고 이름은 'Money'라고 짓습니다. 그리고 스프라이트 렌더러의 Sprite 항목에 돈 아이콘을 넣습니다. 위치는 반드시 (0, 0, 0)으로 설정하고 크기도 적당히 조절합니다. 스케일 툴(Scale Tool)을 사용하여 가운데에 있는 하얀색 네모를 드래그하여 크기를 조절하면 모든 축으로 동시에 크기를 조절할 수 있기 때문에 편리합니다.

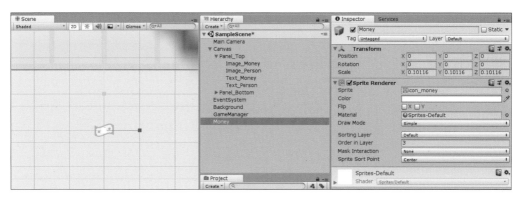

[그림 5-38] 돈 프리팹 생성 ①

지금부터 어려워질 수 있습니다. Money 게임 오브젝트는 캔버스 위에 있는 게임 오브젝트가 아니고 월드 스페이스(World Space)에 있는 게임 오브젝트입니다. 그런데 텍스트는 캔버스 위에 있어야 하기 때문에 월드 스페이스에서 표시하기는 어렵습니다. 이럴 때는 별개의 캔버스를 사용해야 합니다.

기본적으로 캔버스는 스크린 스페이스(Screen Space)라는 영역을 사용하여 월드 스페이스와 별개의 영역에 있지만, 월드 스페이스의 영역에 캔버스가 있도록 하는 방법이 있습니다.

하이어라키 뷰에서 Money의 자식(Child)으로 [UI]-[Canvas]를 생성합니다. Canvas 컴포넌트에 'Render Mode' 항목이 있는데 월드 스페이스(World Space)로 변경합니다. 변경하면 캔버스의 영역이 월드 스페이스에 표시되며, 카메라의 영역 안에 있다면 카메라가 이 캔버스를 볼 수 있게 됩니다.

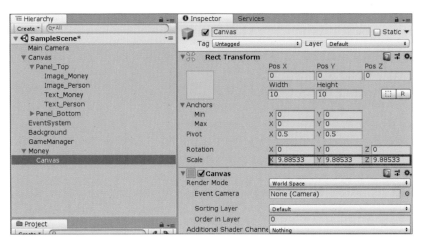

[그림 5-39] 돈 프리팹 생성 ②

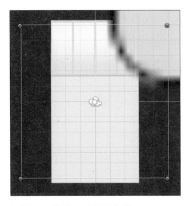

[그림 5-40] 돈 프리팹 생성 ③

기본으로 설정된 캔버스의 크기는 스크린 스페이스의 크기에 맞도록 매우 크게 되어 있기 때문에 렉트 트랜스폼(Rect Transform) 컴포넌트의 X, Y, Z값을 0으로 바꿔주고 너비(Width)와 높이(Height) 항목을 작은 값으로 바꿔줍니다. 카메라의 영역과 비슷하게 맞춰주면 됩니다.

그 다음 하이어라키 뷰에서 이 캔버스 안에 [UI]–[Legacy]–[Text]로 텍스트 게임 오브젝트를 생성합니다. 캔버스의 크기가 스크린 스페이스로 사용할 때와는 다르게 매우 작기 때문에, 텍스트의 크기가 꽤 크게 만들어질 것입니다.

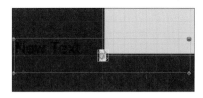

[그림 5-41] 돈 프리팹 생성 ④

스케일 툴을 사용하여 크기를 줄여 화면에 잡히도록 합니다. 글씨가 선명하지 않다면 폰트 사이즈 값을 높여줍니다.

텍스트 영역이 부족하여 텍스트가 잘린다면 렉트 툴(Rect Tool)을 사용하여 영역을 키워줍니다. 크기는 스케일 툴로 줄이면서, 폰트 사이즈 값을 높여 선명하게 만드는 작업을 반복하면 선명하면서도 적당한 크기의 텍스트를 만들 수 있습니다.

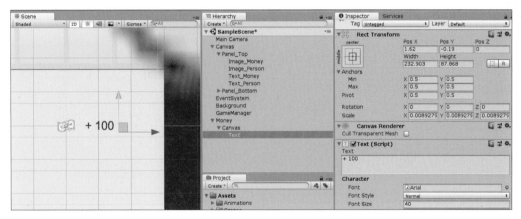

[그림 5-42] 돈 프리팹 생성 ⑤

여기까지 형태는 완성한 것입니다. 이제 각 소지금 증가량 표시 오브젝트마다 움직이는 스크립트를 작성해 보겠습니다. 프로젝트 뷰에서 C# 스크립트를 'MoneyMove'라는 이름으로 생성합니다. 스크립트 내용은 다음과 같습니다.

```csharp
using System.Collections;
using System.Collections.Generic;
using UnityEngine;
using UnityEngine.UI;

public class MoneyMove : MonoBehaviour
{
    public Vector2 point;

    Text txt;
```

```csharp
// Use this for initialization
void Start( )
{
    txt = transform.GetComponentInChildren<Text>( );

    GameManager gm = GameObject.Find("GameManager").GetComponent<GameManager>( );
    txt.text = "+" + gm.moneyIncreaseAmount.ToString("###,###");

    Destroy(this.gameObject, 10f);
}

// Update is called once per frame
void Update( )
{
    transform.position = Vector2.MoveTowards(transform.position, point, Time.deltaTime * 10f);

    SpriteRenderer sr = GetComponent<SpriteRenderer>( );
    sr.color = new Color(sr.color.r, sr.color.g, sr.color.b, sr.color.a - 0.01f);

    txt = transform.GetComponentInChildren<Text>( );
    txt.color = new Color(txt.color.r, txt.color.g, txt.color.b, txt.color.a - 0.01f);
}

private void OnDrawGizmos( )
{
    Gizmos.color = Color.red;
    Gizmos.DrawSphere(point, 0.2f);
}
}
```

위쪽에서 선언한 Vector2 타입의 'point' 변수는 돈 오브젝트가 이동할 목표 위치를 뜻합니다. 이 부분은 유니티 에디터 상에서 값을 조절하여 상단의 돈 아이콘 위치로 옮길 것입니다. 여기서 처음 보는 함수는 'GetComponentInChildren⟨Text⟩( );'입니다. 이 함수는 'GetComponent⟨ ⟩( )' 함수와 기본적으로 같지만 오브젝트의 자식(Child)들 중에서 해당 컴포넌트를 가져온다는 점이 다릅니다. 사용할 때 주의할 점은 자식 오브젝트 중 해당 컴포넌트를 가진 오브젝트가 여럿일 때는 원하는 것을 가져오기 어렵다는 점입니다. 현재는 텍스트 오브젝트가 하나만 존재하기 때문에 특정할 수 있어 사용한 것입니다.

Start( ) 함수에서는 처음 오브젝트가 만들어져 스크립트가 실행될 때 텍스트의 내용을 증가량으로 변경합니다. 이때 증가량 값은 이 스크립트에 존재하지 않으므로 'GameManager' 게임 오브젝트 안에 있는 'GameManager' 스크립트를 컴포넌트로 가져와 그 안에 있는 값을 사용합니다. Start( ) 함수의 마지막에는 이 게임 오브젝트를 10초 뒤에 제거하는 Destroy( ) 함수를 사용하여 게임 오브젝트가 계속 남아 메모리를 차지하고 있지 않도록 조치합니다.

Update( ) 함수에 있는 내용은 목표 위치로 이동하는 내용과 그림, 텍스트를 다른 색은 유지한 채 점차 알파(투명도) 값만을 감소하며 투명하게 만드는 부분입니다. 색은 빨강, 초록, 파랑, 투명도 순서로 값이 들어가며, 각각 0~1의 값을 가질 수 있고 1일 경우에 100%입니다.

작성을 완료하였다면 스크립트를 저장하고 에디터로 돌아옵니다. 작성한 스크립트는 Money 게임 오브젝트 안에 넣은 후에 'Point' 항목의 좌표를 수정하여 배경의 좌측 상단에 위치합니다.

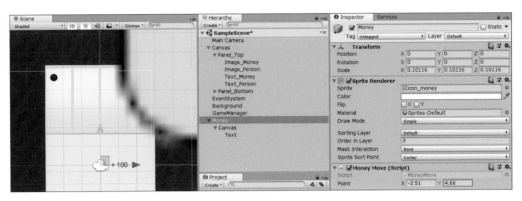

[그림 5-43] 돈 프리팹 생성 ⑥

Money 게임 오브젝트를 프로젝트 뷰로 드래그 앤 드롭하여 프리팹으로 만들어 줍니다.

프리팹으로 만들 경우 프로젝트 뷰에는 하늘색 정육각형이 생성되며, 하이어라키 뷰에 있는 Money는 파란색 글씨로 바뀔 것입니다. 프리팹으로 만들면 프로젝트 뷰에 있는 프리팹 파일이 원본이 되고, 하이어라키 뷰 상에 있는 것은 사본이 됩니다. 하이어라키 뷰에 있는 Money는 삭제합니다.

돈 프리팹을 클릭할 때마다 마우스(터치)의 위치에 생성되도록 만들어야 합니다. 기본적인 원리는 슈팅 게임에서 총알을 생성하는 것과 같습니다. GameManager 스크립트를 열어 프리팹을 받아올 게임 오브젝트 변수를 선언합니다.

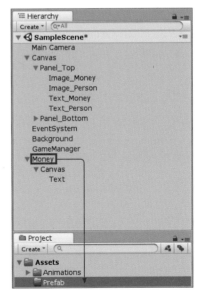

[그림 5-44] 돈 프리팹 생성 ⑦

```
public GameObject prefabMoney;
```

'MoneyIncrease( )' 함수 안에 'money += moneyIncreaseAmount;' 아래에 다음과 같은 내용을 추가합니다.

```
Vector2 mousePosition = Camera.main.ScreenToWorldPoint(Input.mousePosition);
Instantiate(prefabMoney, mousePosition, Quaternion.identity);
```

스크립트를 저장하고 돈 프리팹을 스크립트에 연동할 것입니다. 에디터의 'GameManager' 게임 오브젝트를 하이어라키 뷰에서 선택한 후 'GameManager' 스크립트 컴포넌트의 'Prefab Money' 항목에 프로젝트 뷰에 있는 Money 프리팹을 드래그 앤 드롭합니다.

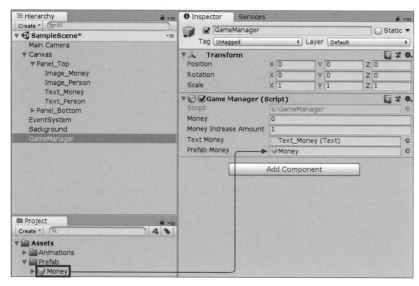

[그림 5-45] 돈 프리팹 생성 ⑧

이 상태로 테스트 플레이를 해 보면 클릭하는 곳에서 돈 프리팹이 생성되는 것을 볼 수 있습니다. 속도가 적절하지 않다면 'MoneyMove' 스크립트 MoveTowards( ) 함수의 마지막 인자값을 Time.deltaTime * 10f 대신 다른 값을 사용하면 속도를 조절할 수 있습니다.

6-3. 패널 열고 닫기

업그레이드 버튼을 눌렀을 때 열릴 패널을 구현하고, 그 패널을 열고 닫아 보겠습니다. 캔버스에서 [UI]-[Panel]을 선택하여 패널을 새로 생성하고 패널의 이름을 'Panel_PriceUpgrade'로 하겠습니다. 패널의 영역을 'Panel_Bottom'과 같은 크기로 맞춥니다.

패널은 처음 생성하면 반투명한 색으로 생성됩니다. 반투명할 경우 안쪽에 위치한 패널이 보이게 되므로, 패널의 이미지(Image) 컴포넌트의 컬러 항목을 선택한 후 색상을 변경하여 완전히 불투명하도록 알파 값을 최대로 올려서 안쪽의 패널을 가리도록 합니다.

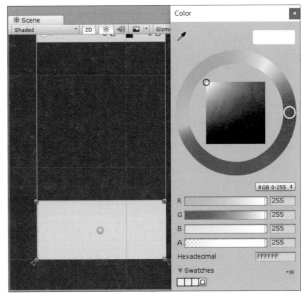

[그림 5-46] 불투명한 패널

이 패널에는 4개의 게임 오브젝트를 넣을 것입니다. 먼저 돈 아이콘을 표시할 이미지 오브젝트를 만들고 이름을 'Image_Icon'으로 변경합니다. 그 다음은 텍스트 오브젝트를 만듭니다. 내용은 스크립트를 통해 변경할 것이므로 영역을 넓게 잡고, 폰트의 크기만 조절해줍니다. 그리고 업그레이드 버튼과 뒤로가기 버튼을 하나씩 만들어 줍니다. 이름은 각각 'Button_Upgrade'와 'Button_Back'으로 합니다.

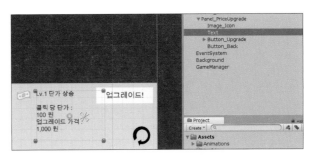

[그림 5-47] Panel_PriceUpgrade

이제 버튼을 통해 패널을 열고 닫도록 할 것입니다. 게임이 시작되었을 때 이 패널이 켜져 있으면 어색하기 때문에 비활성화한 상태로 만들 것입니다. 'Panel_PriceUpgrade'를 하이어

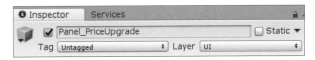

[그림 5-48] 활성화/비활성화 체크박스

라키 뷰에서 선택하면 인스펙터의 이름 옆에 활성화/비활성화에 대한 체크박스가 있습니다.

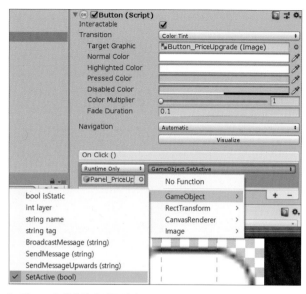

[그림 5-49] 패널 열기 버튼 설정

이 체크박스를 해제하여 패널을 꺼두도록 합니다. 그리고 Panel_Bottom 안에 있는 [Button_PriceUpgrade] 버튼을 통해 패널을 켜보겠습니다. 버튼을 하이어라키 뷰에서 선택하면 'Button' 컴포넌트가 있습니다. 'On Click( )' 부분을 보면 아무것도 없지만, 아래 [+] 버튼을 누르면 새롭게 버튼을 눌렀을 때 실행할 함수를 추가할 수 있습니다. [+] 버튼을 눌러 새로운 함수를 추가한 후 'Panel_PriceUpgrade' 게임 오브젝트를 활성화할 것이므로, 'None(Object)'이라고 되어 있는 칸에 Panel_PriceUpgrade 패널을 드래그 앤 드롭합니다.

그렇게 하면 'No Function'이라고 되어 있는 함수 설정 부분이 활성화 됩니다. 이곳을 클릭한 후 [GameObject]-[SetActive(bool)]을 선택합니다. 아래 체크박스를 선택하면 패널을 활성화 상태로 만드는 버튼의 역할을 할 수 있게 됩니다.

반대로 Panel_PriceUpgrade 안에 있는 뒤로가기 버튼인 Button_Back에서는 똑같이 추가한 후 SetActive( ) 체크박스를 해제합니다.

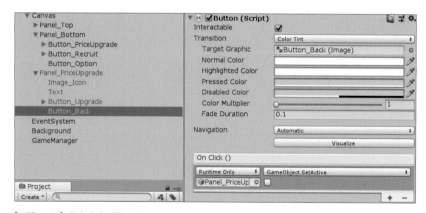

[그림 5-50] 패널 닫기 버튼 설정

이 상태로 테스트 플레이를 하면 패널이 열리고 닫히는 양방향 구조를 볼 수 있습니다.

6-4. 직접 만든 함수를 버튼과 연동

Panel_PriceUpgrade의 남은 부분을 완성해 보겠습니다. 패널 안에 있는 텍스트 내용은 임의로 들어가 있지만, 스크립트를 통해 내용을 수정할 것입니다. 이 부분에는 세 가지 정보가 담겨 있어야 합니다. 현재 업그레이드의 레벨과 클릭 당 벌게 되는 돈의 양, 현재 업그레이드 가격입니다. 클릭 당버는 돈의 양은 이미 변수가 있기 때문에 남은 두 가지만 GameManager 스크립트를 열어 변수를추가해 줍니다. 그리고 이 내용을 담을 텍스트 역시 변수로 받아올 것입니다. 기본적인 원리는 소지금 표시와 같습니다.

```
public long moneyIncreaseLevel;        // 클릭 당 단가 업그레이드 레벨
public long moneyIncreasePrice;        // 업그레이드 가격
public Text textPrice;                 // 표시할 텍스트
```

새로운 함수를 다음과 같이 추가합니다.

```
void UpdatePanelText( )
    {
        textPrice.text = "Lv." + moneyIncreaseLevel + " 단가 상승\n\n";
        textPrice.text += "외주 당 단가>\n";
        textPrice.text += moneyIncreaseAmount.ToString("###,###") + " 원\n";
        textPrice.text += "업그레이드 가격>\n";
        textPrice.text += moneyIncreasePrice.ToString("###,###") + " 원";
    }
```

함수를 추가한 후 Update( ) 함수에 내용을 추가합니다. 텍스트의 내용이 굉장히 길기 때문에 한 줄씩 끊어서 이어붙이도록 작성하였습니다. 변수의 이름 뒤에 '.ToString( )'으로 함수가 하나 붙어 있는데, 이 함수는 해당 변수를 문자열로 바꿔주는 것입니다. 어느 변수든 가능하며, 숫자일 경우 위의 내용처럼 포맷을 지정할 수 있습니다. 예제는 3자리마다 ,를 붙여 가독성을 높여줍니다. 여기서 '\n'은 다음 줄로 넘기겠다는 기호입니다. 역슬래시(\)는 사용 환경에 따라 ₩(원화)로 보일 수도 있습니다.

작성을 마쳤다면 스크립트를 저장하고 에디터로 돌아가 텍스트를 인스펙터에서 연동해야 합니다. 하이어라키 뷰에서 GameManager 게임 오브젝트를 선택한 후, GameManager 컴포넌트의 'Text Price' 항목에 Panel_PriceUpgrade 안에 있는 Text 게임 오브젝트를 드래그 앤 드롭하여 넣습니다.

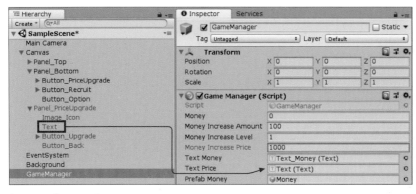

[그림 5-51] 텍스트 연동

레벨이나 업그레이드 가격은 값이 0이면 초기 진행이 어색할 수 있으므로, 0보다 큰 적당한 값을 입력합니다. 여기까지 마치면 텍스트가 잘 표시되는지 테스트 플레이를 한 번 해봅니다.

실제로 업그레이드 버튼을 작동해 보겠습니다. 다시 GameManager 스크립트에서 다음의 함수를 추가합니다.

```
public void UpgradePrice( )
    {
        if(money >= moneyIncreasePrice)
        {
            money -= moneyIncreasePrice;
            moneyIncreaseLevel += 1;
            moneyIncreaseAmount += moneyIncreaseLevel * 100;
            moneyIncreasePrice += moneyIncreaseLevel * 500;
        }
    }
```

조건문을 통해 업그레이드 가격보다 소지금이 부족하면 실행되지 않도록 했습니다. 업그레이드를 진행할 때마다 클릭 당 버는 돈의 양과 업그레이드 가격이 증가하는 구조입니다. 증가하는 양은 현재 레벨에 일정한 계수를 곱하는 구조로 되어 있습니다. 만약 증가폭이 작거나 크다고 느낀다면 100이나 500으로 되어 있는 값을 가감하면 됩니다.

이 함수는 기존에 직접 만들었던 다른 함수들과는 달리 앞에 'public'이 붙어 있습니다. 버튼과 연동할 때 public이 붙어 있지 않으면 인스펙터 상에 노출할 수 없기 때문입니다. 스크립트를 저장하고 에디터로 돌아와 Panel_PriceUpgrade 안에 Button_Upgrade를 선택하고 On Click( ) 부분을 수정합니다. 특정 오브젝트의 설정을 바꾸는 것이 아니라 GameManager 스크립트의 함수 하나를 연동하는 것이기 때문에 이 스크립트가 포함되어 있는 게임 오브젝트를 연동해야 합니다.

GameManager 게임 오브젝트를 드래그 앤 드롭해서 넣어 줍니다. 그리고 GameManager의 UpgradePrice( ) 함수를 선택하여 방금 만들었던 함수를 연동해줍니다.

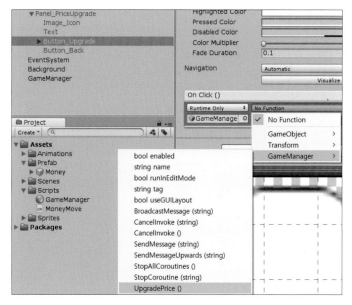

[그림 5-52] 업그레이드 버튼에 함수 넣기

업그레이드 버튼을 완성하였다면 테스트 플레이를 하여 소지금이 충분할 때 업그레이드가 진행되는지 확인합니다. 현재 상태로는 충분하지 않은지 소지금을 직접 확인하면서 해야 합니다. 소지금이 부족해도 업그레이드가 진행되지는 않지만 버튼은 반응한다는 단점이 있습니다. 이는 시각적인 혼란을 주기 때문에 소지금이 불충분할 때 업그레이드 버튼이 비활성화 되도록 만들어 보겠습니다. GameManager 스크립트를 열고 업그레이드 버튼을 받아오기 위해 다음과 같은 변수를 선언합니다.

```
public Button buttonPrice;    // 단가 업그레이드 버튼
```

스크립트의 아래쪽에 다음과 같은 함수를 만듭니다.

```
void ButtonActiveCheck( )
    {
        if(money >= moneyIncreasePrice)
        {
            buttonPrice.interactable = true;
        }
        else
        {
```

```
                buttonPrice.interactable = false;
        }
    }
```

소지금이 변동될 때마다 부족한지 실시간으로 확인해야 하기 때문에 Update( ) 함수 내에서 검사하도록 하면 좋습니다. Update( ) 함수 안에 실행하는 내용을 추가합니다.

```
    ButtonActiveCheck( );
```

여기까지 완료했다면 스크립트를 저장하고 유니티 에디터로 돌아와서 아까 선언했던 buttonPrice 버튼 변수를 실제 버튼과 연결해야 합니다. GameManager 게임 오브젝트를 선택 후 GameManager 스크립트 컴포넌트에 비어 있는 'Button Price' 항목 안에 하이어라키 뷰에서 Button_Upgrade를 드래그 앤 드롭으로 연결해줍니다.

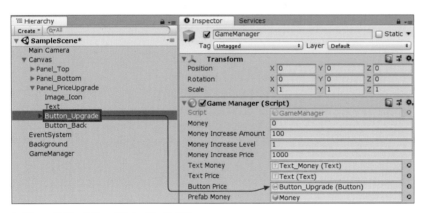

[그림 5-53] 업그레이드 버튼 스크립트와 연결

완료한 후 테스트 플레이를 하여 소지금이 부족할 땐 버튼이 진한 회색이 되고, 소지금이 충분할 땐 하얀색으로 돌아오는지 확인합니다.

TIP 버튼 디자인 변경

버튼은 일반적인 이미지와 다르게 마우스를 올려놓았을 때나 마우스 클릭(터치)의 경우, 비활성화 색이 모두 다릅니다.

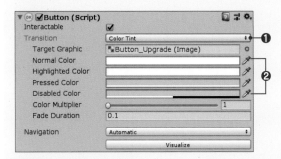

[그림 5-54] 버튼 디자인 변경

이럴 경우 [그림 5-54]의 ②에 해당하는 색상 항목을 조정하여 바꿀 수 있습니다.

구분	설명
Normal Color	일반적인 버튼의 색상
Highlighted Color	마우스를 버튼 위에 올려놓았을 때의 색상
Pressed Color	마우스 클릭 혹은 모바일 기기 등에서 터치하였을 때의 색상
Disabled Color	비활성화 상태에서의 색상

[표 5-2] 버튼의 색상

❶의 Transition 항목은 버튼의 상태가 변경되었을 때 색상을 조절하는 것이 아니라, 아무것도 변하지 않거나(None), 스프라이트를 변경하거나(Sprite Swap), 애니메이션을 실행시키는(Animation) 항목도 있으니 필요하면 Transition의 종류를 바꿔줄 수도 있습니다.

6-5. 직원 고용하기 기능

직원을 새로 고용할 수 있도록 기존 캔버스 안에 있는
Panel_PriceUpgrade를 하이어라키에서 복사하고 이름을
'Panel_Recruit'로 바꿉니다. 구조가 같기 때문에 새로 만들
기보단 안에 있는 그림과 텍스트 내용을 교체하는 방법으
로 하는 것이 좋습니다.

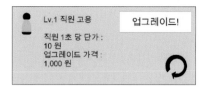

[그림 5-55] 직원 고용 패널

패널을 만든 후에는 GameManager 스크립트를 열어 다음의 변수를 상단에 추가합니다. 직원 고용
패널 안에 있는 텍스트를 연결하여 내용을 스크립트에서 바꿔주기 위함입니다.

```
public int employeeCount;    // 직원 수 (레벨)
public Text textRecruit;      // 직원 고용 패널의 텍스트
```

텍스트의 내용을 바꿔주기 위해 다음과 같은 함수를 추가합니다.

```
void UpdateRecruitPanelText( )
   {
        textRecruit.text = "Lv." + employeeCount + " 직원 고용\n\n";
        textRecruit.text += "직원 1초 당 단가>\n";
        textRecruit.text += AutoWork.autoMoneyIncreaseAmount.ToString("###,###") + " 원\n";
        textRecruit.text += "업그레이드 가격>\n";
        textRecruit.text += AutoWork.autoIncreasePrice.ToString("###,###") + " 원";
   }
```

앞에서 작성했던 UpdatePanelText( ) 함수를 복사하여 내용을 수정하면 편리합니다. 직원이 벌어다
주는 1초 당 단가와 업그레이드 가격은 직원 오브젝트를 프리팹으로 만들기 전에 AutoWork라는
스크립트에서 변수를 만들었습니다. static으로 선언했기 때문에 AutoWork에 .을 입력하면 해당 변
수로 바로 접근 가능합니다.

함수를 새로 만들었기 때문에 이 내용을 항상 실행할 수 있도록 Update( ) 함수에 다음의 내용을 추
가합니다.

```
UpdateRecruitPanelText( );
```

스크립트를 저장하고 유니티 에디터로 돌아와 textRecruit 변수에 텍스트를 연동해두겠습니다.
Panel_Recruit 안에 있는 Text 게임 오브젝트를 드래그하여 GameManager 스크립트 컴포넌트에 연
동합니다.

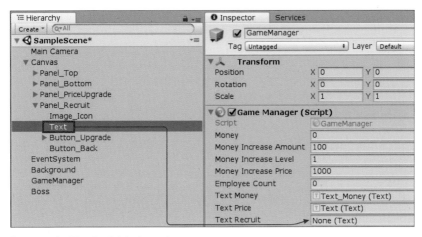

[그림 5-56] 직원 고용 패널의 텍스트 연동

GameManager 스크립트 상단에 다음의 변수를 추가하여 직원 고용 패널의 버튼을 받아옵니다.

```
public Button buttonRecruit;
```

이 변수로 소지금이 부족할 때 버튼의 상호작용을 비활성화하고, 충분할 때는 활성화하도록 할 것입니다. 다음의 함수를 GameManager 스크립트에 추가합니다.

```
void ButtonRecruitActiveCheck( )
    {
        if (money >= AutoWork.autoIncreasePrice)
        {
            buttonRecruit.interactable = true;
        }
        else
        {
            buttonRecruit.interactable = false;
        }
    }
```

구조는 ButtonActiveCheck( ) 함수와 같습니다. 작성을 마쳤다면 저장하고 에디터로 돌아와 buttonRecruit 변수와 버튼을 연동합니다.

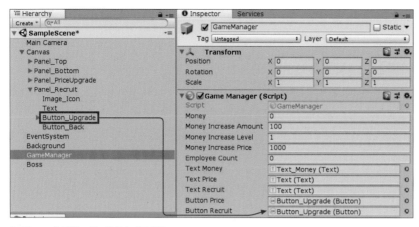

[그림 5-57] 직원 고용 패널의 버튼 연동

버튼의 연동을 마치고 테스트 플레이를 해 보면 소지금이 부족할 때 비활성화 되는 것을 볼 수 있습니다.

이제 버튼을 눌렀을 때 직원을 고용하는 기능을 만들어 보겠습니다. 직원을 고용할 때마다 아래쪽으로 계속해서 직원이 늘어나야 합니다. 무한히 늘어날 수 있어야 하므로 직원을 그리드(Grid) 형태로 정리해야 합니다.

그리드는 두 가지 변수로 설정 가능합니다. '직원 사이의 간격'과 '가로 기준으로 몇 명까지 표현하는지'를 변수로 만들 것입니다. 세로는 무한히 표현하기 때문에 변수로 만들지 않습니다. GameManager 스크립트를 열고 다음과 같은 변수를 상단에 추가합니다.

```
public int width;        // 가로 최대 직원 수
    public float space;   // 직원 간격
```

직원의 프리팹인 Employee를 연동하기 위해 변수를 하나 더 만들겠습니다.

```
public GameObject prefabEmployee;  // 직원 프리팹
```

프리팹에 사용할 변수는 나중에 연동하고, 직원을 만드는 함수를 작성해 보겠습니다. 다음의 함수를 새로 추가합니다.

```
void CreateEmployee( )
    {
        Vector2 bossSpot = GameObject.Find("Boss").transform.position;
        float spotX = bossSpot.x + (employeeCount % width) * space;
```

```
        float spotY = bossSpot.y - (employeeCount / width) * space;

        Instantiate(prefabEmployee, new Vector2(spotX, spotY), Quaternion.identity);
    }
```

간단한 코드지만 계산 원리가 조금 어렵습니다. 변수에 임의의 값이 있다고 가정하고 대입해 보면서 차근차근 따라온다면 이해할 수 있습니다.

먼저 bossSpot 변수에 기존에 있던 사장 캐릭터의 현재 위치 좌표를 가져왔습니다. 그리고 각각 spotX와 spotY 변수에 새로 만들 직원의 위치를 계산합니다. spotX에서는 현재 Boss 게임 오브젝트의 X 좌표 값에서 현재 직원 수를 가로로 만들 수 있는 최대 직원 수로 나누고 남은 나머지 값에 간격을 곱했습니다. 가로를 최대로 표현하는 직원의 수가 3명이라고 가정했을 때, 2명이 되면 2를 3으로 나눈 나머지 값이 됩니다. 그렇다면 2번째 위치에 나오게 되는 것입니다. 이것은 값이 커졌을 때도 마찬가지로 직원의 수가 5명이라면 나머지 값이 2가 되기 때문에 계속 정렬할 수 있게 됩니다.

Y 좌표의 경우 spotY에서 맡게 되는데, Boss 게임 오브젝트의 Y 좌표에서 −로 값을 빼야 아래쪽으로 만들 수 있습니다. 만약 가로로 표현 가능한 최대 직원 수가 3명이라면, 4번째, 7번째...순서로 3명이 가득 찰 때마다 값이 1씩 올라가도록 직원 수를 나누어 간격을 곱합니다.

마지막으로 계산한 좌표에 게임 오브젝트를 만들 수 있도록 Instantiate( ) 함수를 사용하여 게임 오브젝트를 생성합니다.

여기까지 직원 생성 함수는 완성입니다. 그러나 함수를 보면 정작 계산에 필요한 현재 직원 수를 나타내는 변수인 employeeCount의 값을 증가시키는 부분이 없다는 것을 알 수 있습니다. 그렇기 때문에 실제 직원 고용에 사용하는 버튼에 들어갈 함수를 추가해 보겠습니다.

```
public void Recruit( )
    {
        if (money >= AutoWork.autoIncreasePrice)
        {
            money -= AutoWork.autoIncreasePrice;
            employeeCount += 1;
            AutoWork.autoMoneyIncreaseAmount += moneyIncreaseLevel * 10;
            AutoWork.autoIncreasePrice += employeeCount * 500;

            CreateEmployee( );
        }
    }
```

이 함수는 UpgradePrice( ) 함수와 기본적으로 같지만, 마지막에 CreateEmployee( ) 함수를 실행하여 직원 오브젝트를 추가 및 정렬하도록 되어 있습니다. 함수의 선언 부분에 public을 잊지 않도록 주의합니다.

여기까지 스크립트를 작성했다면 저장하고 마무리 작업으로 인스펙터에서 선언했던 변수들에 값을 주겠습니다. 직원을 가로 최대 몇 명까지 배치할 수 있는지에 대한 값을 Width 항목에 기입합니다. 현재 사람 한 명이 바닥 타일 칸 2×2 정도를 차지하고 있기 때문에 제일 적당한 값은 3이지만, 크기가 다르다면 조정해도 좋습니다.

다음으로 직원 사이의 간격을 Space 항목에 값으로 설정합니다. 완성 후 값을 조정해도 됩니다. 그리고 전에 만들었던 Employee 프리팹을 프로젝트 뷰에서 드래그하여 Prefab Employee의 빈 칸에 드롭합니다.

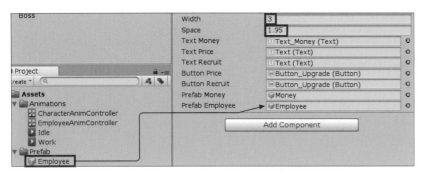

[그림 5-58] 직원 관련 변수 설정

만들어두었던 Recruit( ) 함수를 실제 버튼에 연동하겠습니다. Panel_Recruit 안에 있는 Button_Upgrade의 버튼 컴포넌트 안 On Click( ) 부분에 Recruit( ) 함수를 넣습니다.

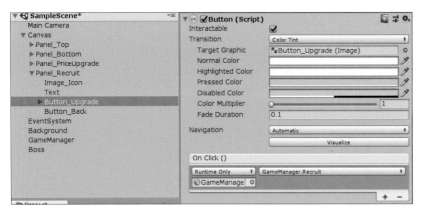

[그림 5-59] 직원 고용 버튼 설정

Button_Back 버튼의 On Click( ) 부분에서 연결되어 있는 게임 오브젝트가 Panel_Recruit가 맞는지 확인합니다. 기본적으로 복사해서 만들었다면 연결된 게임 오브젝트가 Panel_PriceUpgrade 패널이 아닌 새롭게 복사한 Panel_Recruit 게임 오브젝트로 바뀌어 있습니다.

[그림 5-60] 뒤로가기 버튼 확인

Panel_Button 안에 Button_Recruit에 있는 On Click( ) 부분 역시 직원 고용 패널을 켤 수 있도록 설정하겠습니다. [+] 버튼을 눌러 연결할 함수를 추가하고, 빈 칸(GameObject)에 Panel_Recruit를 드래그 앤 드롭해서 넣습니다. 마지막으로 No Function이라고 적힌 부분을 눌러 GameObject의 SetActive( ) 함수를 연결하고 체크 박스를 켜줍니다.

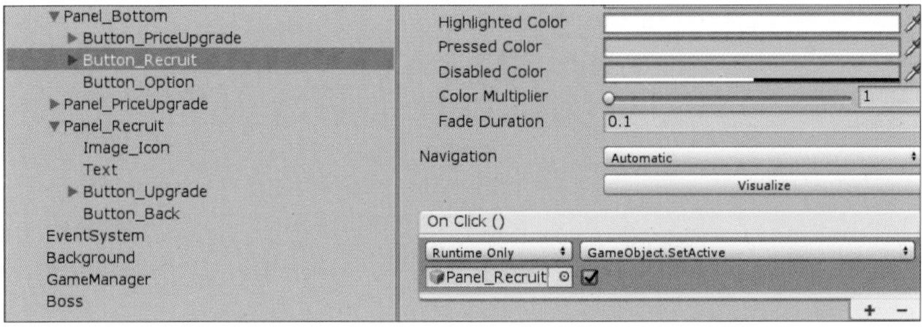

[그림 5-61] 직원 고용 패널 열기 버튼

이제 직원 고용 기능을 모두 완성하였으니 테스트 플레이를 하여 이상이 없는지 점검합니다. 제대로 완성했다면 직원이 무한히 늘어나는 것을 볼 수 있습니다.

늘어나는 직원 수를 그림뿐만 아니라 텍스트로 볼 수 있도록 상단의 직원 수 텍스트도 수정해야 합니다. GameManager 스크립트의 상단에 다음의 변수를 추가합니다.

```
public Text textPerson;
```

내용을 수정할 수 있도록 ShowInfo( ) 함수 안에 다음과 같은 내용을 추가합니다.

```
if(employeeCount == 0)
        textPerson.text = "0명";
    else
        textPerson.text = employeeCount + "명";
```

스크립트를 저장하고 유니티 에디터로 돌아옵니다. 그리고 하이어라키 뷰에서 GameManager 게임 오브젝트의 GameManager 스크립트 컴포넌트의 비어 있는 'Text Person' 항목에 Panel_Top 안에 있는 Text_Person 게임 오브젝트를 드래그 앤 드롭하면 직원을 고용하는 기능 완성입니다.

완성하면 두 가지 문제를 발견할 수가 있습니다. 카메라를 움직일 수 없어 늘어난 직원의 모습을 볼 수 없다는 것과, 직원을 많이 만들게 되면 카메라를 강제로 움직이더라도 바닥이 없어 허공에 떠 있는 몇몇 직원들의 모습입니다. 이 부분을 해결하기 위해 바닥을 생성하는 부분부터 만들어 보겠습니다. 다음의 변수들을 GameManager 스크립트를 열어 상단에 추가합니다.

```
public float spaceFloor;        // 바닥의 간격
    public int floorCapacity;    // 바닥이 수용 가능한 인원 수
    public int currentFloor;     // 현재 바닥의 수
```

수치와 같이 나중에 구성할 바닥 프리팹도 미리 변수로 선언해두겠습니다.

```
    public GameObject prefabFloor;   // 바닥 프리팹
```

바닥을 만들기 위해 다음의 함수를 추가합니다.

```
    void CreateFloor( )
    {
        Vector2 bgPosition = GameObject.Find("Background").transform.position;

        float nextFloor = (employeeCount + 1) / floorCapacity;

        float spotX = bgPosition.x;
        float spotY = bgPosition.y;

        spotY -= spaceFloor * nextFloor;

        if (nextFloor >= currentFloor)
        {
            Instantiate(prefabFloor, new Vector2(spotX, spotY), Quaternion.identity);
            currentFloor += 1;
        }
    }
```

바닥은 기본으로 있는 Background 게임 오브젝트를 기준점으로 움직이기 위해 bgPosition이라는 변수를 만들어 Background 게임 오브젝트의 좌표를 담아두었습니다. nextFloor는 바닥이 수용 가능한 인원이 모두 차면 값 1이 올라가도록 했습니다. 여기서 직원 수에 1을 추가하는 이유는 직원이 가득 찬 후 한 명 더 고용해야 바닥이 추가되는 것이 아닌, 한 발 앞에서 생성하기 위해 1을 추가하여 계산한 것입니다. 그리고 계산된 바닥 수를 간격만큼 곱한 값을 빼서 새롭게 생성할 바닥 프리팹의 Y 좌표로 합니다. 빼는 이유는 직원을 생성할 때와 같이 아래로 내려가도록 생성하기 때문입니다.

마지막으로 직원 수에 따라 자동으로 생성할 수 있도록 Update( ) 함수에서 이 함수를 실행할 수 있도록 다음의 내용을 Update( ) 함수에 추가합니다.

```
CreateFloor( );
```

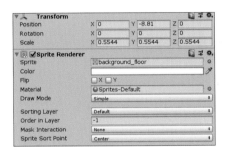

[그림 5-62] 바닥 프리팹 설정

이제 저장하고 유니티 에디터로 돌아와 바닥 프리팹을 생성해 보겠습니다. 바닥 프리팹의 경우 특별한 기능 없이 보여주기만 하면 되기 때문에 하이어라키 뷰에서 [Create]-[2D Object]-[Sprite]를 통해 스프라이트 오브젝트를 새로 생성하고 이름을 'Floor'로 설정합니다. 그리고 스프라이트 렌더러 컴포넌트의 Sprite 항목에 바닥 그림을 넣어 줍니다. 어색하지 않도록 Background 게임 오브젝트에서 보이는 그림의 바닥 너비와 맞춰주도록 크기를 조절합니다.

크기 조절이 완료되었다면 Floor 게임 오브젝트를 프로젝트 뷰로 드래그 앤 드롭하여 프리팹으로 만듭니다. 하이어라키 뷰에 남은 사본(파란색) Floor는 지워줍니다. 그리고 만들어진 Floor 프리팹을 하이어라키 뷰에서 GameManager 게임 오브젝트를 선택한 후 GameManager 스크립트 컴포넌트의 Prefab Floor 항목에 드래그 앤 드롭으로 연동합니다.

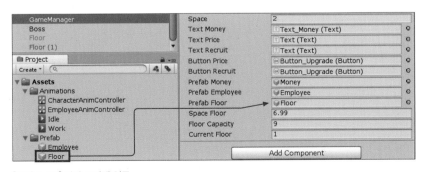

[그림 5-63] 바닥 프리팹 연동

마지막으로 수치를 조금 바꿔야 합니다. GameManager 스크립트 컴포넌트의 Space Floor 항목은 전에 선언했던 바닥의 간격입니다. 완성된 후 테스트 플레이를 통해 적절한 간격을 설정합니다. 간격은 바닥을 조금 겹치도록 설정하는 것이 좋습니다. 직원을 모두 수용했을 경우 바닥이 조금 남도록 되어 있기 때문에 바닥을 온전한 간격으로 설정하면 직원이 있는 영역보다 넓게 생성되기 때문입니다. Floor Capacity 항목은 수용 가능한 인원을 설정하면 됩니다. CurrentFloor의 경우 1로 두면 게임을 시작하자마자 바닥이 하나 생성되는 것을 방지할 수 있습니다.

여기까지 마치고 나면 테스트 플레이를 통해 바닥 생성 기능이 없는지 점검합니다.

6-6. 카메라 이동

카메라를 이동하는 것은 많은 게임에서 응용 가능한 기능입니다. 직원이 생성됨에 따라 직원의 수가 늘어나면 아래 방향으로 화면의 스크롤이 가능해야 하기 때문에 위·아래 움직임을 바닥의 넓이만큼 해보겠습니다. C# 스크립트를 새로 만들어 이름을 'CameraDrag'로 짓고 다음의 스크립트를 추가합니다.

```
using System.Collections;
using System.Collections.Generic;
using UnityEngine;
using UnityEngine.EventSystems;

public class CameraDrag : MonoBehaviour
{
    private Transform tr;
    private Vector2 firstTouch;
    public float limitMinY;
    public float limitMaxY;
    public float dragSpeed = 0.05f;

    // Use this for initialization
    void Start( )
    {
        tr = GetComponent<Transform>( );
    }

    // Update is called once per frame
    void Update( )
    {
        if(EventSystem.current.IsPointerOverGameObject( ) == false)
        {
            Move( );
        }
    }
```

```
void Move( )
{
    if (Input.GetMouseButtonDown(0))
    {
        firstTouch = Camera.main.ScreenToWorldPoint(Input.mousePosition);
    }
    if (Input.GetMouseButton(0))
    {

        Vector2 currentTouch = Camera.main.ScreenToWorldPoint(Input.mousePosition);

        if (Vector2.Distance(firstTouch, currentTouch) > 0.4f)// 드래그 범위일 때
        {
            if (firstTouch.y < currentTouch.y)      // 처음 터치보다 위로 드래그 했을 때
            {
                if (tr.position.y > limitMinY)      // 카메라 드래그 가능 범위일 때
                    tr.Translate(Vector2.down * dragSpeed);      // 카메라 아래로 이동
            }
            else if (firstTouch.y > currentTouch.y)   // 처음 터치보다 아래로 드래그 했을 때
            {
                if (tr.position.y < limitMaxY)      // 카메라 드래그 가능 범위일 때
                    tr.Translate(Vector2.up * dragSpeed);       // 카메라 위로 이동
            }
        }
    }

}
}
```

스크립트 최상단에서 네임스페이스로 'UnityEngine.EventSystems;'를 추가합니다. 그리고 이 네임스페이스를 통해 Update( ) 함수 안에 있는 'if(EventSystem.current.IsPointerOverGameObject( ) == false)' 조건문을 통해 마우스 클릭 인식이 UI 영역에서 가능하지 못하게 방지해줄 수 있습니다. 실질적으로 드래그를 통한 카메라 드래그는 Move( ) 함수에서 이루어지게 됩니다. Move( ) 함수 안에는 두 가지의 조건문이 큰 분기로 있습니다. 'Input.GetMouseButtonDown(0)'과 'Input.GetMouseButton(0)'입니다. 전자의 경우 처음 마우스를 누른 한 순간을 입력받습니다. 이때 처음 클릭한 지점의 좌표를 firstTouch 변수에 값으로 넣습니다.

Input.GetMouseButton(0)은 마우스를 꾹 누르고 있을 때입니다. 이 경우 안에 있는 내용이 굉장히 복잡해 보이지만, 한 줄씩 읽어나가면 이해할 수 있습니다. 먼저 currentTouch 변수에 현재 클릭하고 있는 좌표를 값으로 넣고 있습니다. Input.GetMouseButton(0)의 경우 Update( ) 함수에서부터 Move( ) 함수가 실행되고 있기 때문에 누르고 있는 매 프레임을 입력받고 있어 currentTouch에서는 실시간으로 현재 좌표가 들어가는 셈입니다.

그 아래 'if(Vector2.Distance(firstTouch, currentTouch) > 0.4f)' 조건문은 마우스 입력에서는 필요 없지만 모바일에는 중요한 부분입니다. Vector2.Distance( ) 함수는 인자로 받는 두 개 사이의 거리를 재는 함수입니다. 따라서 처음 클릭한 지점으로부터 0.4 정도의 거리가 떨어져야 내용이 실행되는 것입니다. 이는 마우스와 달리 손가락이 뭉툭하기 때문에 터치하고 싶은데 드래그 처리되는 오작동을 방지하기 위함입니다. 0.4는 임의의 값이기 때문에 값을 수정하여도 됩니다.

거리를 쟀을 때 일정 범위를 넘어 드래그로 인식했다면 그 안에서는 'if(firstTouch.y < currentTouch.y)'와 부등호가 반대로 뒤집어져 있는 else if( ) 조건문이 있습니다. 이것은 처음 클릭한 지점으로부터 위로 움직였는지, 아래로 움직였는지를 판단하는 부분입니다. 그리고 각각의 조건문 방향에 따라 limitMinY와 limitMaxY 변수를 통해 최소값과 최대값을 초과했는지를 검사합니다. 이 모든 조건을 통과한 경우 tr.Translate( ) 함수를 통해 아래나 위 방향으로 카메라를 움직입니다. 여기서는 모바일 환경처럼 마우스 클릭(터치)을 위로 드래그할 때 화면이 아래로 움직이고, 반대로 했을 때는 위로 올라가도록 구성하였습니다.

Start( ) 함수에서 현재 게임 오브젝트의 트랜스폼 컴포넌트를 가져오도록 스크립트를 작성하였습니다. 따라서 이 스크립트를 저장하고 유니티 에디터로 돌아와서 Main Camera 게임 오브젝트에 이 스크립트를 컴포넌트로 넣습니다. 특별히 값을 설정할 것은 없지만, 드래그 속도가 적절하지 않다면 Main Camera를 하이어라키 뷰에서 선택하고 인스펙터에서 CameraDrag 스크립트 컴포넌트의 Drag Speed 값을 조절합니다.

이제 바닥이 늘어날 때마다 드래그 가능 범위를 넓혀 보겠습니다. GameManager 스크립트를 열고 CreateFloor( ) 함수에 한 줄을 추가합니다.

```
void CreateFloor( )
{
    Vector2 bgPosition = GameObject.Find("Background").transform.position;

    float nextFloor = (employeeCount + 1) / floorCapacity;

    float spotX = bgPosition.x;
    float spotY = bgPosition.y;

    spotY -= spaceFloor * nextFloor;

    if (nextFloor >= currentFloor)
    {
        Instantiate(prefabFloor, new Vector2(spotX, spotY), Quaternion.identity);
        currentFloor += 1;
        Camera.main.GetComponent<CameraDrag>( ).limitMinY -= spaceFloor;
    }
}
```

카메라의 드래그 가능 최소 범위를 바닥이 추가될 때마다 바닥의 간격 값만큼 추가해줄 것입니다. 이 상태로 테스트 플레이를 해 보면 바닥의 영역이 늘어난 만큼 카메라를 드래그하여 움직일 수 있습니다.

7 저장

클리커 게임에서 저장 기능은 필수 요소입니다. 그밖에 성장에 초점을 둔 게임의 경우에도 마찬가지입니다. 게임을 종료하고 다시 켰을 때 그 값이 유지되지 않으면 진행이 어려운 게임들이 많습니다. 그렇기 때문에 유니티에서 저장할 수 있는 방법을 간단하게 소개해 보겠습니다.

7-1. PlayerPrefs로 저장

유니티에서 저장을 위해 제공하는 기본적인 클래스입니다. 원래는 옵션에 있는 사용자 설정 값을 저장하기 위한 간단한 저장용이었지만, 최근에는 간단한 암호화를 통해 약간의 보안 레벨을 갖췄습니다. 현재 프로젝트에서는 이 기능을 사용하지 않을 것이기 때문에 사용 방법만 설명하겠습니다.

```
PlayerPrefs.SetFloat("키 이름", 저장할 값);
PlayerPrefs.SetInt("키 이름", 저장할 값);
PlayerPrefs.SetString("키 이름", 저장할 값);
```

PlayerPrefs는 세 가지 타입 float, int, string을 지원합니다. 그 외는 제공하지 않습니다. 첫 번째 인자에 키 이름을 주고, 두 번째 인자에 각 타입에 맞는 저장할 값을 주는 것으로 저장할 수 있습니다. 불러오기는 다음과 같습니다.

```
PlayerPrefs.GetFloat("키 이름");
PlayerPrefs.GetInt("키 이름");
PlayerPrefs.GetString("키 이름");
```

Set 대신 Get을 쓰면 불러올 수 있습니다. 불러오기이므로 불러올 키 이름만 인자로 입력하면 불러올 수 있습니다.

함수의 원형만으로는 이해가 어려울 것입니다. 현재 프로젝트에서 소지금 변수를 이용하여 테스트할 수 있도록 스크립트를 작성해 보겠습니다. GameManager 스크립트를 열고 다음과 같은 함수를 추가합니다.

```
private void OnApplicationQuit( )
    {
        PlayerPrefs.SetString("MONEY", money.ToString( ));
    }
```

OnApplicationQuit( ) 함수는 Start( ) 함수나 Update( ) 함수처럼 사용자 정의 함수가 아닌 이미 존재하는 함수입니다. 이 함수는 게임이 종료될 때 자동으로 실행됩니다. 예제에서는 함수 안에 PlayerPrefs.SetString( ) 함수를 사용하여 money 변수를 저장하도록 되어 있습니다. MONEY는 임의로 만든 키 값입니다. money 변수는 숫자인데 왜 문자열로 저장하는지에 대한 의문이 있을 것입니다.

money 선언한 부분을 보면 자료형이 큰 값을 받아올 수 있도록 long으로 되어 있습니다. long은 int보다 큰 값의 정수를 저장할 수 있는 자료형입니다. int는 최대값 약 21억 정도의 값을 가지고 있는데, 그 최대값을 넘는다고 하면 강제로 형변환을 하더라도 제대로 된 값을 가질 수 없을 것입니다. 그렇기 때문에 우회하는 방법으로 변수를 문자열로 변환하면 긴 값을 저장할 수 있기 때문에 문자열로 변환하여 저장하는 것입니다.

불러오기를 만들어 보겠습니다. 불러오기는 게임이 시작되는 지점에서 실행하기 위해 Start( ) 함수를 다음과 같이 바꿔줍니다.

```
// Use this for initialization
    void Start ( )
    {
        string moneyString = PlayerPrefs.GetString("MONEY");
        money = long.Parse(moneyString);
    }
```

불러올 때는 저장을 문자열로 했기 때문에 변환 과정을 한 번 거쳐 불러와야 합니다. 현재 예시의 경우 PlayerPrefs.GetString( ) 함수에 저장했을 때와 같은 키 값을 불러오도록 했습니다. 그리고 그 값을 moneyString 변수에 넣었습니다. 그 다음 줄에서 money 변수에서 long.Parse( ) 함수를 통해 문자열에서 long 형의 정수로 변환하는 과정을 실행하여 money에 값을 넣도록 했습니다.

여기까지 작성을 마쳤다면 스크립트를 저장하고, 테스트 플레이로 소지금을 올려본 뒤에 게임을 종료했다가 다시 켜보고 값이 저장되었는지 확인해 봅니다.

PlayerPrefs로 저장하고 불러오는 것의 장점은 사용이 간편하여 익히기 쉽다는 것입니다. int, float, string 타입이 아닌 long이나 double 같은 경우, 문자열로 변환하여 저장했다가 각 타입의 Parse( ) 함수를 통해 변환 과정을 거쳐야 한다는 단점이 있지만, 그럼에도 불구하고 사용이 편리한 편입니다.

7-2. XML 파일로 저장

PlayerPrefs를 사용하는 것은 게임의 스케일이 작을 경우 저장할 변수가 많지 않아 조금만 수고하면 변수 하나하나를 다 기입하면서 저장할 수 있습니다. 그런데 RPG 게임을 만들거나 규모가 있는 시뮬레이션 게임일 경우 인벤토리에 있는 수많은 아이템 값이나 캐릭터의 정보들을 저장해야 합니다. 이럴 때도 PlayerPrefs를 사용한다면 반복문으로 키 값을 무한 생성하며, 저장하는 등의 우회적인 방법을 거치지 않는 한 일일이 저장하기 힘들 것입니다. 그렇기 때문에 다른 방식을 사용하는 것이 더 편합니다.

다른 방법으로는 서버나 로컬에 파일로 저장하는 방법이 있습니다. 그 중에서 게임 데이터 저장에 널리 사용되는 XML 파일로 저장하는 방법을 배워보겠습니다. 사용하기 까다롭지만 클래스 사용에 익숙해질 경우 클래스를 통째로 편하게 저장할 수 있는 장점이 있기 때문에 PlayerPrefs보다 애용하게 될 것입니다.

C# 스크립트를 새로 생성하여 이름을 'XmlManager'로 짓고 다음의 내용을 작성합니다.

```csharp
using System.Collections;
using System.Collections.Generic;
using UnityEngine;

public class XmlManager
{

    public static void XmlSave<T>(T classForSave, string path)
    {
        System.Xml.Serialization.XmlSerializer sr = new System.Xml.Serialization.XmlSerializer(typeof(T));
        using (System.IO.TextWriter tw = new System.IO.StreamWriter(path))
        {
            sr.Serialize(tw, classForSave);
            tw.Close( );
        }
    }

    public static T XmlLoad<T>(string path)
    {
        System.Xml.Serialization.XmlSerializer sr = new System.Xml.Serialization.XmlSerializer(typeof(T));
        using (System.IO.FileStream fs = new System.IO.FileStream(path, System.IO.FileMode.Open))
```

```
            {
                T t = (T)sr.Deserialize(fs);
                fs.Close( );

                return t;
            }
        }
    }
```

함수의 내용이 복잡하지만, 각 변수가 하는 기능만 알아두어도 사용할 수 있습니다. XmlSave( ) 함수는 어디서든 실행하면 첫 번째 인자로 입력한 클래스 하나를 파일로 두 번째 인자에 입력한 경로에 저장할 수 있도록 해줍니다. XmlLoad( ) 함수는 인자로 입력한 경로에서 파일을 불러와 클래스로 돌려주는 함수입니다. 이 스크립트는 독립적으로 사용 가능하기 때문에 다른 프로젝트에 이 스크립트를 넣어도 수정 없이 사용 가능합니다.

이제 파일로 저장하기 위해 저장할 변수들을 담을 클래스를 만들어야 합니다. C# 스크립트를 새로 만들어 이름을 'SaveData'로 바꾸고 다음의 내용을 작성합니다.

```
[System.Serializable]
public class SaveData
{
    public long money;
    public long moneyIncreaseAmount;
    public long moneyIncreaseLevel;
    public long moneyIncreasePrice;

    public int employeeCount;
    public long autoMoneyIncreaseAmount;
    public long autoIncreasePrice;
}
```

SaveData 스크립트는 기존에 있던 변수를 모아 저장하는 용도이며, 별다른 함수의 실행을 하지 않기 때문에 최상단에 위치한 네임스페이스가 필요 없습니다. 클래스 뒤에 붙어 있던 ': MonoBehaviour' 역시 사용하지 않습니다. 다만 데이터를 파일로 저장할 수 있도록 직렬화하기 위해 클래스 위에 '[System.Serializable]'을 써줍니다.

실질적으로 저장과 불러오기를 할 수 있는 함수를 만들어 보겠습니다. GameManager 스크립트를 열어 추가해 보겠습니다. PlayerPrefs를 연습할 때 썼던 Start( ) 함수의 내용을 비우고 Save( ) 함수를 지우고 다음 다음과 같은 내용의 함수 두 개를 추가합니다.

```
void Save( )
{
    SaveData saveData = new SaveData( );

    saveData.money = money;
    saveData.moneyIncreaseAmount = moneyIncreaseAmount;
    saveData.moneyIncreaseLevel = moneyIncreaseLevel;
    saveData.moneyIncreasePrice = moneyIncreasePrice;
    saveData.employeeCount = employeeCount;
    saveData.autoMoneyIncreaseAmount = AutoWork.autoMoneyIncreaseAmount;
    saveData.autoIncreasePrice = AutoWork.autoIncreasePrice;

    string path = Application.persistentDataPath + "/save.xml";
    XmlManager.XmlSave<SaveData>(saveData, path);
}

void Load( )
{
    SaveData saveData = new SaveData( );

    string path = Application.persistentDataPath + "/save.xml";
    saveData = XmlManager.XmlLoad<SaveData>(path);

    money = saveData.money;
    moneyIncreaseAmount = saveData.moneyIncreaseAmount;
    moneyIncreaseLevel = saveData.moneyIncreaseLevel;
    moneyIncreasePrice = saveData.moneyIncreasePrice;
    employeeCount = saveData.employeeCount;
    AutoWork.autoMoneyIncreaseAmount = saveData.autoMoneyIncreaseAmount;
    AutoWork.autoIncreasePrice = saveData.autoIncreasePrice;
}
```

추가하기 전에 만들었던 SaveData 클래스를 Save( ) 함수에서 변수로 선언하였습니다. 클래스를 변수로 사용할 때는 'new'라는 키워드를 사용하여 값이 들어 있지 않은 클래스를 초기화합니다. 초기화를 마치면 숫자 변수만 있기 때문에, 각각의 변수에 값이 0으로 되어 있을 것입니다.

이 변수들에 현재 사용하고 있는 변수들의 값을 넣어 클래스 안에 있는 값을 채워주고 XmlManager. XmlSave⟨⟩( ) 함수로 파일을 저장합니다. ⟨ ⟩ 안에는 저장할 변수의 데이터 타입, ( ) 안에는 첫 번째 인자로 저장할 변수를 입력하고, 두 번째 인자에는 저장할 경로를 써주면 해당 위치에 저장할 수 있습니다.

경로에 사용되는 문자열 중 Application.persistantDataPath는 기기마다 다른 고유의 경로 값입니다. 이 값은 PC나 모바일을 구분하지 않고 경로를 잡아줄 수 있기 때문에 기기별로 조건문을 걸어 경로를 특정하지 않고 사용할 수 있어 편리합니다. 이 경로가 정확히 어디에 있는지 궁금하다면 유니티 매뉴얼의 스크립팅 API에 검색하면 자세한 경로가 있으니 참고합니다.

XmlManager.XmlLoad〈〉()의 경우 반대로, 인자로 경로를 입력해주면 〈〉 안의 타입으로 값을 파일에서 불러올 수 있습니다. 그렇기 때문에 Load() 함수에서는 Save() 함수의 순서와 반대로 진행하여 기존에 있던 변수의 값을 저장된 값으로 대체하고 있습니다.

저장과 불러오기는 PlayerPrefs에서 했던 것처럼 게임이 종료될 때와 시작될 때를 기점으로 만들어 보겠습니다. 게임이 종료될 때 저장되도록 OnApplicationQuit() 함수를 다음과 같이 바꿉니다.

```
private void OnApplicationQuit( )
    {
        Save( );
    }
```

저장에 대한 처리는 모두 Save() 함수 내에서 이루어지므로 Save() 함수 하나만 실행하여도 좋습니다.

Start() 함수에서 불러오는 것을 구현해 보겠습니다. Load() 함수는 조건이 하나 붙어야 오류를 방지할 수 있습니다. 불러오는 과정에서 반드시 경로와 파일 이름이 일치해야 하고, 파일이 없을 때 불러오지 못하도록 해야 합니다. 따라서 다음과 같이 Start() 함수의 내용을 바꿔줍니다.

```
void Start ( )
{
    string path = Application.persistentDataPath + "/save.xml";
    if (System.IO.File.Exists(path))
    {
        Load( );
    }
}
```

System.IO.File.Exists() 함수는 해당 경로(+파일 이름)에 그 파일이 있는지 검사하는 함수입니다. 그렇기 때문에 이 조건문은 저장되어 있지 않을 때는 불러오지 못하도록 합니다. 작성을 마쳤다면 스크립트를 저장하고 테스트를 해봅니다.

저장, 불러오기 기능을 잘 구현해서 숫자는 멀쩡히 작동하더라도 화면에 보이는 직원 구현이 안 되었을 것입니다. 그 이유는 직원 오브젝트를 만드는 함수가 직원 고용 버튼을 누르는 순간 실행되기 때문입니다. Update() 함수 같은 곳에서 항시 호출하고 검사하지 않고 있기 때문에 파일을 불러오더라도 생성되는 일은 없습니다. 따라서 이 점을 보완해줄 함수를 하나 새로 만들어야 합니다. GameManager 스크립트를 열고 다음과 같은 함수를 새로 만듭니다.

```
void FillEmployee( )
{
    GameObject[] employees = GameObject.FindGameObjectsWithTag("Employee");

    if(employeeCount != employees.Length)
    {
        for(int i = employees.Length; i <= employeeCount; i++)
        {
            Vector2 bossSpot = GameObject.Find("Boss").transform.position;
            float spotX = bossSpot.x + (i % width) * space;
            float spotY = bossSpot.y - (i / width) * space;

            GameObject obj = Instantiate(prefabEmployee, new Vector2(spotX, spotY), Quaternion.identity);
        }
    }
}
```

처음에 나온 'GameObject.FindGameObjectsWithTag( )' 함수는 이름으로 게임 오브젝트를 찾아 반환하는 GameObject.Find( ) 함수와는 달리, 해당 문자열의 태그를 달고 있는 게임 오브젝트 여러 개를 배열로 반환하는 함수입니다. 'Employee'라는 태그를 달고 있는 오브젝트를 모두 찾아서 그 개수(employees.Length)와 현재 직원 수 변수(employeeCount)의 수가 같지 않다면(!=) 직원을 생성하는 함수입니다.

함수 작성을 완료하였으면 파일에서 데이터를 불러오고 난 다음에 실행할 수 있도록 Start( ) 함수에서 Load( ); 다음 줄에 이 함수를 실행하게 합니다. 다음의 내용을 추가합니다.

```
FillEmployee( );
```

FillEmployee( ) 함수에서 직원 오브젝트를 찾을 때 쓰는 태그는 지금까지 과정 중에서 다룬 적이 없으니 스크립트를 저장하고 에디터로 돌아옵니다. 태그를 추가하고 오브젝트에 태그를 붙이는 방법을 간단하게 다뤄보겠습니다.

Employee 프리팹을 프로젝트 뷰에서 선택하고 인스펙터 뷰에서 오브젝트의 이름 아래쪽 'Untagged'를 선택하여 나오는 항목 중 'Add Tag'를 누릅니다.

[그림 5-64] 태그 추가

현재 프로젝트에는 추가한 태그가 없기 때문에 리스트가 비어 있습니다. 아래 [+] 버튼을 눌러 새롭게 추가하며 이름을 'Employee'로 합니다. 태그는 문자열로 받아오기 때문에 스크립트 상에서 적어두었던 태그의 이름과 대소문자가 일치해야 합니다.

[그림 5-65] 새로운 태그 만들기

태그를 새로 만들었다면 직원 프리팹에 이 태그를 달아주어야 합니다. 태그를 새로 추가하여도 해당 태그가 그 게임 오브젝트에 바로 연결되는 것이 아니기 때문입니다. 따라서 한 번 더 프로젝트 뷰에서 Employee 프리팹을 선택한 후 이름 아래에 있는 태그를 누르면 전과는 달리 새롭게 추가한 'Employee' 태그가 보입니다. 이 태그를 선택하여 교체해줍니다.

[그림 5-66] 게임 오브젝트의 태그 교체

게임을 테스트해 보면 직원 수에 모자란 숫자만큼 직원 오브젝트를 생성하는 것을 볼 수 있습니다. 프리팹 이외에도 기존에 있던 Boss 게임 오브젝트에도 태그를 달아주어야 합니다.

8 옵션(설정) 만들기(그 이외의 UI들)

마지막으로 옵션을 만들어 보겠습니다. 옵션에서는 볼륨 조절만 실습해 보고, 나머지는 소개하며 기능으로 구현은 생략하겠습니다. 옵션 구현에 사용하는 컴포넌트들은 캔버스 위에서만 동작하고, 캔버스 밖에서 게임 오브젝트를 생성할 경우 보이지 않게 되니 주의합니다.

[그림 5-67] 옵션 구현 예

옵션에 사용할 다양한 UI 프리셋은 게임 오브젝
트를 만들 때 [Create]-[UI]에서 선택할 수 있습
니다.

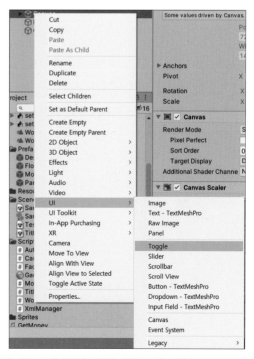

[그림 5-68] 옵션에 사용할 게임 오브젝트 생성

8-1. 슬라이더(Slider)

슬라이더는 사운드 볼륨의 구현에 특히 많이 사용하며, 그 외에도 다양한 범위 설정 구현에 사용하는 UI입니다. 해당 게임 오브젝트를 선택한 후 인스펙터 뷰에 나오는 슬라이더(Slider) 컴포넌트 항목에는 많은 설정이 있지만, 제일 중요한 것은 Value입니다.

이 항목의 값을 조절할 경우 [그림 5-69]처럼 슬라이더의 핸들이 움직이며 게이지를 해당 값만큼 채우게 됩니다. 크기를 조절하면 핸들이 X축으로 사이즈가 늘어나지 않는데, 이 부분은 슬라이더 게임 오브젝트 안에 Handle Slide Area의 자식(Child) 오브젝트인 Handle의 사이즈를 조정하면 핸들의 크기를 조절할 수 있습니다.

[그림 5-69] 슬라이더 구현 예

슬라이더 컴포넌트에는 'On Value Changed'라는 부분이 있습니다. 이것은 버튼 컴포넌트의 'On Click' 부분에 함수를 추가하는 것과 사용 방법이 같습니다. 다만 이름의 뜻이 '값이 변경되었을 때'이기 때문에 일어나는 때는 버튼과 같지 않습니다. 슬라이더의 값이 변경되었을 때 설정한 함수를 실행할 것입니다.

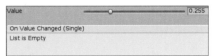

[그림 5-70] 슬라이더 연동 예

테스트로 배경 음악을 넣고 볼륨을 슬라이더와 연동해 보겠습니다. GameManager 게임 오브젝트를 하이어라키 뷰에서 선택하고 인스펙터 뷰 아래 [Add Component] 버튼을 눌러 'Audio Source'를 검색하여 추가합니다. 이 오디오 소스 컴포넌트는 게임 내에서 스피커 역할을 합니다. 사람의 귀 역할은 Main Camera 게임 오브젝트 안에 오디오 리스너(Audio Listener)라는 컴포넌트가 하고 있습니다. 따라서 카메라 근처에 해당 오디오 소스 컴포넌트가 가까이 있는 경우 소리가 들리는 구조입니다.

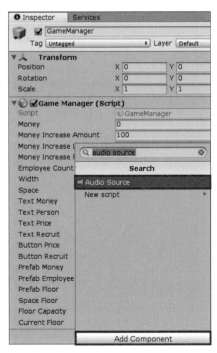

[그림 5-71] 오디오 소스 컴포넌트 추가

오디오 소스 컴포넌트를 추가했다면 재생할 음원을 넣어 주어야 합니다. 컴포넌트 상단 'AudioClip' 항목에 재생할 음원 파일을 프로젝트 뷰에서 드래그 앤 드롭하여 실행할 수 있습니다.

배경 음악은 게임이 시작되면 바로 실행되기 때문에 설정할 필요는 없지만, 'Play On Awake'라는 항목이 있습니다. 이 항목의 체크박스를 해제하면 시작하자마자 음원을 재생하지 않게 할 수 있습니다. 또한 그 바로 아래에 'Loop' 항목은 반복 재생을 하는지 여부를 결정할 수 있습니다. 배경 음악은 반복되므로 체크해둡니다.

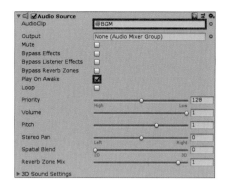

[그림 5-72] 오디오 소스 컴포넌트 설정

그 다음은 슬라이더 컴포넌트와의 연동인데, 'On Value Changed' 부분에 함수를 추가하면 해당 함수를 실행할 수 있습니다. 만약 조절해야 할 컴포넌트가 여러 개가 아니라 하나만 존재한다면 간단하게 설정할 수도 있습니다. value가 float 값인 점을 이용하여 다른 컴포넌트의 float 변수와 이어주는 것입니다.

[그림 5-73] 슬라이더의 값과 오디오 소스 볼륨 연동

해당 슬라이더를 선택한 후 On Value Changed의 빈 칸에 오디오 소스 컴포넌트가 들어간 게임 오브젝트(현재는 GameManager)를 드래그 앤 드롭하여 넣고, 'No Function' 부분에 [AudioSource]-[volume]을 선택하면 슬라이더의 값이 오디오 소스 컴포넌트의 볼륨 값으로 복사됩니다.

8-2. 토글(Toggle)

토글은 흔히 말하는 체크박스를 뜻합니다. 주로 음소거 같은 기능 설정에 많이 쓰입니다. 켜거나 끄거나 둘 중 하나를 선택할 수 있으며, 대응하는

[그림 5-74] 토글 구현 예

값은 토글 컴포넌트 안에 'Is On'이라는 항목을 켜고 끔으로써 값을 변경하거나 값을 받아올 수 있습니다. 토글 역시 On Value Changed라는 칸을 가지고 있어, 직접 만든 함수를 넣거나 다른 컴포넌트의 bool(boolean) 값과 연동할 수 있습니다.

토글 역시 크기를 조절할 경우 슬라이더의 핸들처럼 영역 안에 있는 체크마크(Check Mark)가 늘어나지 않습니다. 토글 게임 오브젝트 안에 있는 Background의 자식 오브젝트인 'Checkmark'를 선택하고 따로 크기를 조절합니다.

8-3. 드롭다운(Dropdown)

드롭다운의 경우 뒤에서 설명할 스크롤 뷰를 응용한 템플릿입니다. 여러 가지 항목 중 하나를 설정할 때 쓰입니다.

[그림 5-75] 드롭다운 구현 예

값은 주로 Value 항목을 수정하거나 받아오게 되어 있습니다. 드롭다운 컴포넌트에서의 value는 int형으로, n번째의 항목이라는 뜻입니다.

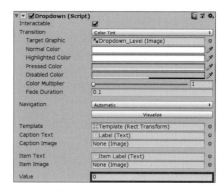

[그림 5-76] 드롭다운 설정

새로운 항목은 Value 아래에 있는 Options 항목에서 [+] 버튼을 누르면 추가할 수 있습니다.

드롭다운 역시 On Value Changed 항목을 통해 값이 변경되었을 때 실행할 함수를 설정할 수 있습니다. 다른 옵션에 사용하는 UI들과 마찬가지로 크기를 키우면 텍

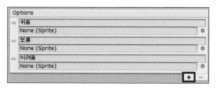

[그림 5-77] 드롭다운 Options 항목 설정

스트만 커지지 않는 현상이 있습니다. 곁에 있는 텍스트의 경우 드롭다운 게임 오브젝트의 바로 안에 있는 Label을 통해 크기 수정이 가능하지만, 막상 드롭다운을 테스트하면서 눌러보면 안에 있는 항목들은 그대로인 것을 볼 수 있습니다.

이럴 경우 비활성화 되어 있는 Template 게임 오브젝트 안에서 [Viewport]−[Content]−[Item]을 열어 항목의 디자인을 변경할 수 있습니다. 글씨는 Item Label이 자식 오브젝트로 되어 있습니다. 이 아이템 하나만 수정하면 다른 항목들 역시 같은 구조로 이름만 바뀌어 복사됩니다.

8-4. 인풋필드(InputField)

인풋필드는 RPG 게임 등에서 주인공 이름을 입력받거나 온라인 게임에서의 채팅창, 이벤트 쿠폰 코드을 입력받는 등 어떤 문자열의 입력을 유저에게서 받아올 때 주로 쓰입니다.

인풋필드로 만든 오브젝트 안에 Placeholder 오브젝트의 텍스트 컴포넌트를 수정할 경우 [그림 5−78]에 보이는 'Enter text...' 부분을 수정할 수 있습니다. 용도에 따

[그림 5−78] 인풋필드 예

라 유저에게 '이름을 입력하세요'나 '쿠폰 코드를 입력하세요' 등 안내 문구를 적을 수 있습니다. 사용자의 입력을 받으면 인풋필드로 만든 오브젝트 안에 'Text' 게임 오브젝트의 텍스트 컴포넌트 내용이 수정됩니다. Text의 텍스트 내용은 실제로 게임을 플레이하기 전에는 에디터 상에서 수정하는 내용이 보이지 않으니 Placeholder를 기준으로 삼아 폰트 사이즈(Font Size)를 수정하면 좋습니다.

인풋필드 컴포넌트도 위에서 소개했던 다른 컴포넌트처럼 'On Value Changed( )' 부분을 통해 사용자가 입력한 텍스트의 내용이 바뀌었을 때마다 함수를 실행하도록 할 수 있습니다. 또한 On End Edit( ) 부분에서는 사용자가 문자열의 입력을 마쳤을 때 실행할 함수를 정할 수 있습니다.

PC에서 게임을 실행하거나, 에디터에서 테스트 플레이를 할 경우 인풋 필드를 클릭하고 키보드로 문자를 입력하면 인풋필드 안에 내용을 입력할 수 있습니다. 모바일의 경우 화면 하단에 현재 모바일 기기가 사용하고 있는 가상 키보드가 뜨게 되며, 그 키보드로 입력 가능합니다. 그로 인해 화면의 영역 일부가 가려지므로 모바일에서 인풋필드를 사용하면 게임이 정지된 상태에서 입력받을 수 있도록 설계합니다.

인풋필드 컴포넌트는 여러 가지 설정을 할 수 있지만, 그 중에서 유용하게 쓰이는 설정을 소개합니다.

[그림 5−79] 인풋필드 컴포넌트 설정

- **Character Limit** : 글자 개수에 제한을 둘 때 사용합니다. 한글은 바이트(byte) 기준이 아니기 때문에 한글 한 글자가 영어 알파벳 하나와 같은 취급을 받습니다.
- **Content Type** : 글자의 종류에 제한을 둘 수 있습니다. Standard는 특별히 제한이 없지만, 다른 종류의 경우 해당 타입의 문자만 입력 가능합니다. 예를 들면, 'Integer Number'의 경우 정수 숫자만 입력받을 수 있는 것입니다.

8-5. 스크롤 뷰(Scroll View)

스크롤 뷰는 제한된 영역에서 스크롤하여 내용을 볼 수 있는 UI입니다. 웹 브라우저나 프로그램에서 많이 사용합니다.

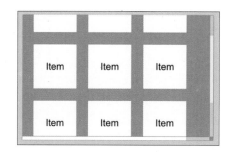

[그림 5-80] 스크롤 뷰 예

스크롤 뷰 컴포넌트는 Horizontal이나 Vertical 항목이 체크되어 있는 방향으로 스크롤이 가능합니다. 세로로만 스크롤을 움직이고 싶다면 Vertical 항목만 체크합니다. 스크롤 바(Scroll Bar)는 필요없는 방향의 연결을 끊으면 나타나지 않습니다. 기본적으로도 안에 들어 있는 아이템 길이가 스크롤 영역을 넘어가지 않는다면 스크롤 바는 생성되지 않습니다.

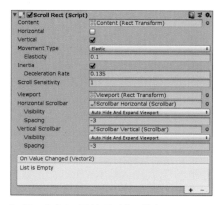

[그림 5-81] 스크롤 뷰 컴포넌트 설정

Movement Type은 움직이는 방식입니다. 기본적으로 Elastic은 영역의 끝에 도달했을 때 튕기듯이 다시 돌아갑니다. Clamp는 영역의 끝까지 스크롤했을 때 더 이상 움직이지 않도록 합니다.

스크롤 뷰는 스크롤도 가능하게 하지만, 정렬 기능과 같이 사용하면 좋습니다. 스크롤 뷰 안에 무언가 내용을 집어넣는다면 [Scroll View]-[Viewport]-[Content]

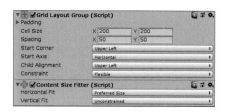

[그림 5-82] Content 내용물 정렬에 사용할 컴포넌트

안에 내용물을 넣으면 됩니다. Content 안에 내용물을 정렬하려면 '레이아웃 그룹(Layout Group)' 컴포넌트와 'Content Size Fitter' 컴포넌트를 추가하여 사용합니다.

레이아웃 그룹은 가로로 정렬할 수 있는 'Horizontal Layout Group', 세로로 정렬할 수 있는 'Vertical Layout Group', 그리고 그리드로 칸을 생성할 수 있는 'Grid Layout Group' 세 가지 종류가 있습니다.

각각의 레이아웃 그룹은 Padding이라고 하는 값을 조절하여 가장자리 영역에 공간을 줄 수 있습니다. 그리고 Spacing은 각 아이템 사이의 간격을 조절합니다. 그 아래 값들은 각각 어느 방향으로 정렬할지에 대한 항목입니다.

Content Size Fitter는 유니티 2017.2 버전 이후로 생긴 기능인데, 차일드 오브젝트의 영역만큼 해당 오브젝트의 크기를 자동으로 조절하는 컴포넌트입니다. 현재는 Content 게임 오브젝트에 추가했기 때문에 안에 들어갈 아이템의 크기만큼 Content의 영역을 늘려주는 역할을 합니다. 스크롤 뷰는 Content 영역의 넓이만큼 드래그 범위가 가능한데, Content Size Fitter를 사용하면 게임 도중에도 자동 조절이 가능하기 때문에 유용합니다.

8-6. 텍스트 메쉬 프로(TextMeshPro)

텍스트 메쉬 프로(Text Mesh Pro, TMP)는 이전에는 선택사항이었지만 2018.2 버전 이후로는 'TextMeshPro'라는 항목이 정식으로 추가되어 텍스트 UI 항목이 생겼습니다. 텍스트 메쉬 프로는 유니티의 기본 텍스트 컴포넌트와는 달리 그림자나 아웃라인을 추가할 수 있습니다.

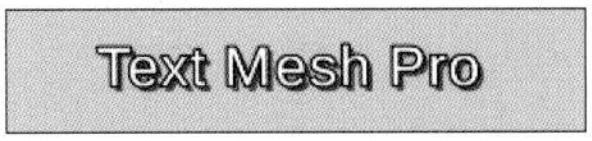

[그림 5-83] 텍스트 메쉬 프로 예

단점은 폰트 파일을 임포트(Import)하면 바로 사용할 수 없고, 전용 에셋을 사용해야 폰트를 사용할 수 있다는 점입니다. 기본 폰트는 아스키코드(ASCII)에 제공되는 글자만 들어 있습니다. 폰트 에셋을 만드는 방법은 (blog.naver.com/kimluxx/222909534236)를 참조합니다. 2021 버전 후반 이후에는 TMP가 기본이며, 기존의 텍스트는 레거시(Legacy) 상태가 되었습니다.

CHAPTER
6

디펜스 게임 만들기

1 레이어 다루기

앞에서 배운 내용들을 활용하여 몬스터를 막는 콘셉트의 디펜스 게임을 만들어 보겠습니다. 성으로 적들이 몰려올 때 적을 터치하면 죽일 수 있지만, 성에 닿을 때까지 죽이지 못하면 성에 데미지를 줍니다. 성의 체력이 모두 깎이면 게임이 끝나며, 점점 늘어나는 몬스터를 막는 게임입니다.

디펜스 게임은 보통 탑 뷰 형식의 화면 구성을 가지거나 방어하는 쪽, 공격하는 쪽을 구분하여 구성하는 것이 일반적입니다. 여기에서는 좌측에 성을 배치하고 우측에서 적이 몰려오게 구성하였습니다. 또한 상단에 스코어를 표시하는 텍스트를 두었습니다.

[그림 6-1] 디펜스 게임 플레이 예

새 프로젝트를 생성하고 이름은 'Chapter6'라고 하겠습니다. 템플릿은 이전과 같이 2D로 합니다. 먼저 하이어라키에서 스프라이트를 추가하여 이름을 모두 바꿔줍니다.

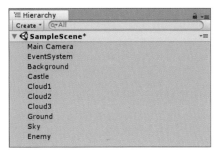

[그림 6-2] 스프라이트 추가

2D 게임에서 스프라이트로 게임 화면을 구성하다 보면 배경, 건물, 움직이는 적 등 많은 스프라이트를 사용하게 됩니다. 하지만 이 스프라이트들을 단순히 배치하면 종이를 겹쳐 올려놓은 것처럼 위의 스프라이트에 아래 스프라이트가 가려져 보이지 않는 현상이 발생합니다.

[그림 6-3] 스프라이트 우선순위가 엉킨 모습

그렇기 때문에 유니티에서는 레이어의 우선순위를 정할 수 있는 스프라이트 렌더러 컴포넌트의 sorting layer, order in layer 기능이 있습니다. Add Sorting Layer를 클릭하고 Tags&Layers에 들어갑니다.

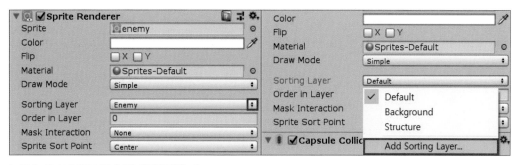

[그림 6-4] 스프라이트 렌더러의 레이어 정렬 기능

유니티에서 기본적으로 만들어놓은 Default Layer가 존재합니다. 모든 스프라이트가 Default Layer로 정렬되어 있습니다. 이제 이곳에 Background, Structure, Enemy Layer를 추가합니다. 밑에 정렬된 Layer일수록 화면에서 가장 앞에 배치됩니다. 따라서 Structure Layer가 Background Layer를 가리고, Enemy Layer가 Background, Structure Layer를 가리게 됩니다.

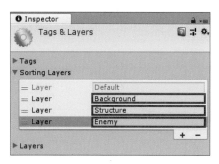

[그림 6-5] Sorting Layer

다시 돌아와 오브젝트의 스프라이트 렌더러의 Sorting Layer를 클릭하면 레이어 우선순위가 추가된 것을 볼 수 있습니다. 각 스프라이트 오브젝트를 클릭하여 Sorting Layer를 지정해줍니다.

[그림 6-6] 추가된 Sorting Layer

Order in Layer는 Sorting Layer에서 지정한
Layer 안에서의 우선순위입니다. 낮은 숫자가 화
면에서 가장 앞에 배치됩니다. 이를 이용하면 조
금 더 세심한 레이어 구성이 가능합니다.

[그림 6-7] Layer 정렬 완료

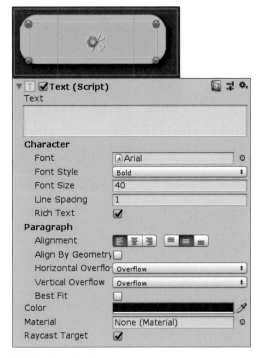

[그림 6-8] 스코어 UI

2 스프라이트 충돌 구성

UI를 활용하여 현재 스코어를 나타낼 이미지 패
널과 텍스트를 하나씩 만들어 줍니다.

Castle과 Enemy 오브젝트는 서로 충돌하여 데미지를 주거나 사라지게 됩니다. 따라서 양쪽 모두 Collider를 달아줍니다. Castle은 Box collider2D, Enemy는 Capsule Collider2D를 달았습니다.

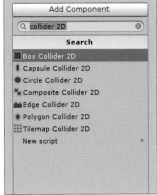

[그림 6-9] Collider 종류

물리 충돌을 감지하려면 충돌하는 두 오브젝트 중 최소 하나의 오브젝트에는 Rigidbody가 있어야 합니다. Enemy는 계속 생성되고 사라지는 오브젝트이기 때문에 연산이 낭비되지 않게 Castle에 Rigidbody2D 컴포넌트를 추가합니다. Castle과 Enemy는 서로 충돌하더라도 중력이나 힘의 영향을 전혀 받지 않고 오로지 충돌 감지만 할 것이기에 Rigidbody2D 컴포넌트의 BodyType을 Kinematic으로 변경해줍니다. Kinematic 속성은 Dynamic 속성과 다르게 중력과 힘 등이 연산에 고려되지 않아 연산이 더욱 빠르고 가벼워집니다.

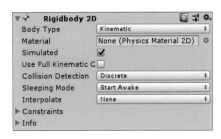

[그림 6-10] rigidbody2d의 kinematic

여러 객체가 나올 Enemy는 미리 Prefab으로 만들어 두고 하이어라키에서 지워줍니다. 또한 인스펙터 상단의 [tag]-[Add tag]를 통해 'enemy'라는 이름의 태그를 추가하고 선택해줍니다. 이는 뒤에 나올 레이캐스트에서 함께 설명하겠습니다.

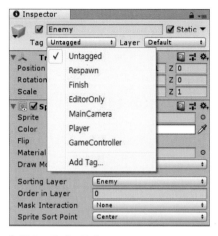

[그림 6-11] 태그 추가

[그림 6-12] 게이지 바 Image 생성

다음은 성의 체력을 나타내는 게이지 바(Guage Bar)를 만들겠습니다. 게이지 바는 오브젝트의 상태를 가장 직관적으로 나타내주는 효율적인 UI 중 하나이며 많은 디펜스 게임에서 활용되고 있습니다.

Canvas에서 마우스 오른쪽 버튼을 클릭하고 Image를 눌러 Image 오브젝트를 생성하고, 하얀색 이미지를 추가하여 색상을 빨간색으로 지정합니다. 성의 체력을 나타낼 것이므로 성 위에 배치하고 크기를 적당히 조절해줍니다.

성의 체력이 깎일 때마다 게이지 바가 조금씩 줄어들 것입니다. 이 효과를 나타내기 위해 이미지 컴포넌트의 Image Type을 Filled로 바꿔줍니다. Image Type은 적용된 스프라이트가 어떻게 보일지 정의합니다. Filled 옵션을 선택했을 땐 Simple 옵션의 경우와 동일하게 보이지만, 세부 옵션에 따라 얼마나 어떻게 이미지를 채울 것인지 선택할 수 있습니다.

Fill Method 옵션은 이미지를 어떤 방법으로 채울 것인지를 정합니다. 가로, 세로, 원의 형태가 있습니다. 여기서는 체력 게이지 바를 나타내기 위해 Horizontal 옵션을 선택합니다.

Fill Origin 옵션은 이미지의 원점을 지정하는데 여기서는 Left를 선택합니다.

Fill Amount 옵션은 이미지를 얼마나 채울 것인지 정합니다. 슬라이더를 움직여 화면의 게이지 바를 미리 볼 수 있습니다. 후에 스크립트로 다룰 것이므로 1로 놓고 넘어갑니다.

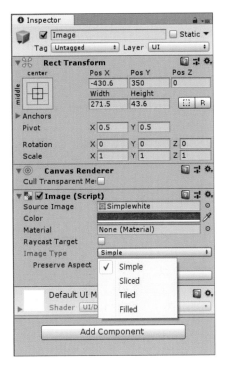

[그림 6-13] 게이지 바 ①

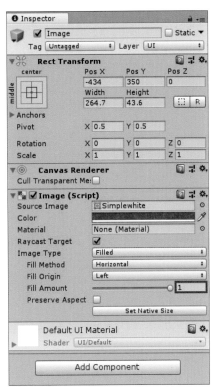

[그림 6-14] 게이지 바 ②

3 몰려오는 적

오른쪽에서부터 몰려나오는 적을 생성합니다. 하이어라키에서 [Create Empty]-[GameManger]를 추가합니다. C# 스크립트를 프로젝트 뷰에서 새로 작성하여 이름을 'CreateEnemy'로 합니다.

```csharp
using System.Collections;
using System.Collections.Generic;
using UnityEngine;

public class CreateEnemy : MonoBehaviour
{

    public GameObject prefabEnemy;
    public Vector2 limitMin;
    public Vector2 limitMax;

    void Start( )
    {
        StartCoroutine(Create( ));
    }

    IEnumerator Create( )
    {
        while (true)
        {
            float r = Random.Range(limitMin.y, limitMax.y);
            Vector2 creatingPoint = new Vector2(limitMin.x, r);

            Instantiate(prefabEnemy, creatingPoint, Quaternion.identity);
            yield return new WaitForSeconds(0.5f);

        }
    }

    private void OnDrawGizmos( )
    {
        Gizmos.color = Color.white;
        Gizmos.DrawLine(limitMin, limitMax);
    }
}
```

앞에서 배웠던 내용들이 그대로 활용되었으므로 진행 도중 기억이 나지 않는 부분은 이전 장을 참고합니다.

작성을 완료하고 앞에서 만든 GameManager에 드래그 앤 드롭으로 스크립트를 추가합니다. Enemy 프리팹을 추가하고 기즈모를 참고하여 인스펙터에서 몬스터가 생성될 지점을 정합니다.

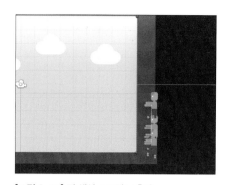

적을 생성하는 것은 잘 되었습니다. 이제 적이 오른쪽에서부터 성을 향해 달려오는 스크립트를 작성합니다. C# 스크립트를 프로젝트 뷰에서 새로 작성하여 이름을 'EnemyMove'로 합니다.

[그림 6-15] 적 생성 스크립트 추가

```
using System.Collections;
using System.Collections.Generic;
using UnityEngine;

public class EnemyMove : MonoBehaviour
{

    Transform tr;
    public float speed;

    void Start ( )
    {
        tr = GetComponent<Transform>( );
    }

    void Update ( )
    {
        tr.Translate(Vector2.left * speed * Time.deltaTime);
    }
}
```

'EnemyMove' 스크립트를 Enemy 프리팹 컴포넌트에 추가합니다.

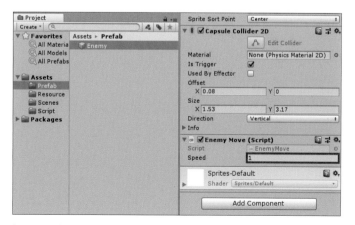

[그림 6-16] 적 이동 스크립트 추가

이제 인스펙터에서 speed 값을 주고 실행시켜 봅니다.

[그림 6-17] 적 생성 및 이동 구현

 터치로 적 공격(레이캐스트 2D)

오른쪽에서부터 몰려나오는 적을 터치하여 없애기 위하여 스프라이트의 터치와 작용을 위한 레이캐스트를 구현해 보겠습니다.

레이캐스트를 직역하면 '광선을 쏘다'라는 뜻입니다. 공간의 특정 점에서 특정 방향과 거리 안의 객체 정보를 알아낼 수 있는 매우 유용한 물리 엔진 기능입니다. 따라서 레이캐스트는 발사, 감지, 클릭 후 상호작용 등 폭넓은 곳에 활용할 수 있습니다. 유니티에서는 레이캐스트를 위한 몇 가지 기능들을 제공합니다.

Ray는 Raycast가 쏘는 '광선'입니다. 시작점과 방향을 정할 수 있습니다. Ray라는 광선이 어떤 충돌체와 닿으면 RaycastHit에 그 정보를 전달시킬 수 있습니다. RaycastHit에는 Ray가 닿은 콜라이더, 오브젝트의 위치, Ray의 시작점과의 거리 등 다양한 정보가 저장됩니다.

이번 프로젝트에서 구현할 레이캐스트는 쉽게 말해 적에게 터치를 통해 가상의 총을 쏜다고 생각하면 됩니다. C# 스크립트를 프로젝트 뷰에서 새로 작성하여 이름을 'AttackEnemy'로 합니다.

```
using System.Collections;
using System.Collections.Generic;
using UnityEngine;

public class AttackEnemy : MonoBehaviour
{

    void Update ( )
    {
```

```
        if (Input.GetMouseButtonDown(0))
        {
            Vector2 wp = Camera.main.ScreenToWorldPoint(Input.mousePosition);
            Ray2D ray = new Ray2D(wp, Vector2.zero);
            RaycastHit2D hit = Physics2D.Raycast(ray.origin, ray.direction);

            if (hit.collider != null)
            {
                if (hit.collider.tag == "enemy")
                {
                    Destroy(hit.collider.gameObject);
                }
            }
        }
    }
}
```

처음 보는 것들이 많아 당황할 수도 있지만 차근차근 이해하다보면 그리 어렵지 않습니다.

```
if (Input.GetMouseButtonDown(0))
    {
        Vector2 wp = Camera.main.ScreenToWorldPoint(Input.mousePosition);
    }
```

터치를 하면 터치한 곳의 좌표를 카메라가 보는 월드 좌표로 변환하여 임시 저장합니다.

```
Ray2D ray = new Ray2D(wp, Vector2.zero);
```

Ray2D를 새로 선언하고 'ray'라고 이름짓습니다. ray의 두 인자(parameter)는 기준점(origin)과 방향 (direction)입니다. 현재 ray라는 광선을 쏘기 위한 조준을 하고 있다고 생각하면 됩니다. 터치한 곳의 월드 좌표가 기준점이 되고, 방향은 X, Y축 어느쪽으로도 향하지 않고 터치한 곳을 향해 그대로 나아갑니다.

```
RaycastHit2D hit = Physics2D.Raycast(ray.origin, ray.direction);
```

Physics2D.Raycast( ) 함수를 통하여 조준을 완료한 ray를 실제로 쐈습니다. 마찬가지로 기준점과 방향, 두 가지 인자가 들어갑니다. ray를 쏘는 곳의 기준점과 ray가 향하는 방향입니다. 이제 우리가 쏜 가상의 총 ray는 터치한 곳으로 날아가 어떠한 오브젝트에 닿았고, 그 오브젝트의 정보를 RaycastHit2D hit에 담았습니다.

```
        if (hit.collider != null)
            {
                if (hit.collider.tag == "enemy")
                {
                    Destroy(hit.collider.gameObject);
                }
            }
```

ray가 날아가 collider와 닿았다면, 닿은 collider의 정보가 hit에 있을 것입니다. 없다면 ray는 최소한 collider가 붙은 오브젝트와 닿은 것은 아닙니다. enemy에 닿았을 때 상호작용을 할 것이므로 collider 값이 null이 아닐 때 다음을 진행합니다.

collider에 닿았고 그 collider의 오브젝트 tag가 enemy라면, ray가 닿은 collider의 오브젝트를 파괴합니다. 위에서 Add tag를 통해 enemy를 추가하고 enemy 프리팹의 tag를 enemy로 지정한 것은 이를 위함입니다.

이제 스크립트를 GameManager 컴포넌트에 추가합니다. 유니티를 실행시키고 움직이는 적을 터치하면 사라지는 것을 볼 수 있습니다. 하지만 실수로 적이 성에 닿는다면 어떻게 해야 할까요?

5 성 구현

앞에서 성의 체력을 나타내는 게이지 바 이미지를 만들었습니다. 적이 성에 닿으면 성의 체력 게이지 바가 줄어들고, 게이지 바가 모두 없어지면 게임이 끝나는 스크립트를 작성하겠습니다. C# 스크립트를 프로젝트 뷰에서 새로 작성하여 이름을 'Castle'로 합니다.

```
using System.Collections;
using System.Collections.Generic;
using UnityEngine;
using UnityEngine.UI;
using UnityEngine.SceneManagement;

public class Castle : MonoBehaviour
{

    private float MaxHp;
```

```csharp
    private float Damge;
    private Image GuageBar;

    // Use this for initialization
    void Start ( )
    {
        MaxHp = 10;
        Damge = 1;
        GuageBar= GameObject.Find("HpGuage").GetComponent<Image>( );
        GuageBar.fillAmount = 1;

    }

    // Update is called once per frame
    void Update ( )
    {
        if(GuageBar.fillAmount <= 0)
        {
            SceneManager.LoadScene("GameOver");
        }
    }

    private void OnTriggerEnter2D(Collider2D collision)
    {
        GuageBar.fillAmount -= Damge / MaxHp;
        Destroy(collision.gameObject);
    }
}
```

게이지 바 이미지를 다룰 것이기 때문에 UnityEngine.UI를 상단 네임 스페이스를 새롭게 추가하였습니다. 그 아래에는 성 체력이 모두 소진되면 게임오버를 만들 것이기 때문에, 씬(Scene) 이동을 위해 'UnityEngine.SceneManagement'를 사용하였습니다.

성의 최대 체력과 적에게 닿았을 때 입는 데미지를 설정합니다. 여기서는 최대 체력을 10, 데미지를 1로 설정하였습니다. 시작하면 HpGuage라는 오브젝트를 찾아 이미지 컴포넌트를 GuageBar로 받아옵니다. 그리고 GuageBar의 fillAmount, 즉 채워진 양을 1로 합니다. 주의할 점은 이 것이 최대치라는 점입니다. fillAmount는 0을 최소값, 1을 최대값으로 하는 float 값입니다. 그렇기 때문에 성의 체력을 나타내는 데 있어 약간의 연산이 필요합니다. 그것이 OnTriggerEnter2D 함수에 있는 내용입니다.

최대 체력과 데미지를 float 값으로 선언하였고, fillAmount의 최대값이 1이기 때문에 적과 충돌했을 때 게이지가 1/10씩 깎이도록 만들었습니다. 또한 충돌한 적은 바로 사라지게 됩니다. 성의 체력이 다 닳았을 땐 GameOver 씬으로 전환해 게임을 마무리합니다.

6 스코어 구현

C# 스크립트를 프로젝트 뷰에서 새로 작성하여 이름을 'Score'로 합니다.

```
using System.Collections;
using System.Collections.Generic;
using UnityEngine;
using UnityEngine.UI;

public class Score : MonoBehaviour
{

    public Text scoreText;
    private float time;
    private int Int_time;


    void Update ( )
    {
        time += Time.deltaTime;
        Int_time = (int)time;
        scoreText.text = "Score : " + Int_time.ToString( );

    }
}
```

스코어 표시는 Text로 할 것이기 때문에 Unity Engine.UI를 사용하였습니다. 먼저 시간 변수를 두 가지 타입으로 선언해줍니다.
Time.deltaTime은 float 값이므로 float 자료형인 time으로 받아줍니다. 앞에 (int)를 씌워 Int_time 에 대입하면 int 값으로 입력됩니다. 이제 텍스트 에 원하는 방식으로 표시합니다. Score 스크립트 는 GameManager 컴포넌트에 추가해줍니다.

[그림 6-18] 완성된 게임

최소한의 게임을 위한 개발이 완료되었습니다. 플레이해도 오류가 없고 모든 기능이 잘 동작한다면 성공한 것입니다. 물론 이대로도 충분히 좋아보일 수도 있겠지만 조금 더 재미를 더해 보겠습니다.

7 레벨 디자인

레벨 디자인은 게임 속의 다양한 오브젝트를 조절해 플레이어에게 지속적인 재미를 주는 것이 목적입니다. 플레이어의 감정에 초점을 맞춘다면, 플레이어가 느끼는 어려움과 지루함의 중간에서 플레이하게 만드는 것이 레벨 디자인이 잘 되었다고 말할 수 있습니다.

현재 프로젝트는 적이 생성되는 속도가 일정하여 특별히 한눈을 팔지 않는다면 Score를 무한정 쌓을 수 있는 정도의 난이도입니다. 게임은 지속됨에 따라 난이도가 상승하는 것이 일반적입니다. 어떻게 하면 점점 더 어려우면서도 깰 수 있을만한 난이도를 만들 수 있을까요?

언젠가 한번 봤던 분수함수 그래프입니다. 양수 X값이 커지면 처음엔 Y값이 급격하게 감소하지만, 점점 서서히 감소하는 것을 볼 수 있습니다.

X축을 적의 순번, Y축을 생성 시간이라고 보면 어떨까요? 처음엔 그 차이가 미미할지 몰라도 적이 점점 빠르게 나와 막는 데에 급급할 수도 있습니다.

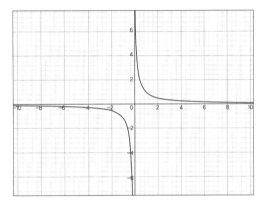

[그림 6-19] 분수 함수

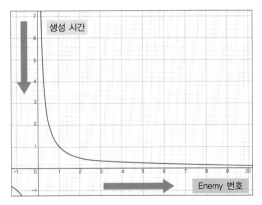

[그림 6-20] 적의 숫자와 생성 시간

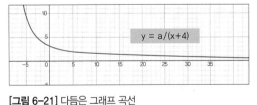

[그림 6-21] 다듬은 그래프 곡선

여기서는 이 정도의 곡률을 가진 그래프 함수식을 이용해 간단한 레벨 디자인을 해 보겠습니다.

먼저 CreateEnemy 스크립트를 열어 다음과 같이 내용을 바꿉니다.

```
using System.Collections;
using System.Collections.Generic;
using UnityEngine;

public class CreateEnemy : MonoBehaviour
{

    public GameObject prefabEnemy;
    public Vector2 limitMin;
    public Vector2 limitMax;
    private float delay;
    private int count;

    void Start( )
    {
        StartCoroutine(Create( ));
    }

    IEnumerator Create( )
    {
        while (true)
        {
            count++;

            float r = Random.Range(limitMin.y, limitMax.y);
            Vector2 creatingPoint = new Vector2(limitMin.x, r);

            Instantiate(prefabEnemy, creatingPoint, Quaternion.identity);

            delay = 10.0f / (count + 4);
            yield return new WaitForSeconds(delay);

        }
    }

    private void OnDrawGizmos( )
    {
        Gizmos.color = Color.white;
        Gizmos.DrawLine(limitMin, limitMax);
    }
}
```

delay와 count 변수를 추가로 선언했습니다. delay는 적을 생성하고 난 후 다시 생성하기까지의 시간입니다. count는 적의 순번을 체크하는 변수입니다. 위의 그래프 함수식은 $y = 10/x + 4$입니다. 기존 WaitForSeconds에 상수였던 0.5f 대신 함수식을 대입한 delay 변수를 그대로 대입하였습니다. 이제 Enemy의 speed 변수에 5를 넣고 플레이하면 전과 확연히 다른 게임 플레이를 느낄 수 있습니다.

FPS 게임 만들기 :
3D 다루기

3D 이해, 메쉬 렌더러 다루기

3D 게임의 꽃 1인칭 FPS 게임을 만들어 보겠습니다. 지금까지 만들면서 X, Y축만 신경쓰면 가능했던 2D와는 달리 Z축이 추가됩니다. 크게 어렵지 않습니다. 오히려 현실과 비슷한 부분이 많기 때문에 차근차근 따라하면 어느새 프로젝트가 완성되어 있을 것입니다.

이름을 'Chapter7'로 하여 프로젝트를 새로 생성합니다. 3D FPS 게임을 만들 것이므로 템플릿(Template)은 3D로 합니다.

1-1. 메쉬(Mesh)

3D 게임에서 리소스를 다룰 때 알아야 하는 개념부터 설명하겠습니다. 하이어라키 뷰에서 [3D Object]-[Capsule]을 통해 캡슐 오브젝트를 하나 만듭니다. 오브젝트를 만들기만 했을 뿐인데 2D 게임을 만들 때 일일이 추가해줬던 Collider를 비롯하여 여러 가지 컴포넌트가 추가되어 있는 것을 볼수 있습니다. 이는 3D 오브젝트에 최소한으로 필요한 컴포넌트를 유니티에서 기본적으로 세팅해놓은 것입니다. 위쪽에 Capsule(Mesh Filter) 컴포넌트가 있고 그 안에 Capsule이라는 Mesh가 있습니다.

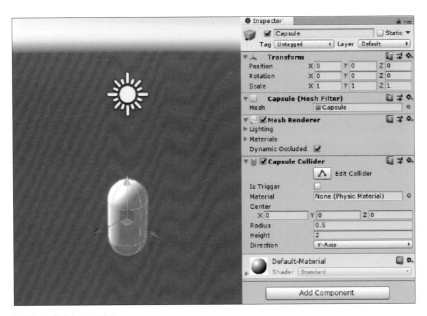

[그림 7-1] 캡슐 오브젝트

Mesh라는 것에 대해 알아보겠습니다. 씬 뷰의 위쪽에 구 모양의 아이콘을 클릭하면 쉐이딩 모드(Shading Mode)를 변경 가능합니다. 모드를 'Shaded Wireframe'으로 바꾼 상 태로 씬 뷰를 보면 표시된 모델에 그물망 같은 선이 표시되 는 것을 볼 수 있습니다. 메쉬란 사전적인 의미로 '그물망' 을 말합니다. 3D로 만든 오브젝트의 표면 구조가 그물처럼 생긴 것과 같다는 점에서 착안한 그래픽 용어입니다.

[그림 7-2] Shaded Wireframe

캡슐 오브젝트를 잘 보면 메쉬는 많은 점과 선으로 이어져 있는 것을 알 수 있습니다. 점과 선을 이어 만든 삼각형을 이어 붙여 사각형을 만들고, 이 사각형을 이어 붙여 메쉬를 구성하게 됩니다. 즉 메쉬는 점과 선으로 만든 삼각형의 집 합체입니다.

메쉬는 유니티에서 생성한 보이는 모든 오브젝트의 기초입 니다. 단순한 사각형부터 2D 스프라이트, 파티클, 복잡한 3D 캐릭터까지 카메라에 잡히는 모든 것에 메쉬가 이용됩 니다. 메쉬가 존재하지 않으면 설령 오브젝트에 대한 데이 터가 있어도 화면에 보이지 않습니다.

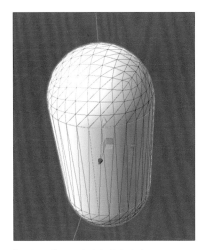

[그림 7-3] 그물망처럼 생긴 메쉬

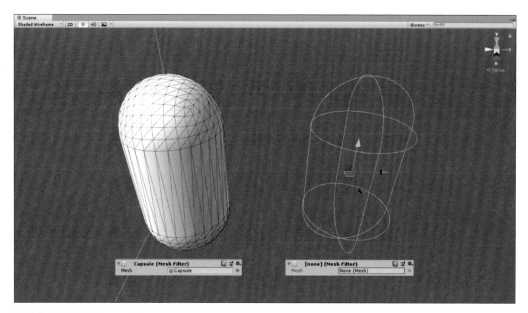

[그림 7-4] 메쉬가 없는 capsule

메쉬를 화면에 실제로 그려주는 역할을 하는 것이 메쉬 필터(Mesh Filter) 밑의 메쉬 렌더러(Mesh Renderer)입니다. 메쉬 렌더러를 비활성화하면 화면에 메쉬가 그려지지 않습니다. 하지만 오브젝트를 비활성화 한 것과는 차이가 있습니다.

오브젝트를 비활성화하면 콜라이더를 포함한 오브젝트의 모든 정보가 화면에 표시되지 않지만, 메쉬 혹은 메쉬 렌더러가 없을 경우 실제 화면에 표시되지 않더라도 콜라이더 등 존재하는 컴포넌트가 그 역할을 여전히 수행할 수 있습니다.

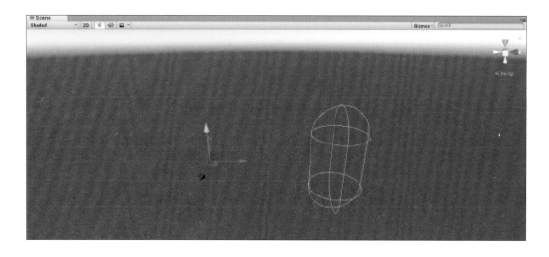

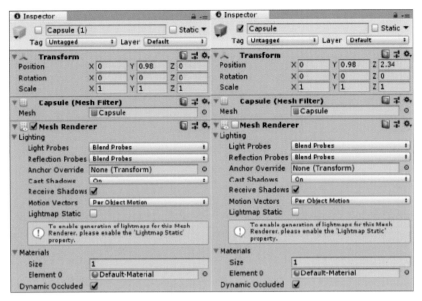

[그림 7-5] 메쉬 렌더러

유니티에서는 따로 메쉬를 디자인할 수 있는 툴을 제공하지 않습니다. 메쉬 자체는 코드로 작성해서 만들 수 있지만 시간과 노력이 많이 드므로 대게 3D 툴에서 만든 외부 3D 모델을 가져와서 씁니다.

1-2. 메쉬 렌더러와 매테리얼(Material)

메쉬 렌더러에는 크게 Lighting 속성과 매테리얼(Materials) 속성이 존재합니다. Lighting은 뒤에서 자세히 서술하고, Materials 속성을 살펴보겠습니다.

Materials 속성엔 [Default]−[Material]이 기본적으로 세팅되어 있습니다. 매테리얼(Materials) 항목을 보면 메쉬 렌더러가 메쉬뿐만 아니라 매테리얼의 데이터를 포함시켜 메쉬를 화면에 그려준다는 것을 짐작해볼 수 있습니다.

매테리얼이란, 사전적 의미로 '재질'이라는 뜻입니다. 메쉬가 오브젝트의 외형적인 데이터를 단순히 시각화한 데이터라면, 매테리얼은 메쉬 위에 포장지처럼 오브젝트 표면의 그림, 명암, 색 등을 정해주는 데이터입니다.

프로젝트에서 마우스 오른쪽 버튼을 클릭하여 [Create]-[Materials]를 클릭하고 'test material'이라고 이름붙입니다. 앞에서 봤던 매테리얼 속성들입니다. 많은 종류의 속성들은 그림, 명암, 색 등 표면을 어떻게 나타낼 것인지에 대한 것들입니다. 이 속성들은 대부분 텍스처라는 이미지 파일을 왼쪽 박스에 넣어 표현하게 됩니다.

[그림 7-6] 매테리얼 생성

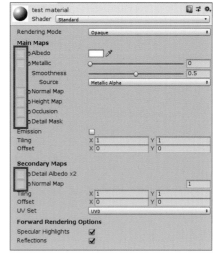

[그림 7-7] 매테리얼 속성

1-3. 매테리얼과 텍스처

텍스처는 단순한 이미지 파일입니다. 유니티에서 텍스처는 굉장히 다양한 용도로 사용됩니다. 앞에서 만들었던 프로젝트에서도 Sprite, UI로써 많은 텍스처가 사용되었습니다. 매테리얼의 표면을 표현하기 위한 그림, 명암, 색 등은 대부분 이 텍스처를 통해 이루어진다고 볼 수 있습니다. 간단히 텍스처를 매테리얼에 넣어 메쉬 렌더러를 구성해 보겠습니다.

먼저 디펜스 게임을 만들 때 사용했던 enemy 텍스처를 불러옵니다. 그 다음 test material의 인스펙터 뷰를 열어놓고 enemy 텍스처를 Main Maps의 Albedo 왼쪽 박스에 드래그 앤 드롭합니다.

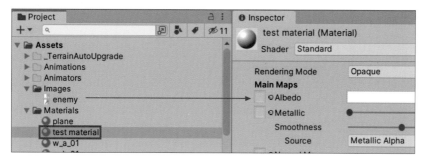

[그림 7-8] 매테리얼에 텍스처 넣기

캡슐의 인스펙터 뷰를 열고 방금 텍스처를 집어넣은 test material을 드래그 앤 드롭하여 메쉬 렌더러 컴포넌트의 매테리얼에 넣어 줍니다.

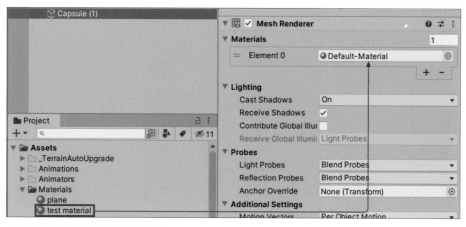

[그림 7-9] 메쉬 렌더러에 매테리얼 넣기

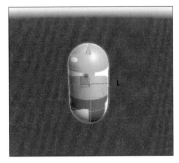

씬을 보면 enemy 텍스처가 적용된 캡슐 오브젝트를 볼 수 있습니다. 물론 2D 스프라이트를 위해 만든 텍스처이기 때문에 조금 어색하게 적용되었습니다.

[그림 7-10] 텍스처가 적용된 캡슐 오브젝트

조금 더 간편한 방법도 있습니다. 프로젝트의 enemy 텍스처를 하이어라키의 캡슐, 혹은 씬의 캡슐 오브젝트에 드래그 앤 드롭을 통해 바로 넣을 수 있습니다. 다만 이럴 경우 텍스처가 존재하는 폴더에 Materials 폴더가 자동으로 생성되며, 텍스처의 이름과 동일한 매테리얼이 생성됩니다.

같은 방법으로 매테리얼 역시 곧바로 메쉬 렌더러에 적용시킬 수 있습니다. 매테리얼은 다른 폴더나 파일을 자동으로 생성하지 않습니다.

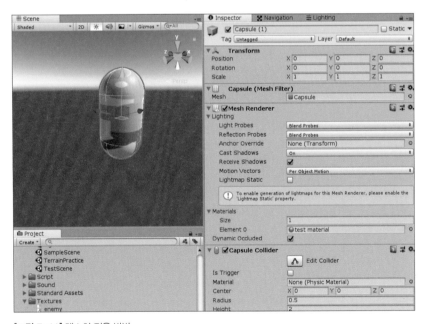

[그림 7-11] 텍스처 적용 방법

여기까지 3D 오브젝트를 화면에 나타내는 기본적인 개념을 살펴보았습니다. 3D 오브젝트는 메쉬라는 외형을 지니고 있고, 매테리얼은 외형의 표면 재질을 나타내며 이 재질은 텍스처에 의해 표현

됩니다. 또한 메쉬 렌더러는 메쉬를 화면에 나타내고, 빛과 매테리얼에 대한 정보를 메쉬 위에 입혀줍니다. 이를 그림으로 나타내면 다음과 같습니다.

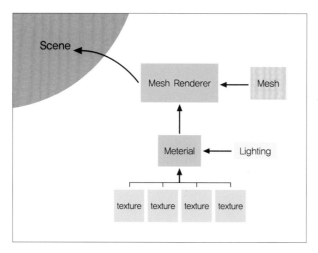

[그림 7-12] 3D 오브젝트 비주얼

2-1. 카메라 세팅

이제 프로젝트를 만들어 보겠습니다. 개념 설명을 위해 만들었던 오브젝트를 하이어라키 뷰와 프로젝트 뷰에서 모두 지워줍니다. 게임 특성상 모바일이 아닌 PC게임 프로젝트로 진행할 것입니다. 게임 탭의 Free Aspect를 제일 많이 사용하는 모니터 해상도 비율인 16:9로 바꿔줍니다.

[그림 7-13] 해상도 변경

앞에서 설명했던 텍스처, 매테리얼, 메쉬는 3D 그래픽 디자인에 능통하지 않은 이상 혼자 만들기에는 꽤 많은 노력과 시간이 필요합니다.

그렇기 때문에 여기서는 에셋 스토어에서 디자이너들이 만들어놓은 에셋을 첨부하여 진행합니다. 활용할 에셋은 'Sci Fi Hero Handpainted Demo'의 일부입니다.

하이어라키 뷰에 마우스 오른쪽 버튼을 클릭하여 [Create]-[Create Empty]를 눌러 이름을 'Player'로 하고 Rigidbody 컴포넌트를 추가해줍니다. Rigidbody는 이후 오브젝트의 이동과 회전에 활용될 것입니다.

복잡한 물리연산을 할 것이 아니므로 Gravity 속성은 끄고 Is Kinematic 속성을 켭니다. Prefab 폴더의 DefaultMesh_Free 프리팹을 하이어라키 뷰의 Player 하위에 드래그 앤 드롭하면 총을 든 3D 캐릭터를 볼 수 있습니다. Transform을 리셋(Reset)하여 포지션을 초기화하는 것을 주의합니다. 여기서 문제는 3인칭으로 보인다는 점입니다. 1인칭 FPS 게임을 만드는 프로젝트이므로 카메라 위치를 조정해줄 것입니다. 하이어라키 뷰에서 메인 카메라를 클릭하여 캐릭터의 머리 부분에 자연스러운 위치로 배치합니다.

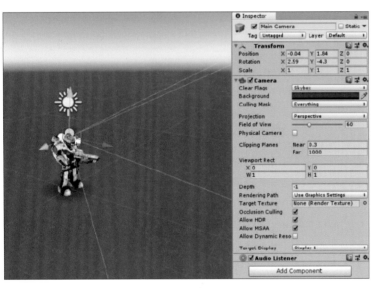

[그림 7-14] 카메라 배치

[그림 7-15] 카메라 고정

하이어라키 뷰에서 카메라를 Player 오브젝트 하위에 배치하고, DefaultMesh_Free 오브젝트를 카메라 하위에 배치합니다. 이로써 캐릭터가 움직이거나 방향을 바꾸더라도 카메라가 캐릭터를 따라서 같이 움직이게 됩니다. 이렇게 세팅해 주지 않으면 카메라는 현재 위치에 고정되어 움직이지 않습니다.

2-2. 1인칭 시점

1인칭 시점은 유저가 주인공으로, 게임이라는 또 하나의 세계를 경험하는 가장 효과적인 형태 중 하나입니다. 3인칭에 비해 현실 경험과 가장 유사해서 가까운 것은 더욱 진하고 크게, 먼 것은 연하고 작게 나타나는 원근감 등의 특징이 두드러지는 시점이라고 할 수 있습니다. 이러한 시야/소리 범위의 특성 때문에 FPS 장르에서 가장 사랑받고 있습니다.

특히 여러 FPS 게임들이 사운드에 더욱 신경을 쓰면서 총소리, 발소리 등이 게임에 직접적인 영향을 끼칠 수 있게 되었으며, 이는 1인칭 시점의 장점인 몰입감을 극대화 하였다고 볼 수 있습니다.

1인칭 시점 게임의 조작법은 거의 같습니다. ⓦ, ⒶⒶ, ⓈⓈ, ⒹⒹ를 이용한 캐릭터 이동, 마우스를 이용한 시야 회전입니다. 이는 2D 게임에서 활용하던 방식과는 다소 다른 점이 있으므로 3D 오브젝트의 이동과 회전에 대한 개념이 필요합니다.

2-3. 3D에서의 이동과 회전

지금까지는 X축과 Y축, 즉 2차원(2D)의 세계를 다루었다면 이번에는 Z축이 추가된 3차원(3D)을 다루고 있습니다. 일반적으로 3차원은 가로와 세로에 높이가 추가된 것이라고 말합니다. 유니티에서는 3차원을 다음과 같이 표현합니다.

오른쪽 위의 그림에서 알 수 있듯이 유니티는 각각의 축에 색상이 정해져 있습니다. X축은 빨간색, Y축은 초록색, Z축은 파란색입니다. 우리가 생각하는 일반적인 3차원 좌표와 다르게 유니티 3D에서는 가로가 X축, 세로가 Z축, 높이가 Y축입니다.

이 좌표계를 통해 오브젝트의 상대적인 위치를 나타내는 것이 트랜스폼 컴포넌트의 포지션 값입니다. 이 포지션 값을 바꾸어줌으로써 오브젝트는 유니티 세상의 어느 곳이든 이동할 수 있습니다. 그럼 로테이션 값은 어떨까요? 도구에서 회전 툴을 클릭해봅니다.

그림에서 알 수 있듯 3D 오브젝트의 회전은 각각의 축을 중심으로 한 회전입니다. 빨간색 원을 클릭하여 돌려보면 X축을 중심으로 오브젝트가 회전하고, 트랜스폼 컴포넌트에서 Rotaion의 X값이 바뀌는 것을 볼 수 있습니다. 트랜스폼의 포지션, 로테이션 값은 부모 오브젝트에 대한 상대적인 값이 표시됩니다.

[그림 7-16] 캐릭터 오브젝트와 X, Y, Z축

[그림 7-17] 3D 오브젝트 회전

일반적으로 3D 툴에서 회전을 표현하는 방식엔 쿼터니언과 오일러 두 가지가 있습니다. 각 방법에는 장단점이 명확히 있지만 상당히 수학적인 내용이므로 자세히 다루진 않겠습니다. 결과적으로 유니티 내부적으로는 연산에 오류가 없는 쿼터니언을, 외부적으로는 쉽게 편집할 수 있는 오일러 각을 사용합니다. 트랜스폼의 로테이션 값 역시 오일러 각을 이용하여 표시한 값입니다.

3 1인칭 조작 구현하기

1인칭 시점의 조작을 스크립트로 구현해 보기 위해 C# 스크립트를 만들고 이름을 'PlayerController' 라고 짓습니다.

```csharp
using System.Collections;
using System.Collections.Generic;
using UnityEngine;

public class PlayerController : MonoBehaviour
{
    public float speed;
    public float mouseSensitivity;

    public float RotationLimit;
    public float currRotationX;

    Camera MainCamera;
    Rigidbody rid;

    void Start( )
    {
        rid = GetComponent<Rigidbody>( );
        MainCamera = GameObject.Find("Main Camera").GetComponent<Camera>( );
    }

    void Update( )
    {
        PlayerMove( );
        PlayerRotation( );
        CameraRotation( );
    }

    private void PlayerMove( )
```

```
    {
        float moveX = Input.GetAxisRaw("Horizontal");
        float moveZ = Input.GetAxisRaw("Vertical");

        Vector3 moveHorizontal = transform.right * moveX;
        Vector3 moveVertical = transform.forward * moveZ;

        Vector3 velocity = (moveHorizontal + moveVertical).normalized * speed;

        rid.MovePosition(transform.position + velocity * Time.deltaTime);
    }

    private void PlayerRotation( )
    {
        float rotationY = Input.GetAxisRaw("Mouse X");

        Vector3 playerRotaionY = new Vector3(0f, rotationY, 0f) * mouseSensitivity;

        rid.MoveRotation(rid.rotation * Quaternion.Euler(playerRotaionY));
    }

    private void CameraRotation( )
    {
        float roateionX = Input.GetAxisRaw("Mouse Y");
        float cameraRotationX = roateionX * mouseSensitivity;
        currRotationX -= cameraRotationX;
        currRotationX = Mathf.Clamp(currRotationX, -RotationLimit, RotationLimit);

        MainCamera.transform.localEulerAngles = new Vector3(currRotationX, 0f, 0f);
    }
}
```

스타트 함수에서 Rigidbody 컴포넌트와 카메라를 찾아 참조해줍니다. 업데이트 함수에 조금 생소한 코드가 있습니다. 그 밑에는 같은 이름을 한 함수가 차례로 있습니다. 이 함수들을 모두 업데이트 함수에 하나씩 적으면 코드의 가시성이 떨어져 코드 파악과 수정이 어려워집니다. 그래서 각각의 역할을 수행하는 코드를 하나로 묶어 함수로 이름을 붙이고 업데이트 함수에 나열합니다. 이것을 소스코드의 모듈화라고 합니다. 직관적이기 때문에 코드가 어떤 순서로 진행되는지 파악하기도 쉬우며 수정도 빠르게 할 수 있다는 장점이 있습니다.

PlayerMove( ) 함수부터 보겠습니다. 앞에서 사용했던 GetAxis( ) 함수입니다. GetAxis 함수와 GetAxisRaw( ) 함수의 차이점은 반환 형식에 있습니다. 두 함수 모두 −1.0f부터 1.0f까지 실수(float)로 반환합니다. GetAxis( ) 함수는 세세한 소수점 값을 반환하지만, GetAxisRaw( ) 함수는 −1.0f , 0.0f, 1.0f만을 반환합니다. 캐릭터의 움직임은 W, A, S, D를 이용하여 세세한 차이가 없으므로 GetAxisRaw( ) 함수를 사용하였습니다.

다음은 X축, Y축 이동을 하는 vector3를 각각 계산해줍니다. transform.right는 X축을, transform. forward는 Z축을 의미합니다. moveX와 moveZ는 각각 −1, 0, 1의 값만 가질 수 있으므로 −1의 값이 들어오면 반대로 이동하게 됩니다. 다음은 구한 Vector3의 값을 더하고 정규화(normalized)하여 Vector3 방향의 값을 정합니다. 벡터(Vector)의 정규화란, 벡터가 가진 방향만 나타내기 위함이라고 이해하면 편합니다. 이 방향 값을 speed 변수와 곱해서 속도(velocity)로 쓸 값을 구해줍니다. speed 변수를 인스펙터에서 바꿔주며 이동 속도를 조절할 수 있습니다.

이제 리지드바디의 MovePosition( ) 함수를 이용하여 리지드바디 컴포넌트가 달려있는 오브젝트의 트랜스폼 포지션을 변화시켜줍니다. MovePosition( ) 함수는 트랜스폼의 position 값을 수정하는 것과 비슷하다고 보면 됩니다. 다만 이동하는 중간에 다른 리지드바디 컴포넌트를 가진 게임 오브젝트를 만났을 경우 물리처리를 할 수 있다는 차이점이 있습니다.

다음은 PlayerRotation( ) 함수입니다. 마우스를 좌, 우로 움직일 때 오브젝트가 따라 움직이는 함수로 마우스의 좌, 우 이동 값을 받아옵니다. 3D 오브젝트의 회전에서 설명했듯이 마우스가 좌 혹은 우로 이동하여 한 바퀴를 그린다면 그 값은 오브젝트의 Y축 회전 값이 될 것입니다. 마우스 감도로 사용할 mouseSensitivity 변수를 함께 곱해서 로테이션 벡터 값을 구해줍니다. 로테이션 값은 유니티 내부에서 쿼터니언으로 처리합니다. 오일러 각으로 구한 값을 쿼터니언으로 변환해주고 오브젝트를 돌려줍니다.

다음은 CameraRotation( ) 함수입니다. 마찬가지로 마우스를 상, 하로 움직일 때 카메라가 따라 움직이게 해줍니다. 마우스 감도는 역시 동일하게 적용해줍니다. 그리고 현재 카메라의 로테이션 X 값(초기 값 0)에서 움직인 로테이션 값을 빼줍니다. 더하면 마우스 반전처럼 마우스의 방향과 반대로 움직이게 됩니다.

이제 시점의 상, 하 시야 각을 제한합니다. 좌, 우는 360도 모든 방향을 봐도 문제가 없지만 상, 하는 사람의 신체구조상 360도로 보기가 매우 부자연스럽습니다.

Math.Clamp( ) 함수는 값을 제한하는 함수입니다. 인자로는 (제한할 변수, 최소값, 최대값)이 들어갑니다. RotationLimit 변수 역시 인스펙터에서 설정 가능합니다. 여기서는 40 정도로 진행합니다. 마지막으로 메인카메라의 트랜스폼에 로테이션 값을 넣어 줍니다. 이제 이 스크립트를 Player 오브젝트에 추가하고 유니티를 실행하면서 인스펙터의 공개된 변수들을 자연스럽게 조절합니다.

[그림 7-18] FPS 기본 조작

4 ▶ 총 발사

4-1. 발사 모션

이제 총을 한번 쏴보겠습니다. 그냥 총알만 나가면 플레이어 캐릭터의 모션이 어색하기 때문에 총을 쏘는 모션을 추가해주겠습니다. 3D에서 캐릭터의 준비된 모션은 대개 애니메이션으로 제작되어 있으며 이 애니메이션을 관장하는 것이 애니메이터입니다. 이번엔 총을 쏘기 위한 세 가지 애니메이션을 애니메이터에 넣어 보겠습니다. Animator 폴더에 'Fire Control'이라는 애니메이터를 더블클릭하여 엽니다.

Any State와 Exit는 사용하지 않을 것이므로 옆으로 치워놓습니다. 프로젝트의 'Animations' 폴더에 들어가면 AimAnim, FireAnim, IdleAnim 세 개의 애니메이션이 있습니다. 각각 총을 조준할 때, 총을 쏠 때, 기본 상태일 때 재생될 애니메이션입니다. 먼저 IdleAnim 애니메이션을 Animator의 Base Layer에 드래그 앤 드롭합니다.

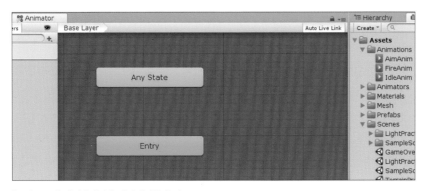

[그림 7-19] 애니메이터에 애니메이션 추가

자동으로 Entry에 연결된 것을 볼 수 있습니다. Entry는 '입장'으로 게임이 시작되면 상태를 IdleAnim으로 넘겨줍니다. 나머지 AimAnim과 FireAnim도 넣어 줍니다. 이제 이 세 가지 상태를 오가며 캐릭터의 총 쏘는 모션을 자연스럽게 만들 것입니다.

조준과 발사에 대한 조건이 있어야 할 것 같습니다. 애니메이터 뷰의 화면 왼쪽에서 파라미터를 클릭하고 [+] 버튼을 눌러 Bool 파라미터 2개를 추가합니다. 각각 'Aim'과 'Fire'라고 이름짓습니다.

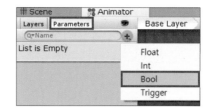

[그림 7-20] 파라미터 추가

이 파라미터들은 조준했을 때/총을 쐈을 때 true, 아닐 때 false를 반환하는 Boolean 자료형입니다. 이 조건을 통해 애니메이션을 제어할 것입니다. Base Layer의 IdleAnim을 마우스 오른쪽 버튼을 클릭하여 Make Transition을 통해 AimAnim에 연결합니다.

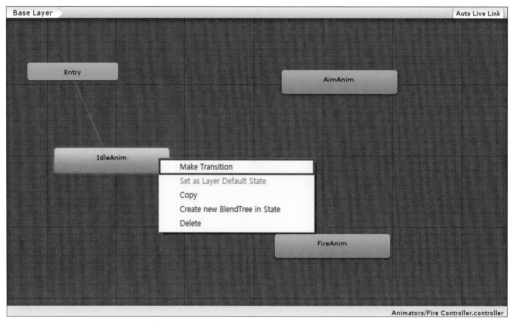

[그림 7-21] 트랜지션 추가

그리고 지금 연결한 트랜지션을 클릭합니다. 클리커 게임에서도 간단하게 다뤘었지만, 3D에서는 사용 방법이 조금 다른 부분이 있어 다시 소개하겠습니다.

[그림 7-22] 트랜지션 속성

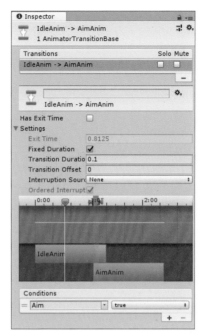

[그림 7-23] 트랜지션 세팅

Has Exit Time은 Settings의 Exit Time을 설정하여 지정한 시간에 애니메이션이 전환되게 하는 효과입니다. 여기서는 모션을 온전히 실행하기 위해 꺼줍니다. FPS는 빠른 반응 속도를 요구합니다. Transition Duration(전환 기간)을 0.1로 바꿔줍니다. Conditions는 조건입니다.

[+] 버튼을 눌러 조금 전에 만들었던 Aim을 추가하고 true로 지정합니다. 총을 조준했을 때 이 트랜지션이 작동한다는 의미입니다. preview에서 재생 버튼을 클릭하면 모션을 미리 볼 수 있습니다.

같은 방법으로 트랜지션 속성을 세팅해줍니다.

from	to	has exit time	trans dur	conditions	bool
IdleAnim	AimAnim	해제	0.1	aim	false
				fire	true
AimAnim	IdleAnim	해제	0.1	aim	false
				fire	false
AimAnim	FireAnim	해제	0.1	fire	true
FireAnim	AimAnim	해제	0.1	aim	true
				fire	false
FireAnim	IdleAnim	해제	0.2	aim	false
				fire	false

[표 7-1] 완성된 트랜지션 세팅

에임을 조준하지 않아도 총을 발사하면 에임을 조준한 후에 발사되도록 연결했습니다.

추가적으로 현재 FireAnim 즉, 총을 쏘는 모션의 애니메이션이 조금 느리므로 자연스럽게 만들어주기 위해 애니메이터에서 FireAnim을 클릭하여 Speed를 5 정도로 맞춰줍니다.

보통 FPS 게임에서는 마우스 오른쪽 버튼을 클릭했을 때 총을 조준하고 마우스 왼쪽을 클릭했을 때 총을 쏩니다. 그대로 만들어 보기 위해 C# 스크립트를 만들어 'AnimatorController'라고 이름짓고 다음과 같이 작성합니다.

[그림 7-24] 애니메이션 속도 조절

```
using System.Collections;
using System.Collections.Generic;
using UnityEngine;

public class AnimatorController : MonoBehaviour
{
    public Animator animator;
```

```
void Start ( )
{
    animator = GetComponent<Animator>( );
}

void Update ( )
{
    if(Input.GetMouseButton(1))
    {
        animator.SetBool("Aim", true);
    }
    else
    {
        animator.SetBool("Aim", false);
    }

    if (Input.GetMouseButton(0))
    {
        animator.SetBool("Fire", true);
    }
    else
    {
        animator.SetBool("Fire", false);
    }

}
}
```

'Animator Controller' 스크립트를 하이어라키의 DefaultMesh_Free 프리팹에 넣어주고 게임을 실행해봅니다. 애니메이터 창에서 각 상태에 대한 애니메이션이 작동되는 것을 볼 수 있습니다.

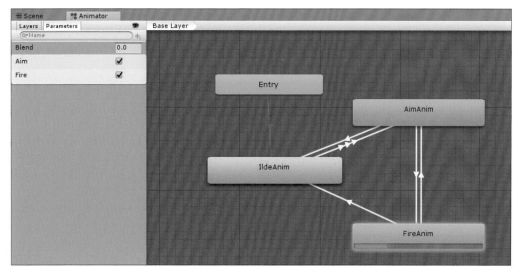

[그림 7-25] 애니메이터 작동

4-2. 발사 레이캐스트 만들기

디펜스 게임을 만들며 배웠던 레이캐스트를 3D에서 사용할 수 있도록 알아보겠습니다. 이번엔 총을 발사하면 레이캐스트를 쏴서 적을 제거하는 기능을 구현합니다. 우선 조준점을 만듭니다. 하이어라키 뷰에서 Main Camera를 마우스 오른쪽 버튼을 클릭하여 [2D Object]-[Sprite]를 통해 오브젝트를 만들고 'AimSpot'이라고 이름짓습니다.

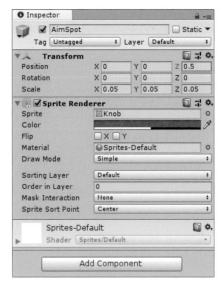

[그림 7-26] 조준점 만들기

스프라이트 렌더러 Sprite 항목에 스프라이트를 넣어 보겠습니다. Knob 스프라이트는 UI에서 사용하는 스프라이트지만, 이번에는 동그라미 모양이 필요하기 때문에 이것을 넣고 color는 빨간색으로 해줍니다. 이 조준점은 3D 좌표 상에서 카메라보다 조금 더 앞에 위치해야 합니다. 그렇기 때문에 Position Z값을 조절해주고 자연스럽게 Scale도 조절해줍니다.

C# 스크립트를 만들어 'FireController'라고 이름짓고 다음과 같이 작성합니다.

```
using System.Collections;
using System.Collections.Generic;
using UnityEngine;

public class FireController : MonoBehaviour
{

    public Transform Aimtr;

    private void Start( )
    {
        Aimtr = GameObject.Find("AimSpot").GetComponent<Transform>( );

        Cursor.lockState = CursorLockMode.Locked;
    }

    void Update ( )
    {
        if (Input.GetMouseButton(0))
        {
            RaycastHit hit;
```

```
        if (Physics.Raycast(Aimtr.position, Aimtr.transform.forward, out hit))
        {
            if (hit.collider.tag == "enemy")
            {
                Destroy(hit.collider.gameObject);
            }
        }
    }
}
```

3D에서 레이캐스트를 구현하는 스크립트입니다. 2D와는 다른 점이 있으니 주의해서 사용합니다. Aimtr 트랜스폼을 선언하고 방금 만들었던 AimSpot의 트랜스폼을 할당합니다.

Cursor.lockState 변수의 값을 변경하여 마우스 커서의 잠금 상태를 잠금으로 설정해줍니다. 이렇게 하면 플레이 시 마우스 커서가 보이지 않습니다. 마우스 왼쪽 버튼을 클릭했을 때 즉, 총을 발사했을 때 AimSpot의 위치에서 AimSpot의 앞쪽으로(forward) 레이캐스트를 발사하고, 이 레이캐스트에 충돌한 객체의 정보를 hit에 저장합니다. 만약 충돌한 객체의 태그가 enemy라면 충돌한 객체를 파괴합니다.

5 적 오브젝트와 벽

벽과 적 오브젝트를 구현하기 위해 하이어라키 뷰에서 마우스 오른쪽 버튼을 클릭하여 [Create]-
[3D Object]-[Plane]으로 바닥을 만들고 스케일을 조정해줍니다.

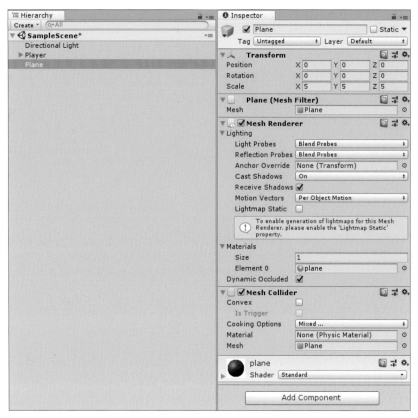

[그림 7-27] 바닥 만들기

벽을 만들기 위해 하이어라키 뷰에서 마우스 오른쪽 버튼을 클릭하고 [Create]-[3D Object]-[Cube]를 선택하여 추가합니다. 그리고 이름을 'Wall'이라고 짓습니다. 바닥과의 구분을 주기 위하여 매테리얼(Materials) 폴더에 마우스 오른쪽 버튼을 클릭하고 [Create]-[Material]을 통해 매테리얼을 하나 생성하고 색상을 바꿔줍니다. 마찬가지로 이름은 'wall'이라고 합니다.

wall 매테리얼을 Wall 오브젝트에 추가해줍니다. 이제 Wall 오브젝트의 Position 값과 Ratation 값을 적절히 조절하여 다음과 같은 맵을 만들겠습니다. 오브젝트명은 구분을 위해 'outside'와 'inside' 두 가지로 분류하였습니다.

[그림 7-28] 벽 매테리얼

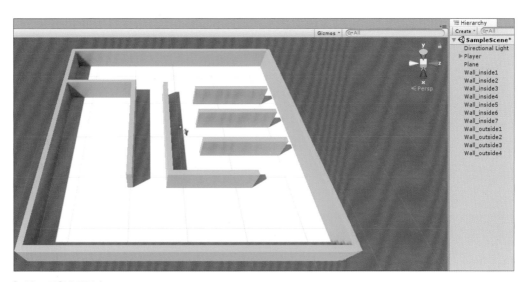

[그림 7-29] 벽 만들기

캐릭터와 벽, 바닥은 서로 충돌하여 통과할 수 없어야만 합니다. 따라서 리지드바디 컴포넌트와 콜라이더 컴포넌트의 추가가 필요합니다.

Player 게임 오브젝트에 [Add component]-[Capsule Collider]를 추가합니다. Center와 Radius, Height를 조절하여 캐릭터 사이즈와 비슷하게 만들어 줍니다. 또한 Player 게임 오브젝트의 리지드바디 컴포넌트 안에 있는 'Use Gravity' 항목 체크박스를 체크한 다음, 충돌 시 오브젝트가 회전되는 것을 막기 위해 Constraints의 Freeze Rotation을 모두 고정합니다.

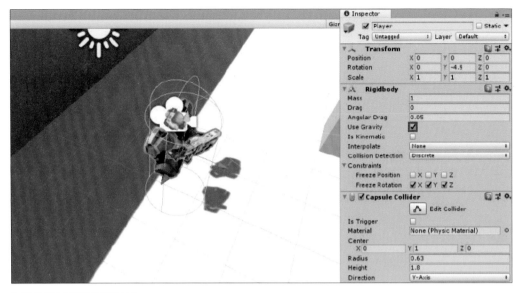

[그림 7-30] 플레이어 물리 설정

벽과 바닥은 초기 설정 그대로 놔둡
니다. 다만 콜라이더 컴포넌트의 'Is
Trigger' 항목이 체크 해제되어 있어
야만 합니다. Is Trigger를 체크하면
오브젝트가 충돌을 감지는 하지만 물
리적 특성을 모두 무시하게 됩니다.
이제 플레이 해 보면 플레이어가 벽
으로 이동하면 부딪혀서 통과하지 못
함을 알 수 있습니다.

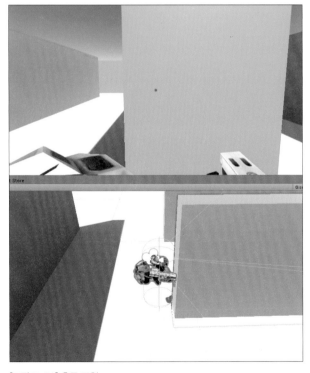

[그림 7-31] 충돌 구현

적 오브젝트를 구현하기 위해 Zombie 폴더의 Zombie 프리팹을 하이어라키에 드래그 앤 드롭하고 포지션을 리셋해줍니다. 스케일을 조절하여 플레이어와 눈높이가 비슷하게끔 맞춰줍니다.

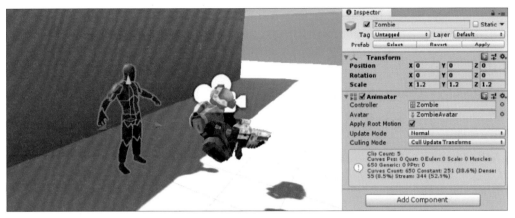

[그림 7-32] 적 구현

6 AI의 길찾기(내비게이션 다루기)

적이 플레이어를 향해 자동으로 이동하는 기능을 구현해 보겠습니다. 자동 이동에는 'Navigation'이라는 유니티 기능을 사용합니다. 'Navigation' 오브젝트가 장애물을 피해 목적지로 이동하거나 2층으로 가기 위해 배수로 등 이동에 대한 이해할 수 있는 능력을 부여하는 매우 편리한 기능입니다. 바닥(Plane)을 클릭하여 인스펙터에서 오른쪽 Static에 체크해줍니다.

[그림 7-33] Plane static

Wall을 모두 선택하여 Static 속성을 열어 Navigation Static을 체크해줍니다. static은 '정적인'이라는 뜻으로, static을 체크하면 유니티의 다른 여러 가지 시스템에 대해 해당 오브젝트가 움직이지 않게 됩니다.

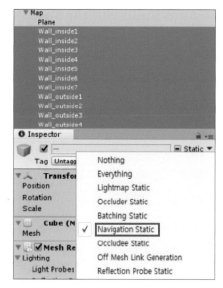

[그림 7-34] Wall static

유니티 상단 [Window]-[AI]-[Navigation]을 통해 내비게이션 탭을 엽니다.

[그림 7-35] 내비게이션

씬 뷰에서 내비게이션 필드가 보입니다. 파란색 영역은 내비게이션을 사용하는 오브젝트가 이동할 수 있는 영역이고, 벽 오브젝트를 둘러싼 투명한 영역은 오브젝트가 이동할 수 없는 영역을 나타냅니다.

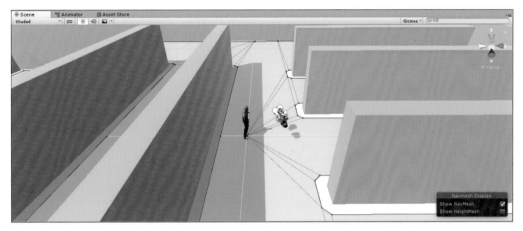

[그림 7-36] 내비게이션 뷰

오른쪽 navigation 탭에서 Bake 탭을 선택하여 Agent Radius를 조절하여 내비게이션 필드 영역을 조절할 수 있습니다. Agent Radius를 0.4로 바꿔주고 [Bake] 버튼을 눌러줍니다. [Bake] 버튼을 누르지 않으면 적용되지 않습니다.

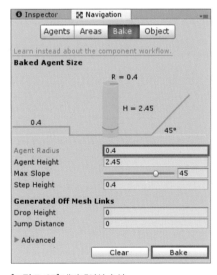

[그림 7-37] 내비게이션 속성

적의 AI(따라오는 적, 패트롤)

적에게 플레이어의 위치를 받아 따라가도록 AI를 부여해 보겠습니다. Zombie 프리팹을 클릭하고 '네브 메쉬 에이전트(Nav Mesh Agent)' 컴포넌트를 추가해줍니다. 네브 메쉬 에이전트 컴포넌트는 게임에서 내비게이션 (Navigation) 시스템을 사용할 경우 오브젝트에게 목적지로 이동하는 동안 장애물을 피하거나 돌아가는 등의 기능을 부여합니다. 씬 뷰를 보면서 좀비 오브젝트와 맞게 Obstacle Avoidance의 Radius와 Height를 조절해 줍니다.

[그림 7-38] Nav Mesh Agent

좀비가 플레이어를 찾아 이동할 수 있게 위치를 벽 너머로 이동시켜줍니다.

[그림 7-39] 좀비 위치 지정

C# 스크립트를 만들어 이름을 'EnemyController'라고 짓고 다음과 같이 작성합니다.

```csharp
using System.Collections;
using System.Collections.Generic;
using UnityEngine;
using UnityEngine.AI;

public class EnemyController : MonoBehaviour
{
    NavMeshAgent nav;
    GameObject target;

    void Start( )
    {
        nav = GetComponent<NavMeshAgent>( );
        target = GameObject.Find("Player");
    }

    void Update( )
    {
        if (nav.destination != target.transform.position)
        {
            nav.SetDestination(target.transform.position);
        }
        else
        {
            nav.SetDestination(transform.position);
        }
    }
}
```

이동 스크립트는 아주 간단합니다. 네브 메쉬 에이전트 컴포넌트와 적이 공격하려 하는 타겟, 즉 플레이어 오브젝트를 받아옵니다. 현재 오브젝트의 목적지와 타겟의 위치가 같지 않다면 오브젝트의 목적지를 타겟의 위치로 정하고, 그렇지 않다면 현재 오브젝트의 위치를 목적지로 정합니다. 추가로 내비게이션과 관련된 스크립팅을 하려면 스크립트 상단에 using UnityEngine.AI;를 추가해주어야 합니다.

EnemyController 스크립트를 Zombie 오브젝트에 추가하고 실행합니다.

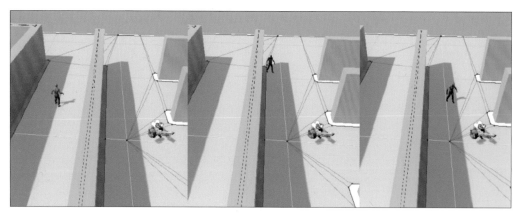

[그림 7-40] 플레이어를 따라오는 적 AI

따라오는 적에게 총을 쏘면 적이 죽는 효과를 입혀봅니다. 전에 작성했던 FireController를 열어 다음과 같이 수정합니다.

```csharp
using System.Collections;
using System.Collections.Generic;
using UnityEngine;
using UnityEngine.AI;

public class FireController : MonoBehaviour
{
    public Transform Aimtr;

    private void Start( )
    {
        Aimtr = GameObject.Find("AimSpot").GetComponent<Transform>( );

        Cursor.lockState = CursorLockMode.Locked;
    }

    void Update ( )
    {
        if (Input.GetMouseButton(0))
        {
            RaycastHit hit;

            if (Physics.Raycast(Aimtr.position, Aimtr.transform.forward, out hit))
            {
                if (hit.collider.tag == "enemy")
                {
                    hit.collider.gameObject.GetComponent<Animator>( ).SetBool("Damaged", true);
```

```
                    hit.collider.gameObject.GetComponent<NavMeshAgent>( ).speed = 0f;
                    Destroy(hit.collider.gameObject, 3.0f);
                }
            }
        }
    }
}
```

레이캐스트에 맞았을 때 맞은 오브젝트의 애니메이터 컴포넌트와 네브 메쉬 에이전트 컴포넌트를 받아와서 제어합니다. 좀비 오브젝트에 대한 애니메이터는 앞에서 설명했으므로 생략합니다. 레이캐스트에 맞는 오브젝트의 태그가 enemy라면 애니메이터의 Damaged 변수를 true로 바꿔줍니다. Damaged가 true가 되면 좀비가 쓰러지는 애니메이션이 재생됩니다. 또한 쓰러질 때마저 좀비가 플레이어를 향해 움직이면 어색하기 때문에, 오브젝트의 스피드를 0으로 바꿔줍니다. 쓰러지는 모션이 재생되는 시간이 필요하기 때문에 오브젝트는 3초 후에 파괴되도록 설정합니다.

이제 좀비 오브젝트를 맵의 여러 곳에 배치하고 실행하면 플레이어를 향해 달려드는 좀비와 총을 맞췄을 때 쓰러지고 사라지는 좀비를 확인할 수 있습니다.

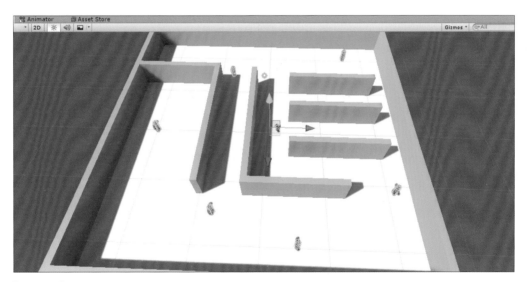

[그림 7-41] 적의 AI 배치

8 조명

조명은 라이트(Light)라는 컴포넌트를 사용합니다. 프로젝트를 3D 템플릿으로 생성하게 될 경우 Main Camera와 함께 생성되는 Directional Light도 Light 컴포넌트를 사용한 조명입니다.

[그림 7-42] Directional Light의 기즈모(Gizmo)

2D 스프라이트는 조명이 없어도 자신의 원래 색을 유지합니다. 2D가 가진 매테리얼의 속성입니다.

3D의 경우 쉐이더(Shader)가 [Unlit]-[Texture]가 아닌 경우 조명의 영향을 받습니다. 라이트 컴포넌트의 활성화 체크박스를 해제한다면 매우 어둡게 보입니다.

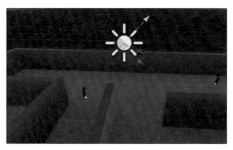

[그림 7-43] 라이트 컴포넌트를 비활성화한 월드

8-1. 라이트 타입

라이트 타입은 라이트 컴포넌트 'Type' 항목의 드롭다운을 선택하면 바꿀 수 있습니다. 각 항목은 다음과 같습니다.

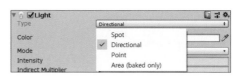

[그림 7-44] 라이트 타입

• **Spot** : 방향성을 가지고 특정 위치를 비추는 느낌입니다. 무대의 스포트라이트나 아래로 비추는 가로등의 불빛, 손전등의 불빛을 생각하면 됩니다.

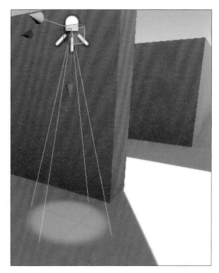

[그림 7-45] Spot 타입

• **Point** : 일정 구(Sphere) 형태의 범위를 비추는 조명입니다. 일반적으로 지역적인 조명을 사용할 때 많이 사용합니다.

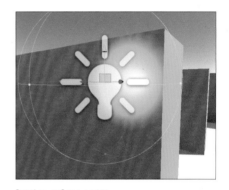

[그림 7-46] Point 타입

• **Directional** : Main Camera와 함께 생성되는 Directional Light가 그 예입니다. 이 조명은 물리법칙을 예외적으로 무시하는 부분이 있는데, 이 타입의 조명이 있는 위치를 무시하고 월드 전체에 조명을 내리쬐는 것입니다. 조명을 왼쪽 방향으로 비추게 하여 벽 안에 가둬 배치하였지만 여전히 그 밖에 있는 벽을 비추고 있는 것을 알 수 있습니다. 이렇듯 Directional 타입은 월드 전체에 내리쬐는 태양과 같은 역할을 하고 있습니다.

[그림 7-47] Directional 타입

- **Area** : 지역적으로 비추는 타입의 조명입니다. 하지만 'Bake Only'라고 써져있는 것처럼 실시간(Realtime)으로 렌더링을 할 수 있는 조명은 아닙니다. Bake는 '굽다'라는 뜻을 가지고 있는데, 조명을 실시간으로 계산하는 것이 아닌 이미 계산된 결과의 값을 저장한 값을 불러와 조명을 비추는 것입니다. 이러한 방식은 오브젝트가 움직일 경우 그 오브젝트의 현재 위치를 반영한 빛을 렌더링하지 못한다는 단점이 있지만, 넓은 맵의 그림자나 빛의 정도를 모두 실시간으로 계산

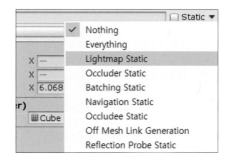

[그림 7-48] Area 타입 조명 사용을 위한 설정 ①

한다면 기기의 연산으로 주어지는 부담이 크기 때문에 미리 계산하여 저장하는 것입니다. 따라서 Area 타입을 사용할 때는 몇 가지 설정을 통해 미리 조명을 계산하도록 설정해야 조명이 적용된 모습을 볼 수 있습니다.

시작하기 앞서 전체적으로 조명을 비추는 Directional 타입의 조명이 있다면 삭제하는 것이 좋습니다. 조명이 적용될 게임 오브젝트를 모두 선택한 후 인스펙터 뷰에서 게임 오브젝트의 이름 옆에 있는 화살표를 눌러 'Lightmap Static' 항목을 선택합니다.

그 다음으로 상단 메뉴 탭에서 [Window]-[Rendering]-[Lighting Settings] 항목을 선택하여 라이팅(Lighting) 뷰를 새로 열어 줍니다.

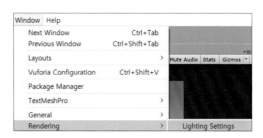

[그림 7-49] 라이팅 뷰

라이팅 뷰 가장 아래 [Generate Lighting] 버튼을 누르면 맵의 조명을 계산합니다.

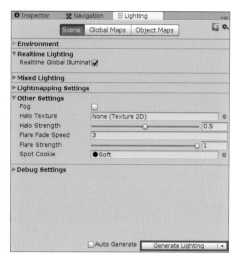

[그림 7-50] Area 타입 조명 사용을 위한 설정 ②

빛을 미리 세팅한 상태에서 움직이는 객체에 빛을 비춰야 한다면 Light Probe Group 컴포넌트가 있는 오브젝트를 만들어 배치하고, 움직일 게임 오브젝트에도 Lightmap Static이 적용된 상태로 메쉬 렌더러 컴포넌트에 있는 [Lighting]–[Light Probes] 항목을 'Blend Probes'로 맞추면 움직일 때마다 이 객체에 비추는 조명이 달라지는 것을 볼 수 있습니다.

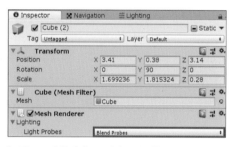

[그림 7-51] 움직이는 물체에 조명 적용

8-2. 조명의 범위(Range)

각 조명은 얼마나 빛을 멀리 발산하는지에 대한 값을 조절할 수 있습니다. 각 라이트 컴포넌트의 'Range' 항목의 값을 조절하여 범위를 수정 가능합니다. 다만 Directional 타입의 경우 월드 전체에 조명을 비추는 타입이기 때문에 설정이 불가능하며, Area의 경우 Width와 Height를 조절하여 수정 가능합니다.

8-3. 조명의 세기(Intensity)

각 조명은 얼마나 빛을 세게 발산하는지에 대한 값을 조절할 수 있습니다. 'Intensity'라는 항목을 조절하여 그 세기를 조절합니다.

9 ▸ 지형(Terrain)

터레인(Terrain)은 지형을 다룹니다. 기본적으로 실내 맵과 같은 경우 지형을 표현할 일이 적지만, 실외를 표현할 경우에는 산맥이나 언덕과 같이 굴곡이 있는 지형을 표현할 수 있어야 합니다. 이러한 표현을 할 때 터레인을 사용할 수 있습니다. 또한 나무나 풀을 추가하여 사용할 수도 있습니다. 프로젝트에서 새로 씬을 만들어 연습해봐도 됩니다.

터레인 오브젝트는 하이어라키 뷰에서 [Create]–[3D Object]–[Terrain]을 선택하여 생성할 수 있습니다.

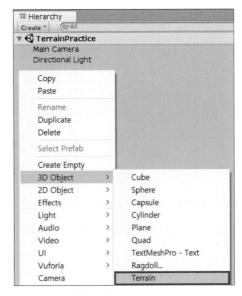

[그림 7–52] 터레인 만들기

9-1. 터레인 칠(Paint)

텍스처(Texture)가 있다면 터레인 위에 칠할 수 있습니다. 과거 아이콘 UI는 직관적이었지만, 2018.3 버전부터 사용법이 변경되었습니다. 기존에 있던 높낮이 조절이나 스무스(Smooth) 기능이 하나의 아이콘으로 통합되었고, 새롭게 기능이 하나 추가되었습니다. 이웃하는 지형을 만드는 'Create Neighbor Terrains'입니다. 붓 모양 아이콘(Paint Terrain) 기능을 먼저 살펴보겠습니다.

[그림 7–53] 터레인 컴포넌트

터레인 컴포넌트의 붓 모양 2번째 버튼을 누르고 아래 드롭 다운에서 'Paint Texture'로 설정하면 평면에 텍스처를 칠할 수 있도록 모드가 변경됩니다. 새로운 텍스처를 추가하려면 [Edit Terrain Layers...] 버튼을 누르고 'Add Texture'를 선택합니다.

예제로 사용할 텍스처를 위해 유니티에서 제공하는 스탠다드 에셋(Standard Assets)의 Environment 항목을 추가하였습니다. 유니티 2017 버전까지는 프로젝트 뷰에서 마우스 오른쪽 버튼 클릭으로 'Import Package'를 선택하여 스탠다드 에셋의 필요한 부분을 가져올 수 있었지만, 그 이후로는 외부 에셋이 되었다가, 현재는 제공되지 않는 항목으로 바뀌었습니다. 다른 텍스처를 사용하여 실습하여도 되지만, 여기서는 예제 프로젝트에 포함된 에셋을 사용하여 실습하겠습니다.

예제로 사용하는 텍스처의 이름은 'GrassHillAlbedo'와 'Grass RockyAlbedo'입니다. 이 방식으로 텍스처를 추가하면 흰색으로 되어 있던 터레인이 처음 추가한 텍스처로 칠해집니다. 이후 텍스처를 같은 방식으로 몇 개 더 추가하면 해당 텍스처를 선택하여 브러쉬로 칠할 수 있습니다.

터레인 컴포넌트의 'Brushes'에 있는 두 가지 항목을 조절하여 칠할 수 있습니다.

- **Brush Size** : 브러쉬의 크기를 결정할 수 있습니다. 값이 클수록 더 넓게 칠합니다.
- **Opacity** : 투명도를 결정합니다. 100 미만으로 설정할 경우, [그림 7-56]의 가운데 부분처럼 기존에 칠해져 있던 텍스처와 혼합할 수 있습니다.

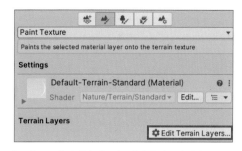

[그림 7-54] 터레인 컴포넌트에서의 텍스처 편집

[그림 7-55] 터레인에 사용할 텍스처 추가

[그림 7-56] 터레인 칠

9-2. 터레인 높이 조절

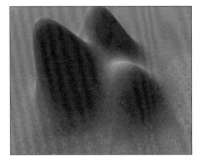

[그림 7-57] 터레인 높낮이 조절

터레인은 높낮이를 조절하여 산이나 언덕을 만들 수 있습니다. [그림 7-53]의 두 번째 버튼으로 둔 채 버튼 아래 모드를 'Raise or Lower Terrain'으로 두면 브러쉬의 영역만큼 높이거나 낮출 수 있습니다. 높이는 것은 브러쉬를 터레인에 대고 클릭하면 됩니다. 반대로 낮추는 것은 Shift를 누르고 클릭하면 낮출 수 있습니다.

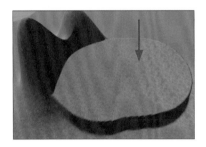

[그림 7-58] 터레인 높낮이 맞추기

또한 'Raise/Lower Terrain' 부분을 Set Height로 변경하면 아래에 나타나는 Height 값으로 높이를 평평하게 맞춥니다. 브러쉬의 강도를 세게 할 경우 메사(Mesa)를 만들 수 있습니다.

'Smooth Height'는 각진 부분을 부드럽게 만들어 줍니다. 이 기능은 보기에는 자연스러워져서 좋지만 내부적으로 버텍스(Vertex)가 늘어나기 때문에 사용을 지양하는 편이 좋습니다. 씬 뷰의 상단에 'Shaded'라고 적힌 부분을 선택하고 'Wireframe' 또는 'Shaded Wireframe'으로 선택하면 버텍스의 구성을 볼 수 있습니다. 부드럽게 만든 다음에 그 부분을 보면 버텍스가 촘촘하게 생성된 모습을 볼 수 있습니다.

[그림 7-59] 터레인 부드럽게 만들기

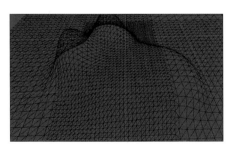

[그림 7-60] 와이어프레임(Wireframe)으로 본 언덕

9-3. 나무 추가

터레인에는 나무도 넣을 수 있습니다. [그림 7-53]
의 나무 모양 버튼(Paint Trees)을 선택하면 컴포넌
트의 구성이 나무 추가를 위한 구성으로 바뀝니다.
이 상태로 'Edit Trees…'를 누르고 'Add Tree'를 선택
하면 나무 프리팹을 추가할 수 있습니다.

나무 역시 스탠다드 에셋의 Environment 안에 있
는 프리팹을 사용하겠습니다. 이름은 'Broadleaf_
Mobile'입니다.

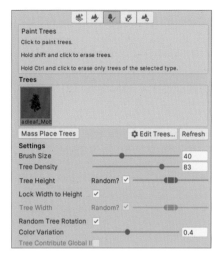

[그림 7-61] 나무 추가

나무를 추가하여 터레인 위를 클릭하면 나무를 그
릴 수 있습니다. 나무는 브러쉬 영역 내에서 그려집
니다. 클릭 한 번에 너무 많은 나무가 생성된다고 느
낀다면 'Tree Density' 항목을 조절하여 빽빽함을 조
절할 수 있습니다. 나무의 높이도 'Tree Height' 항목
을 조절하여 생성되는 높이를 조절할 수 있습니다.

[그림 7-62] 나무를 추가한 터레인

9-4. 잔디 추가

[그림 7-53]의 꽃 모양 버튼(Paint Details)을 누르면
잔디와 같은 것을 터레인 위에 그릴 수 있습니다.

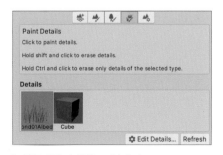

[그림 7-63] 디테일(Details) 추가

잔디는 두 가지 타입으로 만들 수 있습니다. 하나는 [Edit Details...] 버튼을 누르고, 'Add Grass Texture'를 누르면 2D 그림으로 있는 텍스처를 바닥에서 수직으로 세워 배치해 잔디로 그릴 수 있습니다. [그림 7-63]에 사용한 텍스처의 이름은 'GrassFrond01 AlbedoAlpha'입니다.

[그림 7-64] 텍스처로 잔디를 추가한 터레인

3D로 잔디를 배치하려면 'Add Grass Texture' 대신 'Add Detail Mesh'를 사용한다면 3D 모델을 잔디처럼 배치합니다. 이 경우 잔디에 두께가 생겨 더 현실감 있게 만들 수 있다는 장점이 있습니다.

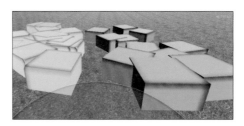

[그림 7-65] 메쉬로 잔디를 추가한 터레인

[그림 7-64]는 유니티의 기본 큐브 모델을 잔디로 그린 것입니다. 'Edit Details...'를 눌렀을 때 'Edit' 항목으로 들어가면 기존에 이미 만들었던 것도 다시 수정할 수 있습니다.

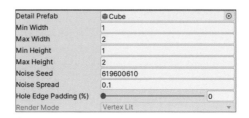

[그림 7-66] 디테일 메쉬 설정

9-5. 터레인 설정

마지막으로 [그림 7-52]의 마지막 톱니 버튼(Terrain Settings)은 터레인의 전반적인 설정이 가능합니다.

잔디의 빽빽함(Detail Density)이나 카메라로부터 나무가 보이는 거리(Tree Distance), 잔디에 대한 바람 설정(Wind Settings for Grass) 등이 가능합니다. 제일 자주 사용하는 것은 터레인의 크기(Resolution)에 대한 것인데, Terrain Width, Terrain Length, Terrain Height를 조절하여 터레인의 크기를 변경할 수 있습니다. 크기를 조절할 때 주의할 점은, 터레인을 편집하다가 중간에 변경해서는 안 된다는 점입니다. 터레인의 크기를 중간에 조절하면 기존에 만들었던 지형의 모습이 훼손되니 주의합니다.

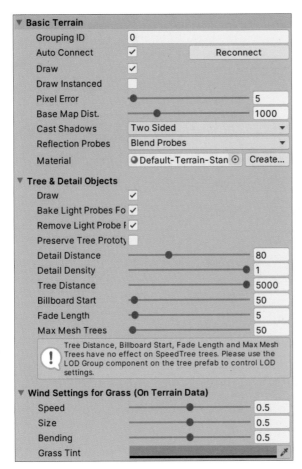

[그림 7-67] 터레인 설정

CHAPTER

8

게임의 완성과 출시

유니티 애즈(Unity Ads)는 유니티에서 지원하는 광고 기능으로, 동영상 광고를 주로 다룹니다. 플레이어가 광고를 스킵하지 않고 모두 시청할 경우에만 뷰(View)로 집계 되며, 1000건 이상의 뷰가 집계될 때부터 해당 유니티 계정으로 수익이 쌓이게 됩니다.

유니티 애즈(Unity Ads)는 메이저 시간이 지날 때마다 그에 따라 구현 방식이 바뀌었습니다. 책에 쓰여진 방법은 시간이 지나면 또 바뀔 수 있으니 작동이 정상적으로 되지 않는다면 유니티에서 제공한 매뉴얼을 기준으로 구현하는 방법을 추천합니다.

1-1. 동영상 광고

원활한 진행을 위해 완성된 프로젝트인 'Chapter5' 프로젝트에서 기능을 구현해 보겠습니다. 상단 메뉴 [Window]-[General]-[Services] 항목을 선택하여 패키지 매니저(Package Manager)를 열고, 'Services' 탭 안에 Monetization 항목 아래 'Advertisement'를 누르면 세부 항목의 내용을 볼 수 있습니다. 설치는 아래 [Install] 버튼을 누릅니다. 또한 'View documentation' 항목을 누르면 유니티 애즈 현재 버전 매뉴얼을 볼 수 있습니다. 현재 기준으로 설명 문서 페이지에서 'Monetize' 항목 끝의 'Learn more'를 누르면 구현 방법을 서술하는 문서로 이동합니다.

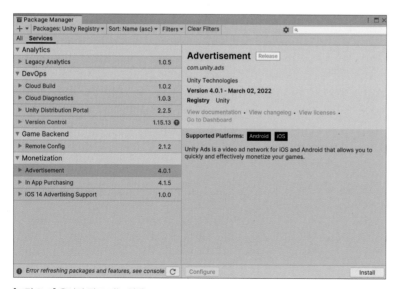

[그림 8-1] 유니티 광고 기능 설치

다시 돌아와서 설치를 마치면 하단의 [Configure] 버튼을 눌러 [Project Settings]–[Services]–[Ads]로 연결되는 설정 창을 엽니다. 'Organizations' 항목을 설정하는데, 만든 적이 없다면 [그림 8–1]의 'Go to Dashboard'를 통해 들어가 만들어야 합니다. 아래 [Create project ID] 버튼을 누르면 이 프로젝트에 대한 프로젝트 ID가 생성됩니다.

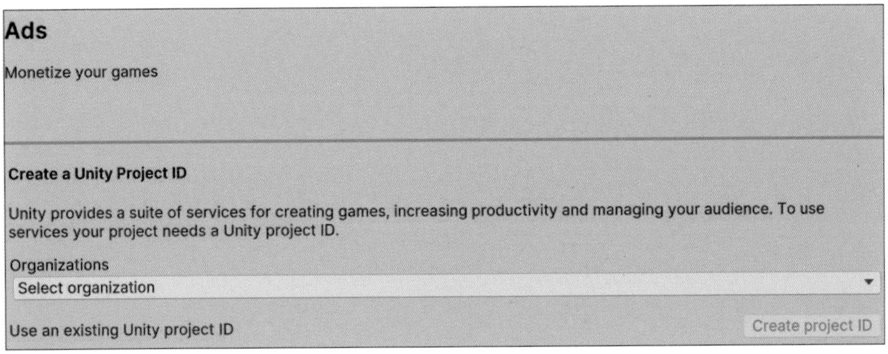

Ads
Monetize your games
Create a Unity Project ID
Unity provides a suite of services for creating games, increasing productivity and managing your audience. To use services your project needs a Unity project ID.
Organizations
Select organization
Use an existing Unity project ID
Create project ID

[그림 8–2] 조직(Organization) 연결

기능을 켜면 가장 먼저 '13세 미만의 어린이를 대상으로 광고 기능을 사용'할 것인지 묻는 항목이 나타납니다. 체크하면 청소년 혹은 성인을 대상으로 한 광고가 나타나지 않게 됩니다. 결정했다면 [Continue] 버튼을 눌러 다음으로 진행합니다. 진행하면 Ads 항목의 기능이 'OFF' 상태로 슬라이더가 설정되어 있는 것을 볼 수 있습니다. 슬라이더를 클릭하여 기능을 켜주면 [그림 8–4]와 같이 광고 기능이 활성화되는 것을 볼 수 있습니다. 이곳에서 중요한 건 아래 'Game Id' 항목입니다. 각 안드로이드와 iOS 플랫폼에서의 고유 게임 ID 값이며, 이것으로 각 게임임을 분류합니다. 이 부분은 스크립팅할 때 필요하므로 값을 복사해둡니다.

Ads
Monetize your games
Go to Dashboard
Will this app be primarily targeted to children under age 13?
Please select
Learn more about COPPA compliance

[그림 8–3] 게임 대상 연령 설정

Ads
Monetize your games
Go to Dashboard
Getting Started
We've made it as simple as possible to integrate ads into
Learn More
Test mode
Use test mode during development
Game Id
Android
iOS
Ads
Version Control

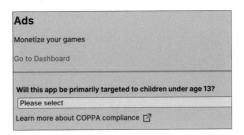

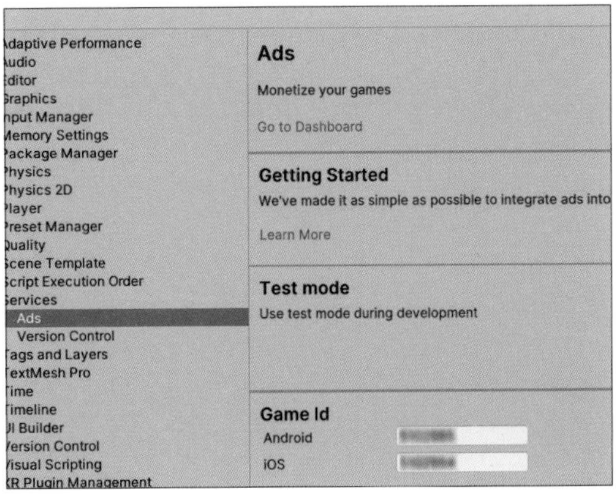

[그림 8–4] Ads 설정과 Game Id

실제 광고 구현을 위해 광고 기능을 하는 스크립트를 추가해 보겠습니다. C# 스크립트를 새로 생성하고 이름을 'AdsInitializer'으로 짓습니다. 내용은 다음과 같습니다.

```csharp
using UnityEngine;
using UnityEngine.Advertisements;

public class AdsInitializer : MonoBehaviour, IUnityAdsInitializationListener
{
    [SerializeField]
    string _androidGameId;
    [SerializeField]
    string _iOSGameId;
    [SerializeField]
    bool _testMode = true;

    private string _gameId;

    void Awake( )
    {
        InitializeAds( );
    }


    public void InitializeAds( )
    {
        if (Application.platform == RuntimePlatform.IPhonePlayer)
            _gameId = _iOSGameId;
        else
            _gameId = _androidGameId;

        Advertisement.Initialize(_gameId, _testMode, this);
    }

    public void OnInitializationComplete( )
    {
        Debug.Log("Unity Ads 초기화 완료");
    }

    public void OnInitializationFailed(UnityAdsInitializationError error, string message)
    {
        Debug.Log($"Unity Ads 초기화 실패 > 에러: {error.ToString( )} - {message}");
    }
}
```

유니티에서 제공한 매뉴얼 예제와 구성이 같습니다. 'InitializeAds( )'를 통해 초기화를 실행하며, 성공 시 OnInitializationComplete( ), 실패 시 OnInitializationFailed( )가 자동으로 실행됩니다.

이 스크립트의 내용은 게임이나 광고를 실행하려는 씬 시작 시 광고 실행 전에 한 번 무조건 실행해주어야 합니다.

스크립트 작성을 마치면 유니티 에디터로 돌아와 'GameManager'라는 빈 게임 오브젝트를 만들고 스크립트를 컴포넌트로 넣습니다. 이때 ID 값은 [그림 8-4]의 ID 값으로 입력합니다. 유니티 에디터에서 테스트할 때는 이 ID 값이 실제 게임 ID 값과 달라도 '**Unity Ads 초기화 완료**' 로그(Log)가 나오므로 주의하며 반드시 바꿔줍니다.

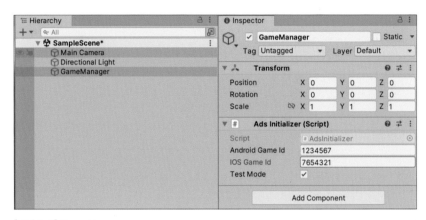

[**그림 8-5**] Game Id

초기화 부분 스크립트를 완료하였다면 버튼에 적용할 스크립트를 작성하여야 합니다. 다음의 스크립트가 실제로 광고를 실행할 부분입니다.

```
using UnityEngine;
using UnityEngine.UI;
using UnityEngine.Advertisements;

public class RewardedAdsButton : MonoBehaviour, IUnityAdsLoadListener, IUnityAdsShowListener
{
    [SerializeField] Button _showAdButton;
    [SerializeField] string _androidAdUnitId = "Rewarded_Android";
    [SerializeField] string _iOSAdUnitId = "Rewarded_iOS";
    string _adUnitId = null; // 지원하지 않는 플랫폼에서는 null 값

    void Awake( )
    {
        // 현재 플랫폼의 광고 Unit ID로 변경
#if UNITY_IOS
        _adUnitId = _iOSAdUnitId;
#elif UNITY_ANDROID || UNITY_EDITOR
```

```csharp
            _adUnitId = _androidAdUnitId;
#endif

        // 광고가 준비되기 전까지는 비활성화 상태
        _showAdButton.interactable = false;
    }

    // 광고 콘텐츠 불러오기
    public void LoadAd( )
    {
        // 중요!! 초기화를 마친 상태에서만 불러오기할 것(AdsInitializer 스크립트 참조)
        Debug.Log("Loading Ad: " + _adUnitId);
        Advertisement.Load(_adUnitId, this);
    }

    // 불러오기를 성공적으로 마쳤다면 버튼에 리스너를 등록하고 활성화함
    public void OnUnityAdsAdLoaded(string adUnitId)
    {
        Debug.Log("Ad Loaded: " + adUnitId);

        if (adUnitId.Equals(_adUnitId))
        {
            // 버튼을 클릭했을 때 ShowAd( ) 메소드를 실행하도록 설정함
            _showAdButton.onClick.AddListener(ShowAd);
            // 유저가 버튼을 클릭할 수 있도록 활성화함
            _showAdButton.interactable = true;
        }
    }

    // 유저가 버튼을 눌렀을 때 실행할 메소드
    public void ShowAd( )
    {
        // 버튼 비활성화(중복실행방지 목적)
        _showAdButton.interactable = false;
        // 그 뒤 광고 실행
        Advertisement.Show(_adUnitId, this);
    }

    // 광고를 끝까지 시청했을 때 유저에게 보상을 지급하는 부분(if문 안에 작성)
    public void OnUnityAdsShowComplete(string adUnitId, UnityAdsShowCompletionState showCompletionState)
    {
        if(adUnitId.Equals(_adUnitId) && showCompletionState.Equals(UnityAdsShowCompletionState.COMPLETED))
        {
            Debug.Log("유니티 보상형 광고 시청 완료");
            // 보상 주는 부분(이곳에 쓸 것)

            // 다른 광고를 불러옴
```

```
                Advertisement.Load(_adUnitId, this);
            }
        }

        // 광고 불러오기 실패 시 자동실행되는 메소드
        public void OnUnityAdsFailedToLoad(string adUnitId, UnityAdsLoadError error, string message)
        {
            Debug.Log($"Error loading Ad Unit {adUnitId}: {error.ToString()} - {message}");
            // Use the error details to determine whether to try to load another ad.
        }

        // 재생 실패 시 자동 실행되는 메소드
        public void OnUnityAdsShowFailure(string adUnitId, UnityAdsShowError error, string message)
        {
            Debug.Log($"Error showing Ad Unit {adUnitId}: {error.ToString()} - {message}");
            // Use the error details to determine whether to try to load another ad.
        }
        // 광고 시청 시작 시 자동 실행되는 메소드
        public void OnUnityAdsShowStart(string adUnitId) { }
        // 광고 클릭 시 자동 실행되는 메소드
        public void OnUnityAdsShowClick(string adUnitId) { }

        void OnDestroy()
        {
            // 게임 오브젝트가 파괴될 때 리스너도 지움
            _showAdButton.onClick.RemoveAllListeners();
        }
    }
```

스크립트는 매뉴얼과 구성이 같지만, 테스트를 위해 '#elif UNITY_ANDROID' 부분 뒤에 '||
UNITY_EDITOR'가 추가되었으니 유의합니다. 이 스크립트에서 중요한 부분은 LoadAd( )와
ShowAd( ) 함수(메소드)입니다. LoadAd( )는 광고를 내부적으로 불러오면서 불러오기를 성공적으
로 마쳤을 때 버튼 클릭 시 실행할 함수 내용을 설정하는 내용입니다. 그렇기 때문에 광고 초기화를
마친 이후에 바로 실행하도록 코드를 작성하면 좋습니다. 그 이후에는 광고를 실행하는 버튼을 누
르면 광고 종료 후 자동으로 다음 광고를 불러오기 때문에 LoadAd( )를 다시 실행할 필요는 없습니
다.

보상형 광고는 동영상 시청 후 유저에게 주는 보상이 중요하기 때문에, OnUnityAdsShowComplete( )
함수 안에 보상을 주는 내용을 꼭 작성하도록 합니다. 여기서 실제 광고 시청을 위해 중요한 부
분은, '_androidAdUnitId'와 '_iOSAdUnitId'입니다. 이 부분은 위에서 소개했던 광고 초기화 부
분의 게임 ID처럼 광고에 대한 설정값을 받기 위한 ID 값입니다. 설정을 위해 유니티 대시보드
(Dashboard)에 들어가 보겠습니다.

(https://dashboard.unity3d.com/monetization) 주소로 들어갑니다. 웹에서 유니티 로그인이 되어 있지 않다면 로그인 후 대시보드로 접근 가능합니다. 대시보드 상에서 자신의 프로젝트 이름과 같은 프로젝트를 선택합니다. 만약 프로젝트가 생성되어 있지 않다면 좌측 메뉴의 [Projects]에서 [Create Project]로 들어가 프로젝트를 하나 생성합니다. 그후 좌측 하단의 [Monetization] 항목을 열어 [Ad Units]로 들어가면 광고 유닛에 대한 설정이 가능합니다.

최초 설정 시 [Get Started] 또는 [Set Mediation Parter] 버튼을 누르면 설정을 시작할 수 있습니다. 타사 광고와 같이 쓰는 경우가 아니면 다음에 나오는 화면에서 [I Only plan to use Unity Ads] 항목을 선택하고 다음으로 넘어갑니다. 다음에서는 [No I want to start fresh] - [My app is not live in an app store yet]을 선택하면 애드 유닛 화면에 접근할 수 있습니다. 기본적으로는 모든 플랫폼과 광고 유형에 대해 이미 유닛이 기본 생성되어 있습니다. 필요한 항목이 없다면 우측의 [Add Ad Unit] 버튼을 누르면 새로운 광고 유닛을 추가할 수 있습니다. 새롭게 유닛을 만든다면 유닛의 이름(Unit ID는 이름에 따라 자동 생성)과, 사용하는 플랫폼(Android/ iOS), 그리고 광고 형태(전면 광고/보상형 동영상 광고/배너 광고)에 대한 설정값을 입력할 수 있습니다. 유닛을 보상형 광고 (Rewarded)로 설정하여 만들고 해당 유닛의 Unit ID 값을 복사해둡니다.

[그림 8-6] Unit ID

유니티 에디터로 돌아와 버튼을 하나 만들고, GameManager에 RewardedAdsButton 스크립트를 컴포넌트로 추가합니다. 아까 복사해둔 Unit Id 값들은 컴포넌트의 빈칸에 붙여넣습니다. 테스트를 위해 위에서 작성했던 AdsInitializer 스크립트에서, 'OnInitializationComplete( )' 함수 마지막 부분에 'GetComponent〈RewardedAdsButton〉( ).LoadAd( );'을 추가하여 광고 초기화가 끝난 후 광고를 불러올 수 있도록 설정해 놓습니다.

만약 테스트 플레이 시 버튼을 눌렀을 때 오류가 발생한다면 ID 값이 대시보드의 유닛 ID 값과 다른 경우일 수도 있으니 확인해보아야 합니다.

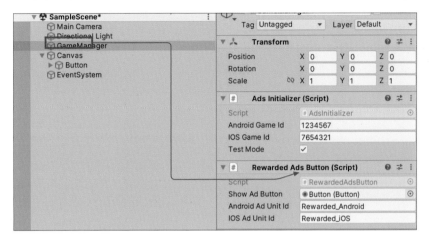

[그림 8-7] UnityAdsButton 스크립트 추가

테스트 플레이로 광고 [재생] 버튼을 눌렀을 때 정상적으로 작동한다면 [그림 8-8]과 같은 결과로 뜰 것입니다. 유니티 광고는 안드로이드와 iOS에서만 지원하기 때문에 유니티 에디터 상에서는 직접적으로 보이지 않습니다. 다만 이러한 화면으로 모바일 환경에서도 정상 작동한다는 것을 알려줍니다. 오른쪽 상단의 [Close] 버튼을 누르면 모바일 환경에서 광고 재생을 마친 것과 같은 기능을 하게 됩니다. '유니티 보상형 광고 시청 완료'라는 로그가 콘솔 뷰에 출력되는지 확인합니다.

[그림 8-8] 광고 실행 테스트

1-2. 배너 광고

유니티에서 제공하는 배너 광고는 타사에서 제공하는 것들에 비해 설정 가능한 부분이 적다는 단점이 있습니다. 크기 설정이 불가능하며 광고를 실행할 위치(하단, 상단 등)만 설정이 가능합니다. 다만 유니티에서 직접 제공하는 기능이기 때문에 유니티에서 쉽게 구현이 가능하다는 장점이 있습니다.

[그림 8-9] 배너 광고 예시(이미지 Unity Documentation 제공)

앞에서 했던 것처럼 서비스 뷰의 광고 항목으로 들어가 [Go to Dashboard] 버튼을 눌러 대시보드로 들어옵니다. [Monetization]-[Placements] 항목에서는 Placement의 ID를 볼 수 있습니다. 기본형은 이전 스크립트에서 작성했었던 'rewardedVideo'입니다. Placement ID가 스크립트와 다르면 광고가 재생되지 않습니다.

대시보드로 들어온 이유는 배너 광고의 경우 지원을 시작한지 얼마 되지 않은 기능이 새로 Placement를 추가해야 하기 때문입니다. 오른쪽 상단의 [ADD PLACEMENT] 버튼을 눌러 추가합니다. 이름은 스크립트에서 사용하는 것과 맞추기 위해 소문자로만 구성하여 'banner'로 합니다. 종류는 'Banner'로 변경합니다.

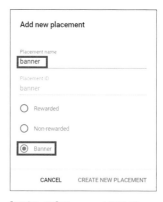

[그림 8-10] Placement 이름 및 종류 설정

C# 스크립트를 'BannerAdExample'이라는 이름으로 새로 만들어 다음의 내용을 작성합니다.

```
using UnityEngine;
using UnityEngine.UI;
using UnityEngine.Advertisements;

public class BannerAdExample : MonoBehaviour
{
    // 배너 광고 보기 버튼
    [SerializeField] Button _showBannerButton;

    [SerializeField] BannerPosition _bannerPosition = BannerPosition.BOTTOM_CENTER;

    [SerializeField] string _androidAdUnitId = "Banner_Android";
    [SerializeField] string _iOSAdUnitId = "Banner_iOS";
    string _adUnitId = null;        // 지원하지 않는 플랫폼일 경우 null

    void Start( )
    {
        // 현재 플랫폼에 맞는 ID 값으로 설정
#if UNITY_IOS
        _adUnitId = _iOSAdUnitId;
#elif UNITY_ANDROID || UNITY_EDITOR
        _adUnitId = _androidAdUnitId;
#endif

        // 광고가 준비되기 전까지 버튼 비활성화
        _showBannerButton.interactable = false;
        // 배너 광고 위치 설정
        Advertisement.Banner.SetPosition(_bannerPosition);

    }

    // 광고 불러오기(광고 실행 전에 꼭 한 번 실행해야 함)
    public void LoadBanner( )
    {
        // 배너 설정값 설정
        BannerLoadOptions options = new BannerLoadOptions
        {
            loadCallback = OnBannerLoaded,
            errorCallback = OnBannerError
        };

        // 배너 광고 유닛 불러오기
        Advertisement.Banner.Load(_adUnitId, options);
    }

    // 광고 불러오기 후 자동 실행되는 메소드
    void OnBannerLoaded( )
```

```
    {
        Debug.Log("Banner loaded");

        // 배너 광고 버튼을 눌렀을 때 실행할 메소드 설정
        _showBannerButton.onClick.AddListener(ShowBannerAd);

        // 광고 버튼 활성화
        _showBannerButton.interactable = true;
    }

    // 에러가 발생했을 때 자동 실행되는 메소드
    void OnBannerError(string message)
    {
        Debug.Log($"Banner Error: {message}");
        // Optionally execute additional code, such as attempting to load another ad.
    }

    // 배너 광고 실행 버튼을 눌렀을 때 실행될 메소드
    void ShowBannerAd( )
    {
        // 옵션값 설정
        BannerOptions options = new BannerOptions
        {
            clickCallback = OnBannerClicked,
            hideCallback = OnBannerHidden,
            showCallback = OnBannerShown
        };

        // 광고 실행
        Advertisement.Banner.Show(_adUnitId, options);
    }

    // 배너 광고 숨기기(광고를 숨길 때 실행할 것)
    public void HideBannerAd( )
    {
        // 광고 숨기기
        Advertisement.Banner.Hide( );
    }

    void OnBannerClicked( ) { }
    void OnBannerShown( ) { }
    void OnBannerHidden( ) { }

    void OnDestroy( )
    {
        // 리스너 정리
        _showBannerButton.onClick.RemoveAllListeners( );
    }
}
```

스크립트 작성을 마쳤다면 저장하고, 이전 보상형 광고 예제에서 GameManager 오브젝트 안에 스크립트를 컴포넌트로 넣습니다. 새로운 버튼을 만들고, _showBannerButton에 버튼을 연결시켜 줍니다([그림 8-10]처럼 새로운 버튼을 드래그&롭으로 연결합니다). [그림 8-10]의 'Banner Position' 부분 값을 'BOTTOM_CENTER'가 아닌 다른 값으로 변경하면 배너 광고의 위치를 변경할 수도 있습니다. 중요한 것은 Android/iOS 각 플랫폼의 Ad Unit Id 값인데, Monetization 페이지에서의 Id 값과 다르면 반드시 값을 유니티 에디터에서도 맞추어 변경하여야 합니다.

배너 광고도 보상형 광고와 마찬가지로 광고를 실행하기 전에 광고를 불러와야 합니다. 위에서 작성했던 AdsInitializer 스크립트에서, 'OnInitializationComplete( )' 함수 마지막 부분에 'GetComponent〈RewardedAdsButton〉( ).LoadAd( );'을 추가했던 부분 아래에 'GetComponent〈BannerAdExample〉( ).LoadBanner( );'를 한 줄 더 추가하여 배너 광고도 바로 불러올 수 있도록 합니다.

[그림 8-11]은 배너 광고의 예제입니다. 실제로 모바일 환경에서 실행할 때 해당 영역에 광고가 위치합니다. 위에서도 언급했듯이 사이즈는 고정되어 있습니다. 320×50 또는 728×90 픽셀 사이즈만 지원합니다. 게임에 배너 광고를 삽입하게 된다면 배너 광고의 영역만큼 기존에 있던 다른 UI들을 밀어내는 것이 아닌, 해당 영역만큼을 가리게 됩니다. 따라서 배너 광고의 영역을 고려하여 광고 부분에 게임의 중요한 기능이 가려지지 않도록 유의합니다.

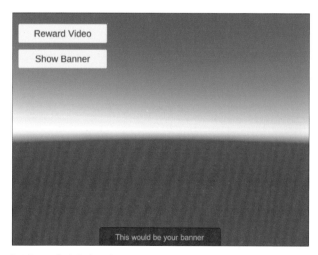

[그림 8-11] 배너 광고 테스트

TIP 유니티 광고 버전이 올라가면서 전면 광고 기능도 업데이트되었습니다. 전면 광고를 구현하려면 다음의 주소(https://docs.unity.com/ads/en/manual/ImplementingBasicAdsUnity)에서 문서를 확인할 수 있습니다.

2 IAP 버튼(인앱 결제)

인앱 결제 기능은 기존의 광고 테스트 프로젝트에서 이어 진행하겠습니다. 인앱 결제 기능을 사용하려면 광고 기능을 추가할 때와 같이 [Window]-[Package Manger]로 들어가서 [Monetization] 항목 안에 [In App Purchasing]의 [Install] 버튼을 눌러 설치합니다. 그림의 [Remove] 버튼은 설치를 마치고 난 후 나타나는 버튼입니다.

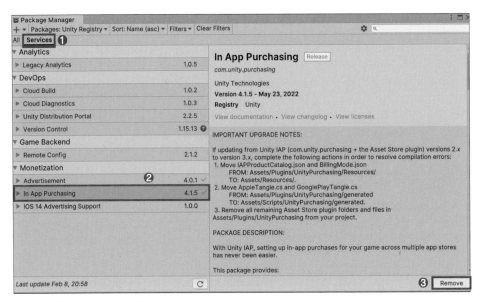

[그림 8-12] 인앱 결제 설정 설치

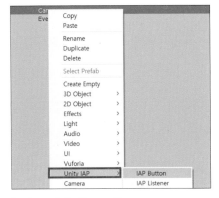

[그림 8-13] 추가된 IAP 기능

하이어라키 뷰에서 캔버스 안에 [Unity IAP]-[IAP Button]으로 게임 오브젝트를 생성해 보면, 기존에 있던 버튼과 구성이 같지만 'IAP Button'이라는 컴포넌트가 하나 더 붙어 있는 것을 볼 수 있습니다.

이 컴포넌트에서 중요한 부분은 'Product ID'와 'On Purchase Complete' 항목입니다. Product ID의 경우 판매하는 항목에 대한 ID입니다.

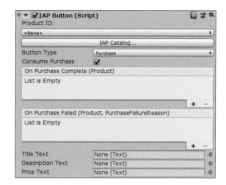

[그림 8-14] IAP Button 컴포넌트

각 스토어에서는 인앱 결제로 판매하는 항목에 대해 각각의 ID를 정하는데, IAP 버튼은 그 ID를 받아와서 제품의 정보(가격, 이름 등)를 가져오게 됩니다.

플레이스토어의 경우 구글 플레이 개발자 콘솔(Google Play Developer Console)로 들어갔을 때, 앱을 등록(등록 과정은 뒤의 '플레이스토어에 등록'에서 설명합니다)한 후 [해당 앱 선택]-[수익 창출]-[인앱 상품]으로 들어가면 [상품 만들기] 버튼을 눌러 상품을 새로 추가할 수 있습니다. 이때 가장 위에 '제품 ID'라고 되어 있는 입력란이 바로 그 ID에 대한 것입니다.

[그림 8-15] 제품(Product) ID

입력란 아래에 있는 규칙에 따라 이름짓고 제품을 생성하면, IAP 버튼 컴포넌트에서도 해당 ID를 추가해주면 됩니다. [그림 8-14]의 [IAP Catalog...] 버튼을 클릭하면 새롭게 항목을 추가할 수 있습니다. 항목을 추가할 때 받아오는 정보는 ID뿐이므로 다른 정보는 입력하지 않아도 됩니다.

[그림 8-16] 제품 ID 추가

만약 등록해야 할 제품이 하나가 아니라면, 스크롤 바를 아래로 내려 [Add Product] 버튼을 눌러 새로운 항목을 추가할 수 있습니다.

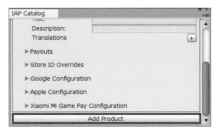

[그림 8-17] 제품 더 추가

제품을 추가하였다면 창을 닫고 추가한 제품을 IAP 버튼에 설정합니다.

[그림 8-18] 제품 ID 컴포넌트에 연결

마지막으로 'On Purchase Complete( )' 부분은 결제가
완료되었을 때 실행할 함수를 연결하면 됩니다. 보석과
같은 아이템을 샀다면, 해당 변수의 값을 증가시키는
내용을 넣습니다. 아래 'On Purchase Failed( )'는 결제
에 실패했을 때 실행시킬 함수를 넣습니다. 비워두어도
문제는 없지만, 실패했다는 내용의 메시지 창이 뜨도록
함수를 만들어 연결해두면 좋습니다.

이 상태로 테스트 플레이를 해 보면, 유니티 에디터
에서 해당 IAP 버튼을 눌렀을 때 테스트용 결제 창
(FakeStore)이 나타나는 것을 볼 수 있습니다. 'Buy' 버
튼을 누르면 실제 게임에서 결제를 완료한 것과 동일하
게 'On Purchase Complete( )'에 설정되어 있던 함수가
실행됩니다.

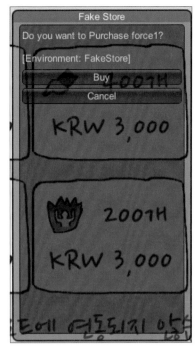

[그림 8-19] 인앱 결제 테스트

유니티에서 테스트용 결제창이 뜬다고 해서 실제로 안
드로이드 환경에서 실행하였을 때도 이런 창이 뜨는 것
은 아닙니다. 스토어에 출시한 후에 테스트할 경우 [그
림 8-20]과 같은 결제창이 출력됩니다. 예전에는 개발
자 계정에서 직접적으로 결제를 테스트 할 수 없었지만
현재는 테스트 주문이 가능해졌습니다.

[그림 8-20] 실제 게임에서의 인앱 결제 실행

3 안드로이드로 빌드

유니티는 기본적으로 PC 환경을 플랫폼으로 빌드하여 작품을 완성하는 것은 어렵지 않지만, 안드로이드와 같은 모바일 환경으로 빌드할 경우 추가적으로 환경을 구축할 필요가 있습니다. 안드로이드 빌드는 이전에 만들었던 프로젝트로 연습해 보겠습니다.

● 2019 버전에서 SDK/JDK 설치(유니티 허브)

2019 버전부터는 SDK, NDK, JDK를 간편하게 설치할 수 있게 되었습니다. 유니티 허브에서 설치 탭에 들어간 뒤 세로로 된 [...] 버튼을 누르고 '모듈 추가' 항목으로 들어갑니다. 'Android Build Support' 항목과 그 하위 항목 'Android SDK & NDK Tools', 'OpenJDK'를 체크하고 [완료] 버튼을 누르면

[2019 버전에서 안드로이드 툴 설치]

다운로드 후 자동 설치됩니다. 뒤에 서술하는 SDK, JDK 설치 과정은 2019 버전 미만에서의 설치 방법이므로 2019 버전을 사용하고 있다면 건너뛰어도 괜찮습니다.

3-1. 안드로이드 지원 모듈 설치

안드로이드 플랫폼으로 빌드하기 위해서는 [그림 8-21]처럼 'Android Build Support' 모듈과, 그 하위로 'Android SDK & NDK Tools' 및 'OpenJDK'가 설치되어 있어야 합니다. 1장에서 설치 시 안드로이드 빌드 모듈을 같이 설치하라고 언급했는데, 설치하지 못했다면 유니티 허브(Unity Hub)에서 왼쪽 설치 항목으로 들어가 해당 에디터 버전의 설정 버튼을 누르고 '모듈 추가'를 누르는 것으로 이전에 최초 설치 시 설치하지 못했던 모듈을 언제든지 추가할 수 있습니다.

[그림 8-21] 모듈 설치

3-2. 안드로이드 스튜디오 수동 설치

이전에는 호환성 문제로 안드로이드 스튜디오를 병행 설치하여 SDK를 수동으로 관리해야 하던 시기가 있었지만, 현재는 유니티에서 지원하는 안드로이드 빌드 서포트 모듈의 호환성 관리가 좋은 편이기 때문에 수동 관리는 권장하지 않습니다. 안드로이드 개발에 대해서 이미 잘 알고 있는 상태이거나, 최신 버전의 안드로이드 SDK 버전이 필요한 경우와 같은 특수한 상태에서만 수동 관리를 권장합니다. **수동 설치를 하고 관리를 제대로 하지 못하면 수많은 빌드 실패를 겪을 수 있기 때문에 수동 설치를 하지 않을 경우에는 지금의 3-2, 3-3장을 건너뛰도록 합니다.** 안드로이드 스튜디오 설치는 (https://developer.android.com/studio)에서 [Download Android Studio] 버튼을 눌러 진행할 수 있습니다.

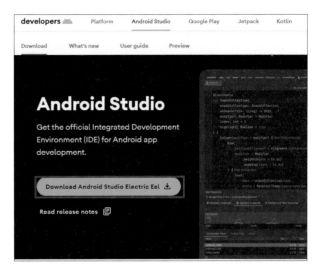

[그림 8-22] JDK 설치 파일 다운로드

3-3. 유니티 에디터에 SDK와 JDK 연결

유니티 에디터에 설치한 SDK와 JDK를 연결해 보겠습니다. 유니티 에디터 상단 메뉴 탭의 Edit로 들어가 'Preferences' 항목을 누릅니다. 맥 OS의 경우 Edit 대신 애플 로고 옆에 'Unity'라고 적힌 부분을 누르면 'Preferences' 항목이 있습니다.

[그림 8-23] Preferences 열기

Preferences 창이 열리면 External Tools 탭을 선택하여 연결할 외부 툴의 설정이 가능합니다. 이곳에서 SDK 항목의 오른쪽에 [Browse] 버튼을 누르면, 인식 가능한 경우에 한해서 자동으로 설치한 경로를 연결해줍니다. 잡히지 않는다면, 안드로이드 스튜디오를 기본 경로에 설치했다는 가정 하에 SDK는 'C:\Users\유저이름\AppData\Local\Android\Sdk' 경로에 있습니다.

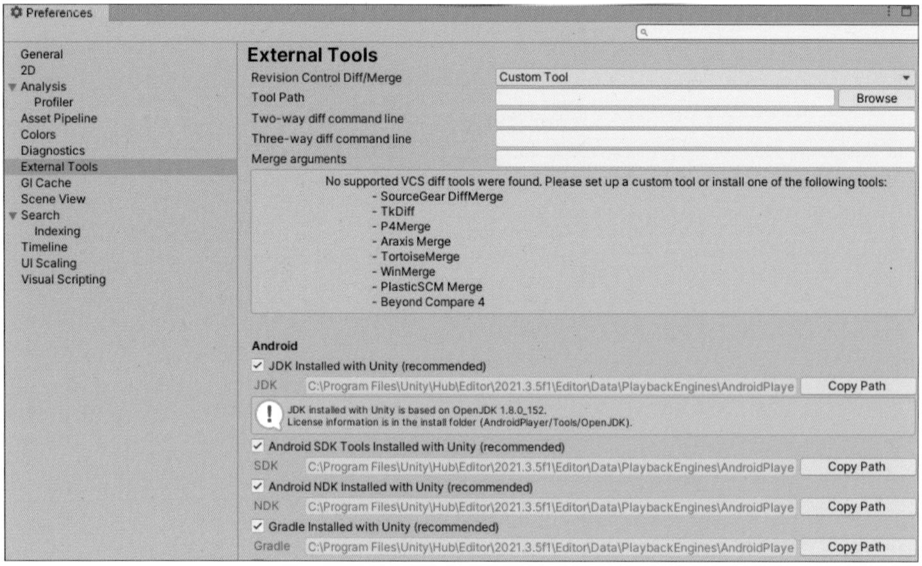

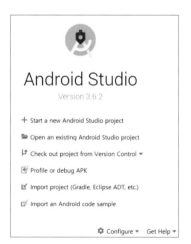

[그림 8-24] External Tools

JDK는 조금 복잡한 문제를 안고 있습니다. JDK의 경우에는 Oracle 사에서 관리하고 있는데, 상용화 선언 이후로 Oracle JDK를 사용하던 다른 회사의 프로그램들은 Open JDK로 돌아서서, 안드로이드 스튜디오, 유니티와 같은 프로그램은 Open JDK를 사용해서 빌드를 지원하고 있습니다. 안드로이드 스튜디오에서 설치한 경우 'C:\Program Files\Android\Android Studio\jre' 경로입니다. 다만 유니티에서는 사용하는 Open JDK 버전이 Java 8 버전을 기반으로 제작되기 때문에, 안드로이드 스튜디오에서 설치한 JDK가 11 버전이므로 수동으로 잡을 경우에는 호환이 맞지 않는다는 메시지를 볼 수 있습니다. (https://github.com/ojdkbuild/ojdkbuild) 주소 하단의 1.8.0으로 시작하는 빌드 버전의 zip 파일을 받아 압축을 풀어서 경로로 잡아줍니다.

[그림 8-25] JDK 배포 호환 문제

3-4. 빌드 설정

여기까지 완료했다면 Build Settings에서 플랫폼을 안드로이드로 바꿀 수 있게 됩니다. Preferences 창을 끄고, 메뉴 탭의 [File]-[Build Settings]로 들어갑니다.

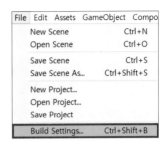

[그림 8-26] Build Settings 열기

안드로이드 플랫폼을 선택한 후 아래의 [Switch Platform] 버튼을 누르면 약간의 로딩 시간 후에 플랫폼 전환이 완료됩니다.

플랫폼을 전환한 후에는 바로 빌드를 하는 것이 아니라 몇 가지 설정을 거쳐야 빌드할 수 있습니다. [Switch Platform] 버튼 옆에 있는 [Player Settings...] 버튼을 눌러 설정에 접근합니다. 누르면 인스펙터 뷰가 'Player Settings'로 전환됩니다.

[그림 8-27] 플랫폼 전환

가장 위에 Company Name 항목을 수정하여 회사(개인) 이름을 입력할 수 있습니다. 그리고 Product Name에서 수정한 이름은 앱이 설치되었을 때, 앱 아이콘 아래에 적히는 앱의 이름으로 표시됩니다.

Default Icon은 이곳에 넣은 그림을 앱 아이콘으로 표시하게 됩니다. 기본적으로 하나의 아이콘 그림으로 모든 크기의 아이콘에 대응하게 되지만, 사이즈 별로 다른 그림을 출력하고 싶다면 아래 Icon 탭에서 설정합니다.

[그림 8-28] Player Settings 기본 설정

그 다음으로 설정해야 할 것은 화면의 출력 방향입니다. 보통 가로와 세로의 방향으로 모두 대응하는 것은 레이아웃 대응이 어렵습니다. 그렇기 때문에 Resolution and Presentation 탭에 들어가 'Allowed Orientations for Auto Rotation' 항목에서 가로의 경우 'Landscape', 세로의 경우 'Portrait' 항목의 두 가지만 체크합니다.

다음은 스플래쉬 이미지(Splash Image)에 대한 설정입니다. Splash Image 탭을 열어 설정을 수정할 수 있습니다. 이 탭에서 설정하는 것은 앱을 처음 실행했을 때 뜨는 로고 화면입니다. 유니티 퍼스널(Personal) 버전은 유니티 로고가 강제적으로 출력되며, 이것은 설정을 변경할 수 없습니다.

다만 유니티 로고와 회사(개인) 로고를 같이 보여줄 수 있습니다. 'Logos' 부분 아래 [+] 버튼을 클릭하여 표시할 로고를 추가할 수 있습니다. 기본적으로 'Draw Mode'가 'Unity Logo Below'로 되어 있어, 유니티 로고와 추가한 로고를 같이 보여주도록 되어 있지만, 이 부분을 'All Sequential'로 변경하면 각각의 로고를 따로따로 출력할 수 있게 됩니다.

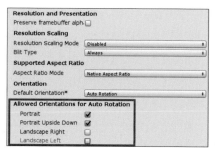

[그림 8-29] Player Settings 화면 방향 설정

[그림 8-30] Player Settings 로고 화면 설정

Splash Style과 하단의 Background Color는 같이 설정해야 합니다. 기본적으로는 'Light on Dark'로 되어 있을 때 검은색 배경에 흰색으로 로고를 출력하지만, Dark on Light로 변경한 후 Background Color를 밝은 색으로 바꾸면 검은색 로고를 출력합니다.

Other Settings 탭을 열어 보겠습니다. 'Package Name' 항목은 오류의 위험이 있으므로 되도록 소문자나 숫자만 사용하여 이름을 바꿔주도록 합니다. 그리고 아래 'Version' 항목은 내부적으로 사용하는 버전입니다. 출시 후 업데이트를 한다면 본인이 식별하며 관리할 수 있도록 버전을 항상 조금씩 올려줍니다.

Version 항목보다 중요한 것은 그 아래 'Bundle Version Code' 항목인데, 이 부분은 전에 출시했던 버전보다 1 이상 높아야 합니다. 만약 출시했던 이전 버전과 코드가 같을 경우에는 스토어에서 코드의 버전이 같다고 하며 출시하지 못하기 때문에 반드시 업데이트할 때마다 바꿔주도록 합니다.

그 아래 'Minimum API Level'은 최소로 지원하는 안드로이드 API 버전입니다. 만약 아래 버전의 안드로이드 기기가 스토어에서 해당 앱에 접근할 경우 지원하지 않는 기기로 인식이 되어 다운로드 되지 않습니다. 현재는 5.1 롤리팝(Lolipop, 22) 버전 아래로는 유니티에서 지원하지 않습니다. 또한 플레이스토어에 출시를 목적으로 할 경우 보안 등의 문제로 API 31 버전부터 앱 등록을 허가해주고 있기 때문에 31 버전이나 그 이상의 버전으로 설정해야 합니다.

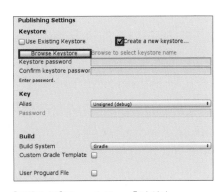

[그림 8-31] Player Settings 기타 설정

'Target API Level'은 Minimum과 반대되는 말이 아니라, 목표로 하는 레벨을 뜻합니다. 이보다 높은 버전의 안드로이드 기기에서 실행할 수 없는 것은 아닙니다.

'Target Architectures'에서는 'x86'의 체크박스를 해제함으로써 apk 파일의 용량을 약 10MB 정도 줄일 수 있습니다. 현재는 x86 방법을 적용한 기기가 거의 없기 때문에 불필요한 용량을 줄이고 싶다면 해제하여도 됩니다. 또한 현재는 플레이 스토어에서 ARM64 아키텍처를 포함하는 것을 의무화했기 때문에, 플레이 스토어 출시를 계획하고 있다면 ARM64를 포함하도록 합니다. ARM64는 체크박스가 비활성화 상태일 수 있습니다. 이 경우에는 활성화하기 위해 'Scripting Backend' 항목을 'Mono'가 아닌 'IL2CPP'로 변경해 줍니다.

다만 2018.2 버전부터는 아키텍처를 분리하여 빌드할 수도 있습니다. 아래 'Split APKs by target architecture' 항목을 체크하면 아키텍처 별로 다른 APK를 빌드합니다. 플레이 스토어는 아키텍처 별로 구분하여 업로드할 수 있기 때문에 다른 아키텍처를 지원하고 싶다면 이 항목을 체크하여 용량을 아끼도록 합니다.

다음은 Publishing Settings 탭의 설정입니다. 이 부분은 출시하기 전에는 설정하지 않아도 됩니다. 기본적으로 키스토어가 존재하지 않더라도 디버그 모드로 빌드할 수 있기 때문입니다.

출시해야 할 경우에는 'Create a new keystore...' 체크박스에 체크한 후 [Browse Keystore] 버튼을 누르면 새로운 키스토어를 만들 수 있습니다. 키스토어를 저장한 후 비밀번호 항목에 사용할 비밀번호를 입력합니다.

[그림 8-32] Player Settings 출시 설정

그 다음 키스토어를 생성하였다면 Alias 항목에 'Unsigned(debug)' 부분을 누른 후 'Create a new key'를 선택합니다. 여러 항목이 있지만 Alias와 비밀번호, 보존년한(Validity) 정도만 입력하여도 됩니다.

만든 키스토어는 백업 파일을 하나 이상 만들어 보관하는 것을 추천합니다. 키스토어 파일을 잃어버리게 될 경우, 스토어에 키스토어를 백업해두지 않는 이상 복구할 방법이 없습니다. 스토어에서는 출시할 때 최초 업로드한 APK의 키스토어와 같은 키스토어가 아니거나, 키스토어가 없으면 더이상 업데이트할 수 없도록 합니다. 그렇기 때문에 추후 업데이트를 위해서라도 안전하게 보관합니다.

키스토어는 한 번 만들게 되면 'Use Existing Keystore' 항목에 체크하고, Keystore와 Key 항목(Key 항목은 Unsigned가 아닌 만들어두었던 키로 변경)에 비밀번호를 입력하는 것으로 사용 가능합니다.

3-5. 앱 종료 구현

빌드를 하고 스마트폰이나 에뮬레이터에서 테스트할 경우 앱을 강제 종료하지 않고는 게임을 종료할 수 없습니다. 앱의 종료는 'Application.Quit( )' 함수를 통해 구현할 수 있습니다. 이 함수는 실제 기기에서는 정상적으로 동작하지만, 유니티 에디터 상에서는 함수가 작동하지 않기 때문에 유의합니다.

보통의 게임은 안드로이드 기기에서 실행한다면 뒤로가기 버튼을 통해 게임을 종료합니다. 뒤로가기는 PC 상에서 [Esc]와 대응하도록 되어 있습니다. 뒤로가기에 대응하여 게임을 종료한다면 다음과 같은 코드를 실행 중인 스크립트(매니저 기능을 하는 스크립트가 좋습니다)의 Update( ) 함수에 추가합니다.

```
if (Input.GetKeyDown(KeyCode.Escape))
    {
        Application.Quit( );
    }
```

이 코드는 예제일 뿐이고, 사용자가 조작 실수로 인해 게임 종료가 되는 일을 방지하기 위해서는 뒤로가기를 눌렀을 때 '정말로 게임을 종료하시겠습니까?'와 같은 메시지 창을 띄우고, 확인 버튼을 눌렀을 때 'Application.Quit( )' 함수를 실행하는 것이 좋습니다.

4 플레이스토어에 등록

4-1. 개발자로 계정 등록

플레이스토어에 등록하는 방법을 알아보겠습니다. 구글에 'Google Play Developer Console'을 검색하여 페이지로 들어갑니다. 또는 ⟨https://play.google.com/console/⟩ 주소로 접근합니다. 아직 구글 계정이 개발자로 등록되어 있지 않다면 개발자로 등록하는 절차를 거쳐야 합니다. 구글 계정이 2단계 인증이 활성화되지 않았다면 2단계 인증을 거치는 페이지로 이동합니다. 2단계 인증이 완료된 계정이라면, 개인인지 기관/단체인지를 묻는 페이지로 이동합니다. 개인이라고 가정하고 진행하겠습니다.

[그림 8-33] 개발자 등록

다음 절차로 넘어가면 계정의 개발자 세부 정보를 작성할 수 있습니다. 개발자 이름, 이메일 주소, 전화번호를 입력하고 등록을 마칩니다. 이메일 주소와 전화번호는 코드 인증을 받아야 합니다. 주의할 점은 전화번호가 국내에서 통하는 번호가 아닌 국가 코드(+82) 입력 후 나머지 전화번호를 입력해야 합니다. 전화번호가 '010-1234-5678'이라면 '+821012345678'로 입력합니다.

기본 정보 입력을 마치면 다음 페이지에서는 출시할 앱 수와 수익 창출 여부, 앱 카테고리를 묻습니다. 정보를 입력하고 다음 페이지에서 약관에 모두 동의하면, 결제 페이지로 넘어가게 됩니다. 국제 결제가 가능한 카드를 등록하면 해당 카드로 수수료가 결제됩니다. 집필 시점 기준으로 수수료는 25$입니다. 등록 이후 오랫동안 앱을 등록하지 않으면 개발자 계정이 영구정지되므로, 앱 출시 계획에 근접했을 때 계정을 등록하거나, 테스트 앱을 올려두고 관리하는 것이 좋습니다.

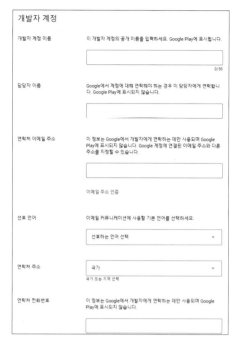

[그림 8-34] 계정 세부 정보 작성

4-2. 앱 등록

개발자 계정 등록을 마쳤다면 구글 플레이 디벨로퍼 콘솔 페이지에서 앱을 등록할 수 있습니다. **등록 과정은 시기에 따라 계속 추가되거나 변경되므로 책과 진행되는 과정이 다르다면 '플레이스토어 앱 등록' 등을 검색하여 최신 일자 방법을 보며 진행하는 것이 좋습니다.** 페이지 상단의 [앱 만들기] 버튼을 통해 앱을 등록합니다.

[그림 8-35] 앱 만들기

이전과는 달리 앱 출시에 필요한 절차가 늘었기 때문에 대시보드에서 설정해야 할 항목들을 체크리스트로 보여주고 있습니다. [그림 8-36]에 보이는 '개인정보처리방침'부터 '스토어 등록 정보 설정'까지 필수 정보를 모두 설정해주면 됩니다. 이러한 항목들은 사실과 다를 경우 앱 게시가 거절될 수 있으니 사실대로 작성해 주어야 합니다. 각 항목 작성을 완료하면 하단의 [저장] 버튼을 누르고 대시보드로 돌아오면 됩니다.

[그림 8-36] 앱 설정

개인정보처리방침은 이후에 설명할 것이므로 건너뛰고, 앱 액세스 권한부터 설명하겠습니다. '특수한 액세스 권한 없이 모두 이용 가능'과 '전체 또는 일부 이용이 제한됨' 항목이 있습니다. 앱 내에 회원가입이나 로그인 등의 절차가 있다면 '전체 또는 일부 이용이 제한됨' 항목에 체크하고, 아래 [새 안내 추가] 버튼을 누릅니다. 이름은 항목 아래 안내처럼 적습니다. 한국을 대상으로 한다면 '대한민국 사용자 대상'과 같은 것입니다. 아래 항목들은 수집하는 대상 항목에 대한 안내를 입력해주면 됩니다.

다음으로 광고 항목은 앱 내에 광고가 있는지 없는지 체크하고 저장합니다. 그다음은 콘텐츠 등급인데 카테고리(게임, 소셜, 기타)에 따라 심의 항목이 다릅니다. 카테고리를 선택하고 하단의 [다음] 버튼을 누르면 여러 설문 항목이 나오는데, 사실에 따라 체크박스를 모두 체크하고 다음을 누르면 설문을 토대로 자동으로 자율심사한 결과가 나옵니다.

다음은 타깃층 조사입니다. 앱이 타깃으로 하는 연령대를 묻고 그에 대한 설정을 합니다. 광고가 포함된 앱이라면 13세 미만을 대상으로 할 수 없습니다. 그 뒤는 최근에 생긴 항목들입니다. 뉴스 앱은 뉴스 앱인지 아닌지를 묻는 항목이고, 코로나19 접촉자 추적 앱 및 이력 앱은 코로나19 접촉자를 추적하는 앱이거나 이력을 표시하는 앱일 경우 체크해야 하고, 아니면 '공개된 코로나19 접촉자 추적 앱 또는 이력 앱이 아님'에 체크합니다.

데이터 보안 항목은 앱 내에 수집하거나 공유하는 개인 정보가 있는지 묻습니다. 위치, 개인정보, 금융정보, 건강정보와 같은 정보들입니다. '아니오'를 누르면 곧바로 완료되지만, 유니티에서는 기본적으로 사용하지 않더라도 기기의 기능을 사용하기 위해 수집되는 정보들이 있습니다.

유니티 FAQ에 따르면(https://unity.com/kr/legal/game-player-and-app-user-privacy-faq), 수집 정보 유형은 다음과 같습니다.

- 기기 식별(unique device identifiers)
- IP 주소(IP address)
- 설치 국가 장치 제조 업체 및 모델 플랫폼 유형(country of install device manufacturer and model platform type)
- OS 및 시스템이나 기기의 버전, 언어(the operating system and version running on your system or device, language)
- CPU 정보 (모델)(CPU information such as model)
- 그래픽 카드 종류와 벤더 이름(the graphics card type and vendor name)
- 그래픽 카드 드라이버 이름 및 버전(graphics card driver name and version(e.g., "nv4disp.dll 6.10.93.71"))
- 사용하는 그래픽 API(which graphics API is in use(e.g., "OpenGL 2.1" or "Direct3D 9.0c"))
- 사용하는 시스템, video RAM 정도(amount of system and video RAM present)
- 현재 화면 해상도(current screen resolution)
- 게임을 만들 때 사용한 유니티 에디터의 버전(version of the Unity Editor used to create the game)
- 센서 플래그(자이로스코프, 터치 압력 및 가속계)(sensor flags(e.g., device support for gyroscope, touch pressure or accelerometer))
- 앱 또는 번들 ID(application or bundle identification("app ID") of the game installed)
- iOS 또는 안드로이드 기기로부터 제공된 고유 광고 ID와 제대로 전송되었는지 확인을 위한 모든 데이터의 체크섬(unique advertising identifiers provided for iOS and Android devices(e.g., IDFA or Android Ad ID) and a checksum of all the data that gets sent to verify that it transmitted correctly)

위에 속하는 항목을 모두 체크하고 추가로 사용하는 항목이 더 있다면, 해당 자세한 정보 유형은 위의 '필수 데이터 유형 보기'를 누르면 세부 항목이 나오므로 '예'에 체크합니다. '예'를 눌렀다면 암호화 여부, 개인정보 삭제 가능 여부를 묻는 항목이 나오고, 모두 체크하면 다음으로 넘어갑니다. 다음에서는 수집 또는 공유하는 정보가 어떤 것이 있는지 체크하는 페이지이며, 체크를 마치고 다음으로 넘어가면 각 항목에 대해 수집하는지, 공유하는지를 묻는 페이지가 나옵니다. 다음으로는 정부에서 출시하는 앱인지를 묻는 항목입니다. 정부에서 출시하는 앱인지 아닌지 체크하면 됩니다.

여기까지 설문을 마치면 이제 앱에 대한 정보를 입력할 수 있습니다. 대시보드로 들어가 다시 리스트의 아래 '앱 카테고리 선택 및 연락처 세부정보 제공' 항목으로 들어갑니다. 여기서는 해당 앱이 일반 앱인지 게임인지 대분류를 선택하고, 게임이면 캐주얼인지 롤플레잉인지 같은 세부 카테고리를 설정하는 방식입니다. 그 아래에는 유저가 개발자 또는 운영자에게 연락할 수 있는 이메일과 전화번호, 웹사이트를 입력하도록 합니다. 최하단에는 구글 플레이 외부에 마케팅을 허용할 것인지 여부를 체크하는 체크박스가 있습니다.

마지막으로 스토어 등록 정보 설정입니다. 체크리스트에서 바로 접근하거나 좌측 메뉴의 '기본 스토어 등록 정보' 항목으로 접근할 수 있습니다. 스토어 등록 정보 같은 경우에는 필수로 입력해야 하는 항목에 한해서만 항목 이름 뒤에 '*' 모양이 붙어 있

[그림 8-37] 앱 액세스 권한

으니, 필요하지 않다면 '*'가 붙지 않은 항목은 건너뛰어도 됩니다. 그래픽 항목의 경우 아이콘은 512×512픽셀 크기를 지켜야 하는 등의 가이드라인이 아래 적혀있으니 내용을 준수하여 업로드해야 합니다.

[그림 8-36]의 체크리스트 항목이 모두 체크되었다면 APK 파일을 등록할 차례입니다.

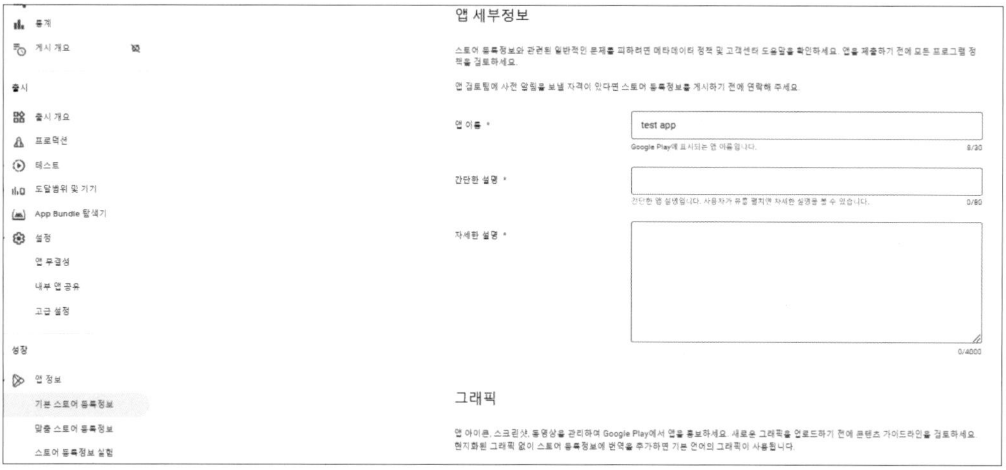

[그림 8-38] 정보 입력 미완료 상태

다른 항목들도 마찬가지지만 수정 중간에 다른 메뉴를 편집해야 할 경우 반드시 하단의 [저장] 버튼을 눌러 저장을 마친 후 이동해야 편집했던 정보를 잃지 않을 수 있습니다.

[그림 8-39] 임시 저장 버튼

앱 버전의 경우 출시 상태에 따라 트랙이 나뉘어져 있습니다. 프로덕션은 일반적으로 볼 수 있는 정식 출시 버전입니다. 공개 테스트는 베타 버전으로 외부에 공개는 되어 있지만, 테스터의 숫자에 제한이 있습니다. 공개하고 사용자들의 반응을 살피며 외부 피드백을 받고 싶을 때 주로 사용합니다.

비공개 테스트는 알파 버전입니다. 이 트랙은 내부의 소규모 집단에서 내부 테스트를 진행할 때 사용합니다. 테스트용 링크가 있어 이 링크로 접근하지 않으면 외부에서 접근할 수 없습니다. 내부 테스트는 위의 비공개 트랙과 같지만, 개발자 홀로 혹은 팀에서 내부적으로 테스트를 진행할 때 사용할 수 있습니다. 테스트는 프로덕션을 한 번 진행해야 사용할 수 있으니 프로덕션 메뉴로 들어가서 진행합니다.

[그림 8-40] 프로덕션 새 버전 만들기

프로덕션으로 들어오면 상단에 AAB 파일을 추가할 수 있습니다. 과거에는 APK 파일이 등록 가능했지만, 현재는 기존에 있던 앱이 아니라면 AAB 파일로만 받고 있습니다. 유니티에서 안드로이드로 빌드하면 APK 파일로 출력되기 때문에, **플레이스토어에 업로드를 목적으로 한다면 'Build Settings'에서 빌드하기 전에 'Build App Bundle (Google Play)' 항목의 체크박스를 체크하고 빌드해야 합니다.** 탐색기에서 드래그 앤 드롭 또는 파일 찾아보기를 통해 AAB 파일을 추가할 수 있습니다. 출시명 항목에서는 해당 앱의 버전을 입력할 수 있습니다. AAB 파일을 등록할 경우 유니티에서 설정했던 버전이 자동으로 입력됩니다. 그 아래 칸은 업데이트할 때 이전 버전에 없던 새로운 기능이나 버그의 수정 등을 알리는 항목입니다.

입력을 모두 마치면 하단에 있는 [다음] 버튼을 눌러 검토 페이지로 이동합니다. 입력된 정보가 미비한 경우 상단에 오류의 개수가 나오고, 접힌 항목을 펼치면 어떤 항목이 미비한지 세부사항이 나오면서 해당 링크로 이동할 수 있게 되어 있습니다. 오류가 모두 해소되면 [프로덕션 트랙으로 출시 시작] 버튼이 활성화 됩니다. 이 버튼을 누르면 출시할 수 있습니다. 예전과는 달리 곧바로 출시되지는 않으며, 내부적으로 스토어의 검토를 거친 후에 출시됩니다. 구글의 정책을 위반하는 내용을 발견한다면 반려

[그림 8-41] APK 파일 등록

되기도 하는데, 이때는 구글에서 발송한 메일을 확인하여 문제가 되는 부분을 수정하여 다시 업로드하는 과정을 승낙할 때까지 거치면 됩니다.

위에서 건너뛰었던 개인정보처리방침에 대해 설명하겠습니다. 개인정보처리방침의 경우 기존에 사용하던 양식이 있다면 수정하여 사용하여도 되지만, 보통 신규 작성이 쉽지는 않습니다. 어려울 때는 다음의 자동생성 사이트의 링크(https://app-privacy-policy-generator.firebaseapp.com/#)를 사용하여 작성하면 좋습니다.

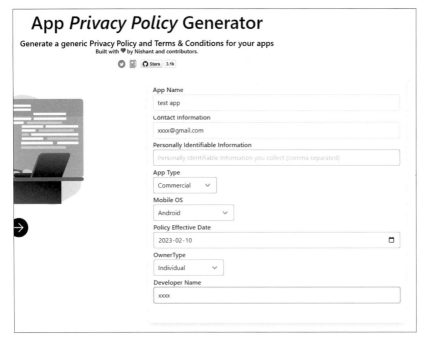

App *Privacy Policy* Generator

Generate a generic Privacy Policy and Terms & Conditions for your apps
Built with ♥ by Nishant and contributors.

App Name

test app

Contact Information

xxxx@gmail.com

Personally Identifiable Information

Personally Identifiable Information you collect (comma separated)

App Type

Commercial

Mobile OS

Android

Policy Effective Date

2023-02-10

OwnerType

Individual

Developer Name

xxxx

[그림 8-42] 개인정보처리방침 생성기

이곳에서 자신의 앱에 맞는 설정을 입력한 후, 좌측의 화살표 버튼을 누르면 다음으로 넘어갈 수 있습니다. 다음은 대상 서비스 선택인데, 구글 플레이 출시가 목적이므로 기본으로 설정된 'Google Play Services'만 체크된 상태 그대로 다음으로 넘어갑니다. 다음 페이지로 넘어오면 생성이 완료되는데, 하단의 [Privacy Policy] 버튼을 누르면 생성된 내용을 볼 수 있습니다. 이것을 자신의 웹페이지나 블로그 등에 게시하고 이 링크를 개인정보처리방침 항목에 넣습니다.

Privacy Policy

built the [App Name] app as an Ad Supported app. This SERVICE is provided by at no cost and is intended for use as is.

This page is used to inform visitors regarding my policies with the collection, use, and disclosure of Personal Information if anyone decided to use my Service.

If you choose to use my Service, then you agree to the collection and use of information in relation to this policy. The Personal Information that I collect is used for providing and improving the Service. I will not use or share your information with anyone except as described in this Privacy Policy.

The terms used in this Privacy Policy have the same meanings as in our Terms and Conditions, which is accessible at [App Name] unless otherwise defined in this Privacy Policy.

Information Collection and Use

For a better experience, while using our Service, I may require you to provide us with certain personally identifiable information, including but not limited to unique device identifiers, IP address, country of install, device manufacturer and model platform type, the operating system and version running on your system or device, language, CPU information such as model, the graphics card type and vendor name, graphics card driver name and version (e.g., "nv4disp.dll 6.10.93.71"), which graphics API is in use (e.g., "OpenGL 2.1" or "Direct3D 9.0c"), amount of system and video RAM present, current screen resolution, version of the Unity Editor used to create the game, sensor flags (e.g., device support for gyroscope, touch pressure or accelerometer), application or bundle identification ("app ID") of the game installed, unique advertising identifiers provided for iOS and Android devices (e.g., IDFA or Android Ad ID), and a checksum of all the data that gets sent to verify that it transmitted correctly. The information that I request will be retained on your device and is not collected by me in any way.

[그림 8-43] 생성된 개인정보처리방침

CHAPTER
9

패키지 매니저
– 유용한 기능들

1. 타일 맵(Tile Map)

RPG Maker 시리즈라는 유명한 RPG 게임 제작 엔진이 있습니다. 이 엔진에서는 준비된 타일 프리셋을 이용하여 정사각형의 타일을 배치하여 맵을 그리드 형태로 만듭니다. 유니티 2017.2 버전에서는 타일 맵 기능을 추가하여 이러한 기능을 구현할 수 있도록 했습니다.

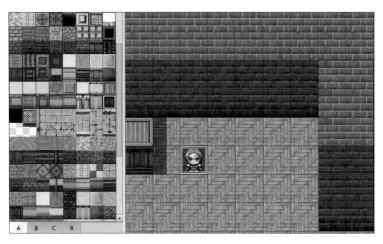

[그림 9-1] RPG Maker MV 에디터

2018 버전 이후로는 Hexagonal 타일이 추가되어 '문명 5' 게임처럼 육각형 타일 맵도 배치가 가능해졌으며, 이후 Isometric도 추가되어 '모뉴먼트 밸리'나 '쿠키런 킹덤'의 마을 꾸미기 기능의 뷰도 가능해졌습니다. 프로젝트를 새로 생성하여 연습해봅니다.

프로젝트를 2D 템플릿으로 생성 후 타일 맵은 [Window]-[2D]-[Tile Palette]를 통해 타일 팔레트(Tile Palette) 뷰를 켜서 진행할 수 있습니다. 이미 2D 아닌 다른 템플릿으로 생성했다고 하더라도 패키지 매니저

[그림 9-2] 타일 팔레트 뷰

(Package Manager)를 통해 2D 기능을 추가할 수 있습니다. [Window] - [Package Manager]로 들어가서, [Features] 탭 안에 있는 2D를 선택하고, 하단 오른쪽의 [Install] 버튼을 눌러 2D 기능을 설치할 수 있습니다. 설치 후에는 2D 템플릿과 동일한 방법으로 실행 가능합니다.

타일 팔레트 뷰에서 [Create New Palette] 버튼을 클릭
하면 새로운 팔레트를 추가할 수 있습니다.

[그림 9-3] 타일 팔레트 추가

이때 Grid를 Rectangle 대신 Hexagon으로 바꾸면 육각형이 되며, Cell Size를 Automatic 대신
Manual로 하면 칸의 크기를 수동으로 맞출 수 있습니다. 예제에서는 이 상태로 이름만 'Block'으로
변경한 후 진행하겠습니다. [Create] 버튼을 눌러 팔레트를 새로 생성하면 팔레트를 저장하기 위해
파일 탐색기 창이 열립니다.

'BlockPalette'라는 이름의 폴더를 새로 만든 후 그곳에 저장합니다. 저장하면 해당 폴더에 팔레트
이름과 같은 프리팹이 하나 생성되었을 것입니다. 이 상태에서 타일 맵에 사용할 이미지를 넣어 팔
레트 준비를 하면 됩니다.

이번 타일 맵에 사용할 에셋은 에셋 스토어에 있는 'Free 8-Bit Pixel Pack'을 사용할 것입니다. 에셋
스토어에서 에셋을 추가한 뒤 패키지 매니저에서 해당 에셋을 임포트(Import)합니다. 어떤 이미지
한 장을 간격에 따라 그리드로 잘라 사용하려면 해당 이미지를 프로젝트 뷰에서 선택한 후 인스펙
터 뷰에서 Sprite Mode 항목을 Single 대신 Multiple로 변경해야 합니다. 이 에셋은 이미 설정이 되
어 있지만, 직접 만든 이미지를 사용할 경우 수동으로 설정해 주어야 합니다. 직접 만든 이미지는
Multiple로 설정한 후 [Sprite Editor] 버튼을 눌러 스프라이트 편집 창에서 [Slice] 버튼을 눌러 잘라
주고 저장해야 합니다.

[그림 9-4] 스프라이트 모드 설정

설정을 마쳤다면 이미지를 타일 팔레
트 뷰로 드래그 앤 드롭합니다. 예제
에서는 'Blocks' 이미지를 사용하였습
니다.

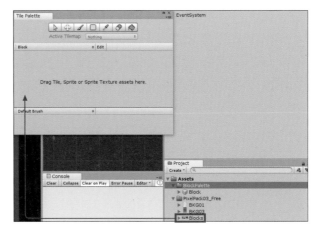

[그림 9-5] 팔레트에 이미지 연동

파일 탐색기 창이 나타나면서 팔레트에 사용할 타일 파
일들을 저장할 폴더를 선택하게 합니다. 타일 하나 당
하나의 파일이므로, 일반적인 폴더에 생성할 경우 지저
분해집니다. 아까 만들어두었던 'BlockPalette' 폴더를
선택합니다. 파일 생성이 완료되면 타일 팔레트 뷰의
그리드에 맞춰 타일이 나타납니다.

[그림 9-6] 이미지 연동이 완료된 팔레트

팔레트가 완성되었다면 이제 이 타일을 배치할 수 있는
타일 맵을 만들어야 합니다. 물감이 있는 팔레트라면
타일 맵은 그릴 수 있는 종이와 같은 것입니다. 타일 맵
은 하이어라키 뷰에서 [2D Object]-[Tile Map]을 선택
하여 생성할 수 있습니다.

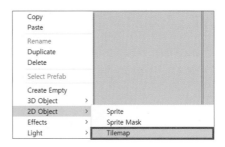

[그림 9-7] 타일 맵 생성

타일 맵을 생성하면 'Grid'라는 이름의 게임 오브젝트가 생성되며, 그 안에는 Tilemap이라는 게임 오브젝트가 들어 있습니다. 그리드는 말 그대로 그리드로 정렬을 도와주는 것이며, 실제 타일 맵은 그 안에 있는 Tilemap 게임 오브젝트입니다. 구분을 위해 Tilemap 게임 오브젝트의 이름을 'BackgroundMap'으로 바꿉니다.

[그림 9-8] 씬에 배치된 타일

변경하고 나면 타일 팔레트 뷰에 있는 'Active Tilemap' 항목이 BackgroundMap으로 되어 있습니다. 이 항목은 타일 맵이 여러 개일 때 팔레트로 칠할 타일 맵을 결정할 수 있습니다. 포토샵 등의 이미지 편집이 레이어 기능으로 층을 구분할 수 있듯이, 타일 맵도 여러 개가 있을 때 레이어처럼 사용할 수 있습니다. 현재는 하나밖에 없기 때문에 그대로 둡니다.

이제 타일 팔레트 뷰에서 세 번째에 있는 브러쉬 버튼을 클릭하고 씬 뷰에서 드래그하여 칠해 보면 해당 타일이 씬 뷰에 그려지는 것을 볼 수 있습니다.

여기서 이상한 점은 그리드에 맞춰 그려지기는 했지만 사이즈가 맞지 않는다는 것입니다. 이것은 그리드의 칸 크기(Cell Size)가 맞지 않아서 생기는 일입니다. 그리드는 100×100 픽셀 사이즈를 기준으로 하고 있습니다.

[그림 9-9] 그리드 간격 조절

하이어라키에서 Grid 게임 오브젝트를 선택한 후 Grid 컴포넌트의 Cell Size 항목의 X와 Y를 0.32로 맞춥니다. 0.32로 맞춘 이유는 블록 이미지 한 칸의 크기가 32 픽셀이기 때문입니다.

그리드 간격을 조절하면 올바르게 정렬된 타일 맵의 모습을 볼 수 있습니다.

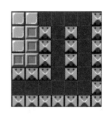

[그림 9-10] 그리드 간격이 조절된 타일 맵

타일 맵은 콜라이더 기능을 지원하여 충돌을 만들 수도
있습니다. 바닥에 사용하는 타일 맵에는 콜라이더를 넣
지 않으며, 나무나 벽돌 등 바닥 위에 있는 물체를 구현
하는 타일 맵에는 콜라이더를 넣어 비충돌 레이어와 충
돌 레이어를 구별하여 사용합니다. 충돌 테스트를 위
해 BackgroundMap 게임 오브젝트에 타일맵 콜라이더
2D(Tilemap Collider 2D) 컴포넌트를 추가합니다.

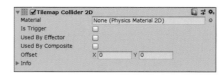

[그림 9-11] 타일맵 콜라이더 2D 컴포넌트

이 상태로 2D 스프라이트 게임 오브젝트를 아무 이미지나 넣고, Polygon Collider 2D와 Rigidbody
2D 컴포넌트를 넣고 타일 위에 배치한다면 테스트 플레이를 진행했을 때 타일 위에서 멈추는 것을
볼 수 있습니다.

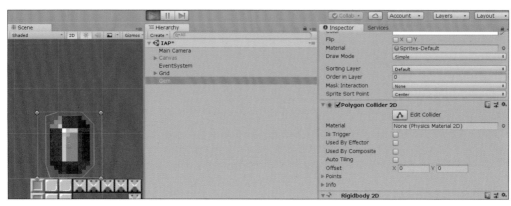

[그림 9-12] 타일맵 콜라이더 2D 컴포넌트의 충돌 테스트

2 스프라이트 마스크(Sprite Mask)

스프라이트 마스크는 유니티 2017.1 버전에서 추가된 기능으로 일반적인 이미지 편집 또는 영상 편집에서 사용하는 마스크 기능과 같습니다. 어떠한 틀이 있다면 그 밖에 있는 부분 또는 안에 있는 부분을 보이지 않도록 만들어 줍니다.

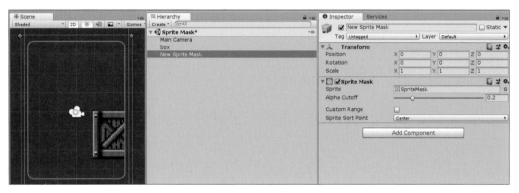

[그림 9-13] 마스크 적용

마스크는 하이어라키 뷰에서 [2D Object]-[Sprite Mask]를 통해 생성할 수 있습니다. 생성 후 Sprite Mask 컴포넌트에서 Sprite 항목에 마스크로 적용할 그림을 넣습니다. 마스크를 만들었다면 스프라이트 렌더러 컴포넌트가 있는 게임 오브젝트를 하나 만들어 테스트할 수 있습니다. 해당 게임 오브젝트의 스프라이트 렌더러 컴포넌트에 보면 'Mask Interaction' 항목이 있습니다. 이 부분을 'Visible Inside Mask'로 변경하면 마스크 스프라이트 안에 있는 영역 이외의 부분은 보이지 않습니다.

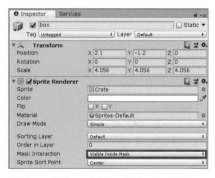

[그림 9-14] 마스크와 상호 작용하도록 만들기

반대로 'Visible Outside Mask'로 설정하면 설정한 마스크 영역의 바깥 부분에서만 보이게 됩니다.

3 2D Sprite Shape

2D Sprite Shape는 유니티 2018.2 버전부터 공식적으로 지원하는 외부 패키지 에셋입니다. 기존의 유니티는 에디터 내에 스프라이트를 편집할 수 있는 기능이 없었습니다. 2D 스프라이트 셰이프(2D Sprite Shape)는 스프라이트의 모양을 변경할 수 있는 컴포넌트입니다.

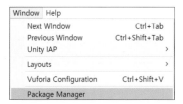

[그림 9-15] 패키지 매니저

2D 템플릿으로 시작하면 별도의 설치가 필요 없으며, 아닐 경우 타일 맵과 마찬가지로 '2D' 패키지를 불러와야 합니다.

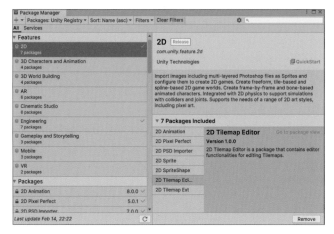

[그림 9-16] 2D 패키지

프로젝트에 설치가 완료되면 하이어라키 뷰에서 [Create]-[2D Object]-[Sprite Shape]를 선택하여 스프라이트 셰이프 게임 오브젝트를 생성합니다. 또는 Open Shape를 선택합니다. Closed Shape는 이전 버전의 'Sprite Shape'를 계승하며 덩어리와 같은 모양을 조절할 수 있습니다. Open Shape는 선의 형태를 하고 있습니다.

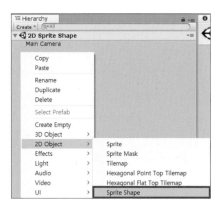

[그림 9-17] 2D 스프라이트 셰이프 게임 오브젝트 만들기

2D 스프라이트 셰이프는 스프라이트 렌더러 대신 스프라이트 셰이프 렌더러(Sprite Shape Renderer)와 형태를 조절할 수 있는 스프라이트 셰이프 컨트롤러(Sprite Shape Controller) 컴포넌트가 들어 있습니다. 스프라이트 셰이프 컨트롤러 컴포넌트는 스프라이트 셰이프의 모양을 편집할 수 있는 컴포넌트입니다. 컴포넌트 내에 있는 'Edit Spline'을 눌러 형태를 변경할 수 있습니다.

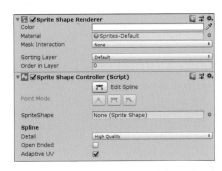

[그림 9-18] 2D 스프라이트 셰이프 게임 오브젝트의 컴포넌트

일러스트레이터나 포토샵의 펜 툴(Pen tool)을 사용했다면 조작이 익숙할 것입니다. 점(point)을 클릭하고 드래그하면 점 위치를 옮길 수 있으며, 선(line) 부분을 클릭하면 새로운 점을 생성할 수 있습니다. 점을 선택했을 때는 컴포넌트의 Point Mode 항목이 활성화되는데, 이 부분을 변경하면 선의 형태를 직선 또는 곡선으로 변경할 수 있습니다.

수정을 거쳐 만든 스프라이트 셰이프 게임 오브젝트는 게임 오브젝트 하나로 그림을 완성할 필요는 없습니다. 스프라이트 셰이프 게임 오브젝트를 여러 개 겹쳐 하나의 그림을 완성하는 방법도 있습니다. [그림 9-19]는 여러 모양의 셰이프를 겹쳐 만든 회사원 캐릭터 그림입니다. 이미지 편집 툴에서 레이어를 다루듯 각각의 도형을 겹치면 간단한 그림 정도는 만들 수 있습니다.

[그림 9-19] 2D 스프라이트 셰이프 게임 오브젝트를 겹쳐 만든 캐릭터

이런 방식으로 편집할 경우 앞에 나와야 할 도형이 뒤로 들어가는 상황이 일어날 수 있습니다. 이럴 때는 스프라이트 셰이프 렌더러 컴포넌트의 'Order in Layer' 값을 조절하여 순서를 정할 수 있습니다. 값이 클수록 앞으로 나오게 됩니다.

원하는 그림을 완성했다면 최상위 게임 오브젝트를 프로젝트 뷰로 드래그 앤 드롭하여 프리팹으로 만들어 사용하면 편리합니다.

4 씨네머신(Cinemachine)

씨네머신은 유니티 2017 버전부터 추가된 기능입니다. 유니티는 훌륭한 3D 기능 덕분에 3D 영상에서도 그 위력을 발휘할 수 있었습니다. 대표적인 예로 유니티가 공개한 영상 '아담(ADAM)' 시리즈가 있습니다. 최근 메이저 스튜디오들에서도 영상 제작에 유니티를 사용하기 시작한 만큼, 유니티는 영상 제작에 관련된 기능들을 추가하기 시작했는데, 그중 제일 대표적인 기능이 씨네머신입니다. 씨네머신은 패키지 매니저에서 추가(설치) 가능합니다.

4-1. 버추얼 카메라(Virtual Camera)

이 기능은 주로 영상 제작에 많이 사용하지만, 게임 내에서도 적용할 수 있는 기능들이 있습니다. 바로 버추얼 카메라(Virtual Camera) 기능입니다. 버추얼 카메라를 적용하면 복잡한 코딩을 통해 구현해야 할 여러 카메라 움직임을 간편하게 구현할 수 있습니다. 깊이 들어가면 알아야 할 것이 너무 많아지므로 간단한 부분만 소개하겠습니다. 버추얼 카메라는 씨네머신을 추가한 후 생기는 Cinemachine 탭에서 추가 가능합니다. 우선 'Create 2D Camera'를 선택하여 2D를 위한 버추얼 카메라를 만들어 보겠습니다.

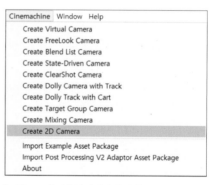

[그림 9-20] 버추얼 카메라 추가 ①

선택하면 새로운 버추얼 카메라가 하이어라키 뷰에 추가된 것을 볼 수 있습니다. 버추얼 카메라의 주요한 기능은 목표(Target)가 되는 게임 오브젝트를 추적하여 움직임을 따라다니는 것입니다. 그렇기 때문에 목표로 사용할 2D 스프라이트 게임 오브젝트를 하나 만들어 줍니다. 그 다음 생성했던 버추얼 카메라 게임 오브젝트를 선택한 후 씨네머신 버추얼 카메라(Cinemachine Virtual Camera) 컴포넌트의 'Follow' 항목에 2D 스프라이트 게임 오브젝트를 하이어라키 뷰에서 드래그 앤 드롭합니다.

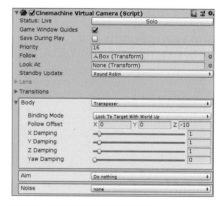

[그림 9-21] 버추얼 카메라 추가 ②

씨네머신 버추얼 카메라 컴포넌트는 다양한 옵션이 있습니다. 하단의 Body는 목표를 따라가는 것에 대한 설정입니다. Follow Offset으로 카메라의 기본 위치를 정할 수 있습니다. Y 값을 높인다면 목표 게임 오브젝트가 약간 아래쪽으로 내려가 보이게 할 것입니다. 그리고 Damping 항목은 따라다니는 속도입니다. 값이 높아지면 목표를 더 천천히 느리게 따라오게 됩니다.

Noise 탭은 none 대신 다른 항목으로 활성화할 경우 카메라를 사람이 들고 있는 것처럼 흔들게 됩니다. 항목에 따라 흔들림이 조금씩 다르니 흔들림을 구현하고 싶다면 적당한 항목으로 설정해줍니다. Aim 탭은 카메라가 현재 목표를 추적하는 상태에서 상단의 LookAt에 지정한 게임 오브젝트를 바라보게 하는 옵션인데, 카메라가 비추는 각도가 기울기 때문에 2D에서는 보통 사용하지 않습니다. 게임에 따라 필요시 사용합니다.

여기까지 설정을 마쳤다면 메인 카메라에도 컴포넌트를 하나 추가해야 합니다. '씨네머신 브레인(Cinemachine Brain)' 컴포넌트를 메인 카메라 게임 오브젝트를 선택한 후 추가해줍니다. 버추얼 카메라는 여러 개 사용할 수 있기 때문에 제어를 씨네머신 브레인 컴포넌트가 맡게 되기 때문입니다.

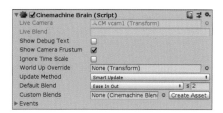

[그림 9-22] 씨네머신 브레인 컴포넌트

이 상태로 테스트 플레이를 해보면 씬 뷰에서 목표가 되는 게임 오브젝트의 위치를 움직일 때마다 카메라가 부드럽게 따라다니는 모습을 볼 수 있습니다.

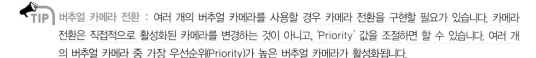

TIP 버추얼 카메라 전환 : 여러 개의 버추얼 카메라를 사용할 경우 카메라 전환을 구현할 필요가 있습니다. 카메라 전환은 직접적으로 활성화된 카메라를 변경하는 것이 아니고, 'Priority' 값을 조절하면 할 수 있습니다. 여러 개의 버추얼 카메라 중 가장 우선순위(Priority)가 높은 버추얼 카메라가 활성화됩니다.

4-2. 타임라인(Timeline)

버추얼 카메라가 카메라 기법이라면 타임라인은 본격적으로 영상 제작을 위한 기능입니다. 일종의 시퀀서(Sequencer)에 가깝습니다. 타임라인을 사용하려면 메뉴 탭의 [Window]-[Sequencing]-[Timeline]을 선택합니다.

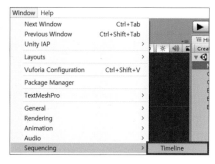

[그림 9-23] 타임라인

타임라인은 애니메이션 클립을 만드는 것과 사용 방식이 비슷합니다. [그림 9-24]처럼 시간의 흐름에 따라 재생되도록 하는 것입니다.

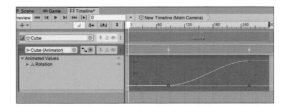

[그림 9-24] 타임라인 사용

타임라인을 감독할 디렉터(Playable Director) 컴포넌트를 추가해야 합니다. 디렉터 컴포넌트는 하이어라키 뷰에서 게임 오브젝트를 선택한 후 타임라인 뷰에서 [Create] 버튼을 눌러 추가할 수 있습니다. 영상 재생 중간에 디렉터 컴포넌트가 들어 있는 게임 오브젝트가 비활성화되는 일이 없도록 항상 활성화 상태로 되어 있는 메인 카메라(Main Camera) 게임 오브젝트에서 만들면 좋습니다.

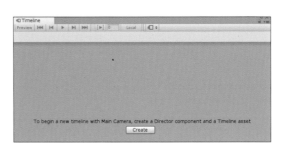

[그림 9-25] 디렉터 컴포넌트

[Create] 버튼을 누른 후에는 메인 카메라에 디렉터 컴포넌트와 함께 애니메이터 컴포넌트가 추가된 것을 볼 수 있습니다. 타임라인에서 게임 오브젝트를 활성화/비활성화하는 방법을 알아보겠습니다. 활성화를 다루려면 상단의 [+] 버튼을 누른 후 'Activation Track'을 선택하여 활성화 트랙을 새로 만듭니다.

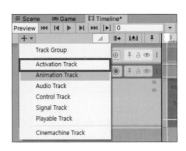

[그림 9-26] 활성화 트랙 추가

활성화 트랙을 추가했다면 좌측의 게임 오브젝트 선택 란에 활성화/비활성화를 다룰 게임 오브젝트를 넣습니다. 테스트하기 좋도록 2D 스프라이트 게임 오브젝트와 같이 눈에 보이는 게임 오브젝트를 선택하면 좋습니다. 그 다음 우측의 타임라인 부분에서 활성화(Active) 막대를 조절하여 크기를 줄여 봅니다.

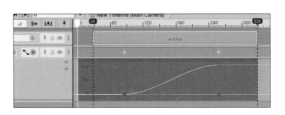

[그림 9-27] 활성화 트랙 조절

활성화 막대가 없는 시간대에서는 해당 게임 오브젝트가 비활성화 처리됩니다.

애니메이션 트랙(Animation Track)을 만들어 위치와 각도를 조절해 보겠습니다. 이번에는 [+]–[Animation Track]을 선택하여 애니메이션 트랙을 추가합니다. 애니메이터 트랙에는 활성화 트랙과는 달리 애니메이터 컴포넌트가 들어간 게임 오브젝트만 연동할 수 있습니다. 움직이려는 게임 오브젝트에 애니메이터 컴포넌트가 없다면 추가하고 진행합니다.

애니메이션 트랙을 녹화하려면 선택 옆에 있는 빨간색 동그라미 모양의 녹화 버튼을 클릭하면 진행할 수 있습니다. 버튼을 누르면 빨간색이 진해지면서 깜빡거리며, 타임라인 부분에서는 'Recording...'이라는 글자가 나타

[그림 9-28] 애니메이션 트랙 녹화

납니다. 이 상태에서 해당 게임 오브젝트를 선택한 후 위치나 각도를 변경해 봅니다.

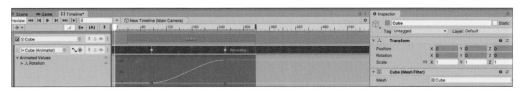

[그림 9-29] 애니메이션 트랙 녹화 중

위치나 각도를 조금이라도 변경하면 흰색 마커의 위치에 다이아몬드 모양의 키(Key)가 생성됩니다. 수정하려면 해당 키의 위치에 마커를 놓고 값을 변경하면 됩니다. 다음 진행을 하려면 마커를 원하는 프레임에 놓고 값을 수정하면 새로운 키가 생성됩니다.

녹화를 마치면 다시 녹화 버튼을 눌러 녹화를 종료할 수 있습니다. 테스트 플레이는 타임라인 뷰 상단의 재생 버튼으로 타임라인의 재생만 테스트해 볼 수 있습니다. 테스트 플레이를 해 보면 키와 키 사이의 움직임이 자동으로 메꿔져 있는 모습을 볼 수 있습니다. 이는 일반적인 영상 편집 툴과 같습니다. 만약 등속으로 움직이는 것을 원하지 않는다면 녹화 버튼 옆에 있는 그래프 아이콘을 눌러 움직임의 그래프를 변경할 수 있습니다.

마지막으로 타임라인에서 버추얼 카메라를 다뤄보겠습니다. 버추얼 카메라는 [+]–[Cinemachine.Timeline]–[Cinemachine Track]을 선택하여 추가할 수 있습니다. 트랙 생성 후 빈 칸에는 씨네머신 브레인 컴포넌트가 들어 있는 게임 오브젝트만 넣을 수 있습니다. 예제에서는 메인 카메라입니다.

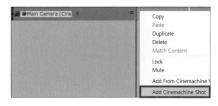

[그림 9-30] 씨네머신 샷 추가

그 다음 오른쪽의 타임라인 부분에서 마우스 오른쪽 버튼을 클릭 후 'Add Cinemachine Shot'을 선택합니다.

각 샷(Shot)에는 하나의 버추얼 카메라를 넣을 수 있습니다. 샷을 클릭하여 선택하고 인스펙터 뷰에서 'Virtual Camera' 항목에 사용할 버추얼 카메라를 넣어주면 됩니다. 신규로 만들고 싶다면 항목 우측에 있는 [Create] 버튼을 눌러 새로운 버추얼 카메라 게임 오브젝트를 생성할 수 있습니다.

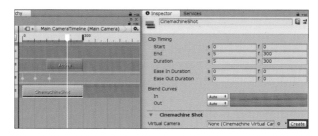

[그림 9-31] 씨네머신 샷에 버추얼 카메라 넣기

여기서 주의할 점은 버추얼 카메라를 연동한 후에 설정을 변경하는 것입니다. 설정을 변경하면 해당 샷의 설정만 변하는 것이 아니라, 원본 버추얼 카메라 컴포넌트의 설정이 변하게 되니 주의합니다.

샷의 설정은 샷이 여러 개일 때 페이드 인/아웃으로 부드럽게 변경이 가능합니다. 샷이 두 개라면 타임라인에서 겹쳐놓게 되면 부드럽게 다음 샷으로 넘어가는 것이 가능합니다.

씨네머신은 영상을 다룰 때 전문적으로 사용이 가능한 만큼 다양한 설정과 응용이 가능합니다. 고급 기능을 알고 싶다면 패키지 매니저에서 Cinemachine 항목 아래의 [Samples] 탭을 열고 'Cinemachine Example Scenes'를 임포트하여 살펴보는 것을 추천합니다.

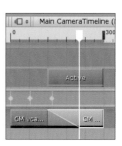

[그림 9-32] 씨네머신 샷 겹치기

4-3. 유니티 레코더(Unity Recorder)

씨네머신과 함께 사용하기 좋은 패키지로 패키지 매니저에 '레코더(Recorder)'가 있습니다. 유니티에서 지원하는 유니티 녹화 패키지입니다. 레코더를 사용하여 게임 뷰 또는 360도 화면 등을 녹화할 수 있습니다. 지원하는 녹화 기능으로는 게임 뷰 자체의 영상 녹화뿐만 아니라, 특정 게임 오브젝트의 움직임을 녹화하여 애니메이션 클립을 만들거나, 이미지 파일(캡처) 또는 GIF 파일로 녹화하는 기능도 가능합니다. 레코더를 프로젝트에 사용하려면 패키지 매니저에서 'Recorder'를 검색하여 다운로드 받을 수 있습니다.

[그림 9-33] 패키지 매니저 – Recorder

임포트(Import) 후에는 메뉴 탭의 [Window]-[General]-[Recorder]-[Recorder Window] 항목을 선택하여 레코더 윈도우(Recorder Window)를 열 수 있습니다.

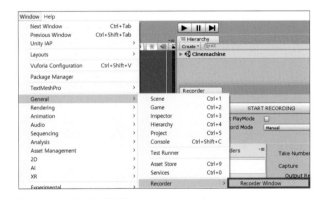

[그림 9-34] 레코더 윈도우(Recorder Window)

레코더 윈도우가 열리면 [Add Recorders] 버튼을 눌러 레코딩을 할 종류를 선택할 수 있습니다.
영상 녹화를 해 보기 위해 항목 중 'Movie'를 선택합니다.

[그림 9-35] 레코딩 종류 선택

선택하면 'Movie'라는 이름의 레코더가 생성되었습니다. 그리고 오른쪽에는 포맷(Format)이나 저장 경로(Path), 품질(Quality) 등의 다양한 설정이 가능합니다. Capture 부분을 변경하면 단순히 게임 뷰를 녹화하는 것이 아닌, 360도 녹화(VR 영상)나 특정 카메라 영역 등을 녹화할 수 있습니다. [START RECORDING] 버튼을 눌러 녹화를 시작할 수 있습니다.

[그림 9-36] 레코딩 종류 선택

애니메이션 클립을 녹화해 보겠습니다. 이번에도 [Add Recordeers] 버튼을 눌러 'Animation Clip' 항목을 선택하여 애니메이션 클립 레코더를 만듭니다. 레코더가 두 개 이상 있다면 사용하지 않는 레코더는 체크박스를 해제해야 동시에 두 개 이상의 결과물이 생성되지 않습니다.

애니메이션 클립을 녹화하는 것은 특정 게임 오브젝트에 대한 움직임을 녹화하는 것입니다. 따라서 Game Object 부분에 게임 오브젝트를 넣습니다. 게임 오브젝트는 하이어라키 뷰에서 드래그 앤 드롭을 통해 넣을 수 있습니다.

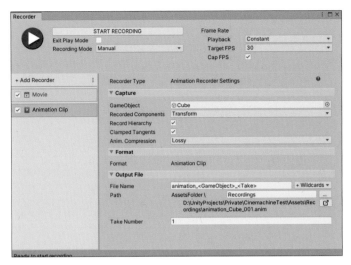

[그림 9-37] 애니메이션 클립 녹화

게임 오브젝트를 넣은 후 녹화를 시작하면 지정한 경로에 애니메이션 클립 파일이 생성되어 있습니다. 애니메이터 컨트롤러를 새로 만들고 해당 클립을 컨트롤러에 연결한 후 다른 게임 오브젝트에 해당 애니메이터를 넣고 테스트해 보면 움직임이 녹화한대로 반영되는 것을 볼 수 있습니다.

이미지 녹화는 [Add Recordeers] 버튼을 눌러 'Image Sequence'를 선택합니다. 이미지의 경우 기존 설정으로 진행하면 매 프레임마다 한 장의 이미지 파일을 생성하게 됩니다. 한 장만 캡처하고 싶다면 [START RECORDING] 버튼 아래에 있는 'Render Mode' 항목을 'Single Frame'으로 변경합니다. GIF 애니메이션 녹화는 [Add Recorders] 버튼을 눌러 'GIF Animation'을 선택합니다. 녹화 방법은 기존의 다른 레코더와 같으므로 생략하겠습니다.

5 프로빌더(ProBuilder)

유니티는 다양한 결과물을 만들 수 있는 엔진이지만, 자체적으로 리소스를 제작하지 못하는 불편함이 있었습니다. 2D의 경우 2D 스프라이트 셰이프가 2D의 모양을 만들어내 이미지 제작 툴의 역할을 맡고 있다면, 3D의 경우에는 프로빌더가 3D 모델링 및 레벨 디자인을 어느 정도 담당할 수 있게 되었습니다.

프로빌더는 기존의 3D 모델링 툴인 3D Max와 같은 툴의 사용에 어느 정도 익숙해야 사용이 어렵지 않습니다. 여기서는 간단히 기본적인 기능만 소개하겠습니다.

5-1. 프로빌더(ProBuilder)

프로빌더는 패키지 매니저에서 ProBuilder를 설치해야 사용할 수 있습니다. 설치 후에는 새로 생긴 메뉴 탭인 Tools로 들어가 [ProBuilder]-[ProBuilder Window] 항목을 선택하여 프로빌더 창을 열 수 있습니다.

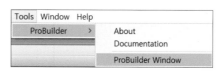

[그림 9-38] 프로빌더 창

프로빌더 창을 켜면 씬 뷰에 4개의 아이콘이 생깁니다. 이것을 에디트 모드 툴 바(Edit Mode Tool Bar)라고 합니다. 그리고 프로빌더 창은 메인 툴 바(Main Tool Bar)라고 하며 실질적으로 편집에 사용합니다.

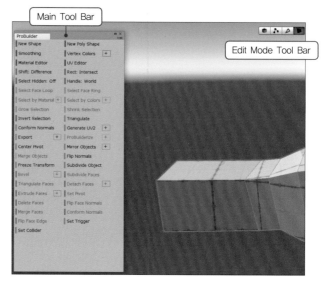

[그림 9-39] 프로빌더 창

편집을 위해서는 씬 뷰를 크게 키우고 편집하는 것이 좋습니다. 메인 툴 바는 기능이 글로 나와 있지만 시각화를 위해 아이콘 모드(Icon Mode)로 변경이 가능합니다. 프로빌더 창의 빈 곳을 마우스 오른쪽 버튼을 클릭하면 모드를 변경할 수 있습니다.

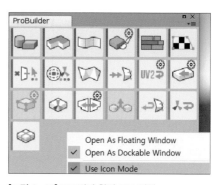

[그림 9-40] 프로빌더 창의 모드 변경

아이콘 모드에서도 아이콘 위에 커서를 올리고 있으면 기능에 대한 정보가 나옵니다. 텍스트 모드
(Text Mode)와 비교하여 편한 쪽으로 사용합니다. 여기서는 텍스트 모드를 위주로 설명하겠습니다.
메인 툴 바의 경우 에디트 모드 툴 바에서 선택한 버튼에 따라 그 내용이 바뀝니다. 오브젝트를 선
택하였을 경우와 점을 선택했을 경우가 내용이 같을 수 없기 때문입니다.

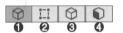

[그림 9-41] 에디트 모드 툴 바

❶ Object Selection : 클릭 시 선택하는 대상이 오브젝트

❷ Vertex Selection : 클릭 시 선택하는 대상이 점(모서리)

❸ Edge Selection : 클릭 시 선택하는 대상이 선

❹ Face Selection : 클릭 시 선택하는 대상이 면

테스트를 위해 Object Selection 상태로 메인 툴 바의 'New Shape'를 선택합니다. 선택하면 Shape
Tool 창이 열리는데, [Build Cube] 버튼을 눌러 큐브를 생성해줍니다. 각 에디트 모드 툴 바의 버튼
은 유니티의 도구 툴과 호환이 가능합니다. 예를 들어, Vertex Selection으로 점을 하나 선택한 뒤
유니티 도구 툴의 Move Tool을 선택하면 점의 위치를 드래그하여 옮길 수 있습니다.

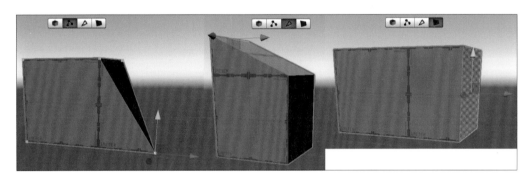

[그림 9-42] 에디트 모드 툴 바와 유니티 도구 툴

이는 다른 유니티 도구 툴의 경우에도 마
찬가지입니다. 면을 하나 선택한 후 Rotate
Tool을 사용해서 회전한다면 면이 회전합니
다. 또는 Scale Tool을 사용한다면 면의 크기
가 커집니다.

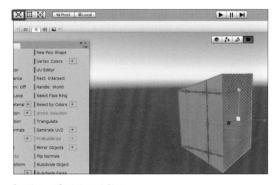

[그림 9-43] 면의 크기 확장

편집은 이런 방식으로 유니티 도구 툴과 에디트 모드 툴 바의 선택 영역(Selection)을 적절히 사용하여 모양을 편집할 수 있습니다. 또한 각 선택 영역마다 달라지는 메인 툴 바의 기능을 통해 선이나 면을 나누거나, 확장시키거나 삭제하는 등의 기능을 사용할 수 있습니다.

모델링에 필요한 각 선택 영역의 대표적인 기능을 알아보겠습니다.

● **공통**

● **New Shape** : 새로운 도형을 만들 수 있습니다. 큐브(Cube) 말고도 계단(Stair), 원기둥(Cylinder) 등의 여러 도형이 가능합니다.

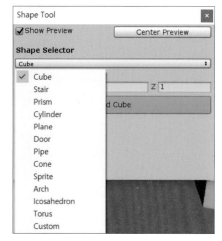

[그림 9-44] 생성 가능한 도형의 종류

● **Material Editor** : 매테리얼을 설정하여 선택한 오브젝트에 적용할 수 있습니다.

● **UV Editor** : 텍스처를 모델에 입힐 때 사용합니다. 텍스처(그림)가 있다면, 모델의 각 면을 평면에 펼쳐 각 면의 위치와 크기를 조절하여 그림의 어느 부분이 모델의 어느 면에 들어갈지 편집할 수 있습니다. [그림 9-45]는 원본 텍스처 그림 파일입니다. 이 파일을 가지고 모델의 각 면마다 하나의 색을 입혀보겠습니다.

[그림 9-45] 원본 텍스처

프로젝트에 이 파일을 넣고 프로젝트 뷰에서 씬 뷰의 모델로 드래그 앤 드롭하면 이 텍스처가 입혀집니다. 하지만 [그림 9-46]처럼 깔끔하지 않고 제멋대로 텍스처가 입혀진 모습을 볼 수 있습니다.

[그림 9-46] 텍스처를 적용한 모델

UV Editor를 열어 확인해 보면 [그림 9-47]의 표시된 부분이 텍스처 영역인데, 모델의 각 면이 텍스처의 영역과 맞지 않는 것을 볼 수 있습니다. UV Editor 뷰 안에 있는 에디트 모드 툴 바에서 면 선택 모드 (4번째)로 바꾼 뒤, 각 면을 선택한 후 UV Editor 안에 있는 도구 툴을 사용하여 위치와 크기를 적절히 수정하여 면을 각 색 칸에 맞춰 넣어 보겠습니다. 면의 이동과 회전은 UV Editor 뷰의 에디트 모드 툴 바 왼쪽의 도구에서 씬 뷰에서처럼 이동, 회전, 크기 조정이 가능합니다.

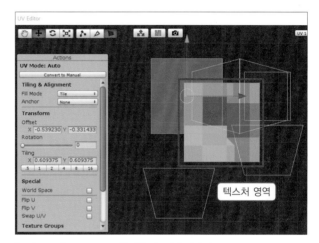

[그림 9-47] UV Editor로 확인한 텍스처와 면의 상태

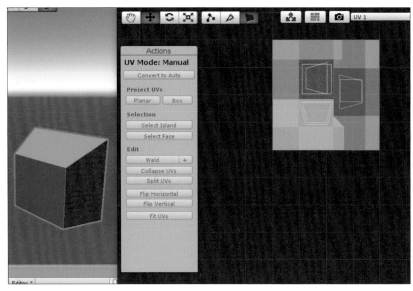

[그림 9-48] UV Editor로 정리한 후의 모델

이처럼 UV Editor로 모델의 어느 면에, 텍스처의 어느 부분을 입힐지를 편집할 수 있습니다.

- Triangulate : 오브젝트의 각 면을 가로지르는 선분을 그어 면을 두 개로 나눕니다.
- Probuilderize : 프로빌더에서 생성한 게임 오브젝트가 아닌 기존에 다른 방법으로 생성된 게임 오브젝트를 프로빌더로 편집 가능한 상태로 만들어 줍니다. 다른 방법으로 생성된 게임 오브젝트를 선택하면 이 항목도 활성화됩니다.
- Export : 모델을 파일로 출력합니다.
- Mirror Objects : 오브젝트를 나란한 위치에 복사합니다. 주로 좌우가 대칭인 모델을 만들 때 해당 모델의 반만 모델링한 후 이 기능을 통해 나머지 반쪽을 만듭니다. 사람을 생각하면 사람의 좌반신만 만든 다음에 이 기능으로 나머지 반쪽을 대칭으로 만드는 것입니다. 오른쪽의 [+] 버튼을 누르면 대칭으로 만들 축을 정할 수 있습니다.
- Merge Objects : 두 개 이상의 오브젝트를 [Ctrl]을 눌러 동시에 선택한 후에 활성화되며, 선택된 오브젝트들을 하나로 합칩니다.
- Flip Normals : 텍스처가 적용된 면의 안과 밖을 뒤집습니다.
- Subdivide Object : 오브젝트의 각 면을 4등분합니다.
- Set Trigger/Set Collider : 눈에 보이지 않는 트리거 또는 콜라이더로 만들 때 사용합니다.

- ● Object Selection

- ● **Center Pivot** : 피봇(Pivot)을 오브젝트의 가운데로 정렬합니다. 피봇은 중심 지점 또는 기준점을 뜻합니다. 회전을 할 때 피봇을 중심으로 회전하는 것을 생각하면 좋습니다.

- ● 점, 선, 면 공통

- ● **Grow Selection** : 선택 영역을 확장합니다. 점 하나가 선택되어 있다면 그 점을 기준으로 연결되어 있는 가장 가까운 점들이 모두 선택됩니다.
- ● **Shrink Selection** : Grow Selection과 반대로 선택 영역을 줄입니다.
- ● **Invert Selection** : 선택된 점을 반전시킵니다. 점 하나가 선택되어 있다면 그 점을 제외한 오브젝트의 나머지 점이 선택됩니다.

- ● Vertex Selection

- ● **Fill Hole** : 선택된 점 사이에 빈 공간을 면을 생성하여 메꿉니다. Edge Selection의 Fill Hole도 동일한 원리로 선택된 선 사이의 공간을 메꿉니다.
- ● **Collapse Vertices** : 선택된 점들을 모두 합쳐 평균 위치 지점에 있는 하나의 점으로 만듭니다.

- ● Edge Selection

- ● **Bevel** : 선택된 선을 부드럽게 면으로 만듭니다. [그림 9-49]의 좌측은 적용 전의 모습이고, 우측은 모든 선을 선택한 후 Bevel을 적용한 모습입니다. 면의 경우에는 같은 기능을 사용했을 때 조금 작은 면을 해당 면의 앞에 생성합니다.

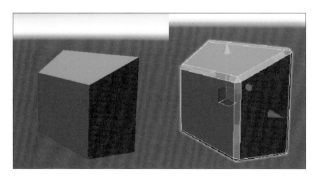

[그림 9-49] Bevel 적용 전과 후

- Connect Edges : 두 개의 선이 있다면 두 선을 이어주는 직각의 선을 각 선의 중간 지점에서 생성합니다.
- Bridge Edges : 두 선분 사이에 면이 없다면 면을 생성하여 이어 줍니다.
- Insert Edge Loop : 선택된 선의 가운데에 직각으로 선분의 루프를 생성합니다.
- Subdivide Edges : 선택된 선의 가운데 지점에 점을 생성합니다.

- Face Selection

- Subdivide Faces : 선택된 면을 4등분합니다.
- Triangulate Faces : 선택된 면을 삼각형 두 개로 나눕니다.
- Detach Faces : 선택된 면을 분리하여 다른 하나의 오브젝트로 만듭니다.
- Extrude Faces : Bevel과 비슷하게 하나의 면이 앞으로 새로 생성되어 튀어나옵니다.
- Delete Faces : 선택된 면을 삭제합니다.
- Merge Faces : 선택된 면을 모두 합칩니다.

많이 쓰이는 기능들을 설명하였는데, 다른 기능이나 자세한 설명이 필요하다면 https://docs.unity3d.com/Packages/com.unity.probuilder@5.0/manual/index.html 매뉴얼 문서를 참고합니다.

5-2. 폴리브러쉬(Polybrush)

폴리브러쉬는 프로빌더와 함께 사용하기 좋은 패키지입니다. [Features] 탭 안에 '3D World Building'이라는 항목에 묶여 같이 설치할 수 있게 되어 있습니다. 프로빌더가 근본적인 3D 모델링에 사용된다면, 폴리브러쉬는 브러쉬로 조각하듯이 수정 가능합니다. 또한 텍스처를 칠하거나 (paint) 섞는 것(blend)이 가능합니다. 이전에 다뤘던 터레인을 터레인이 아닌 3D 모델에서도 할 수 있게 되는 것이라고 볼 수 있습니다.

[그림 9-50] 패키지 매니저의 폴리브러쉬

폴리브러쉬는 프로빌더나 프로그리드와 마찬가지로 메뉴 탭에서 [Tools]-[Polybrush]-[Polybrush Window]를 선택하여 열 수 있습니다.

[그림 9-51] 폴리브러쉬 창

폴리브러쉬 창을 열면 [그림 9-52]와 같은 창이 보입니다. 처음에 선택되어 있는 탭은 모델의 높낮이를 조절할 수 있는 탭입니다. 씬 뷰에서 마우스를 대면 브러쉬로 칠할 수 있는 범위가 보이는데 이 범위 내에 있는 점(Vertex)의 높이를 올려줍니다.

[그림 9-52] 폴리브러쉬 창

브러쉬는 두 개의 원으로 이루어지는데, 각 브러쉬 원의 사이즈를 조절하려면 해당 탭의 Outer Radius 또는 Inner Radius 항목의 값을 조절합니다. 브러쉬의 세기는 Strength 값을 조절하여 변경할 수 있습니다.

[그림 9-53] 폴리브러쉬 메뉴

폴리브러쉬의 다음 탭은 브러쉬의 영역 내를 부드럽게 만들어주는 기능입니다. [그림 9-53]의 세 번째 탭은 해당 브러쉬 영역 안에 있는 점(Vertex)를 기준으로 그 주위를 색칠하는 기능입니다. 아래에 있는 Color Mask 항목에서 칠할 색을 정할 수 있습니다.

네 번째 탭은 브러쉬의 영역을 프리팹으로 칠하는 부분입니다. 터레인에서 잔디를 추가하는 것을 생각하면 좋습니다. 원하는 프리팹을 아래 Prefabs 항목의 빈 칸에 드래그 앤 드롭해서 넣고 선택하면 해당 프리팹이 브러쉬의 표면에 추가됩니다.

다섯 번째 탭은 준비된 텍스처를 칠하게 해주는 탭입니다. 텍스처가 여러 개 있다면 칠하면서 텍스처를 섞을 수도 있습니다.

6 그 외 Unity Registry 패키지

이외에도 유니티 패키지 매니저에서는 게임 또는 앱 제작에 도움이 될 다른 기능들을 가지고 있습니다. 간략하게 기능을 소개할텐데, 현재 프로젝트에 도움이 될 것이라 판단되면 항목 내에 'View Documentation'을 클릭하여 자세한 설명 문서를 볼 수 있습니다.

● 2D Pixel Perfect

Features – 2D에 기본 포함된 패키지 중 하나이며, 픽셀 아트를 프로젝트에 사용 시 유용합니다. 픽셀 퍼펙트 카메라(Pixel Perfect Camera)를 사용하여 다양한 해상도에서 선명하게 픽셀을 볼 수 있게 하고, 움직일 때도 안정적으로 픽셀을 출력하게 합니다.

● Android Logcat

유니티에서는 정상적으로 작동하지만, 막상 안드로이드 기기에서 테스트해보면 정상적으로 동작하지 않는 부분이 있을 수 있습니다. 이럴 때 디버깅을 해야 하는데, adb 명령어를 사용해서 보거나 디버깅을 위한 기능을 따로 추가해서 보는 등의 수고를 거쳐야만 로그 보기가 가능했습니다. 이 기능을 추가하면 그런 번거로움 없이 유니티 내에서도 로그를 직접 볼 수 있습니다. 추가한 뒤 USB로 기기를 연결하고, USB 디버깅을 활성화한 뒤 [Window]-[Analysis]-[Android Logcat] 뷰를 열어 사용합니다.

• Universal RP, Core RP Library

유니티에서 제공하는 렌더링 파이프라인 중 하나로, 모바일 기기와 같은 저사양 환경부터 고사양 콘솔 및 PC까지 모두 커버가 가능한 렌더링 파이프라인입니다. 기본으로 제공되던 방식보다 성능적으로나 시각적으로 큰 효과를 볼 수 있으니 3D 프로젝트를 진행한다면 별도의 학습을 추천합니다.

• AR

Features – AR에 포함된 패키지들입니다. 각 기기별 AR(증강현실) 기능 구현에 필요한 플러그인들을 담고 있어, AR 프로젝트를 진행한다면 설치해야 할 패키지입니다.

• VR

Features – VR에 포함된 패키지들입니다. 기본적으로 Occulus 기기를 지원하며, OpenXR Plugin을 통해 다른 기기도 지원 가능합니다. VR 프로젝트를 진행한다면 설치해야 할 패키지입니다

자주 발생하는 오류

1 접근의 오류

처음 코딩을 하다보면 오류 발생이 잦은데 다음의 실수가 대부분입니다.

- 대소문자가 잘못됨
- { }의 열고 닫힘이 잘못됨(반드시 짝을 이루어야 함)
- 명령을 실행하는 줄의 끝에 ;(세미콜론)을 입력하지 않음

이와 같은 오류는 자주 발생하기 때문에 확인하는 습관을 들여야 합니다. 코드를 쓸 때 변수명 입력을 제외하면 아래에 나오는 자동완성 창을 항상 확인하는 것으로 코드의 잘못된 입력을 방지할 수 있습니다. 자동완성에는 없는 변수나 함수, 클래스같은 것이 나오지 않기 때문입니다. 이와 같은 실수 외에도 유니티를 다루다가 자주 일어나는 오류 몇 가지를 소개하겠습니다.

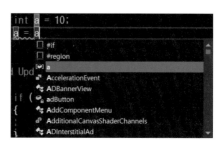

[그림 10-1] 자동완성

코딩을 하다보면 분명 선언했던 변수인데 자동완성에 나오지 않고, 변수 이름을 틀림없이 입력했더라도 오류가 나는 일이 있습니다. 이것은 주로 변수의 선언 시 앞에 'public'을 붙이지 않아 발생하는 것입니다. 앞에 public 대신 private가 붙어 있거나, 아무것도 붙어 있지 않은 경우에는 다른 스크립트 또는 클래스에서 해당 변수를 참조할 수 없습니다. 이럴 때는 앞에 public을 붙여 해결합니다.

2 NullReferenceException/UnassignedReferenceException

테스트를 할 때 제대로 작동이 되지 않고 'NullReferenceException'으로 시작하는 오류를 콘솔 뷰에서 접할 수 있습니다.

[그림 10-2] NullReferenceException 오류

이것은 'public'으로 선언했던 변수에 값이 할당되지 않았기 때문입니다. 인스펙터 뷰에서 해당 스크립트에 변수가 할당되어 있는지 확인합니다. [그림 10-3]처럼 'None' 상태라면 해당 변수를 가지고 무언가를 행했을 때 오류가 날 수 있습니다. 같은 원인으로 발생하는 오류로 'Unassigned ReferenceException'이 있습니다.

[그림 10-3] 할당되지 않은 변수

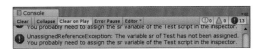

[그림 10-4] 할당되지 않은 변수 오류

3 Can't add script component

스크립트에서 오류가 있을 때는 콘솔 창에 빨간색 아이콘으로 오류가 발생하고, [Clear] 버튼을 눌러도 지워지지 않는 오류라면 해결할 때까지 스크립트는 컴포넌트로 넣을 수 없습니다.

오류가 발생하지 않았는데도 스크립트가 들어가지지 않는 경우가 있습니다. 그럴 때는 [그림 10-5]와 같은 메시지가 발생합니다. 넣으려는 스크립트의 파일 이름과, 스크립트 안에 있는 해당 클래스의 이름이 같은지 확인하고 같도록 수정해야 합니다.

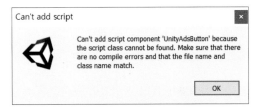

[그림 10-5] 스크립트를 컴포넌트로 추가하지 못할 때

4 IndexOutOfRangeException

IndexOutOfRangeException 오류는 배열이나 리스트를 사용할 때 해당 배열의 개수를 넘어버린 숫자를 참조할 때 발생하는 오류입니다. 코딩에 익숙해지면 기존 하드코딩으로 무식하게 코딩하던 것을 자동화를 꾀하며 반복문으로 입력할 수 있게 됩니다. 이때 논리가 꼬여 배열의 개수를 넘어버리는 일이 잦으니 주의합니다.

찾아보기